WIR WAREN HELDEN

WIR WAREN HELDEN

30 Gespräche mit Schweizer Sportlegenden

Blick / SonntagsBlick
© 2024 Ringer Medien Schweiz AG
Alle Rechte vorbehalten

Umschlaggestaltung: Frau Federer GmbH
Layout und Satz: Frau Federer GmbH
Herstellung: Bruno Bächtold
Gedruckt in der EU

ISBN 978-3-03875-567-8

Inhalt

Vorwort Beni Thurnheer … 10
Einleitung Steffi Buchli … 12

70er-Jahre … 16
Seitenwagenrennfahrer Rolf Biland … 18
Fussballer Ruedi Elsener … 28
Fussballtrainer Hanspeter Latour … 38
Waffenläufer Albrecht Moser … 48
Bobfahrer Erich Schärer … 58
Fussballer Roger Wehrli … 68

80er-Jahre … 78
Eiskunstläuferin Denise Biellmann … 80
Radrennfahrer Beat Breu … 90
Motorradrennfahrer Jacques Cornu … 100
Skitrainer Karl Frehsner … 110
Leichtathletin Sandra Gasser … 120
Kugelstösser Werner Günthör … 130
Skirennfahrerin Erika Hess … 140
Skirennfahrerin Vreni Schneider … 150
Autorennfahrer Marc Surer … 160
Eishockeygoalie Renato Tosio … 172

90er-Jahre … 182
Schwinger Jörg Abderhalden … 184
Boxer Stefan Angehrn … 194
Bobfahrer Reto Götschi … 204
Radrennfahrer Rolf Järmann … 214
Eishockeytrainer Ralph Krueger … 224
Fussball-Schiedsrichter Urs Meier … 234
Radrennfahrer Bruno Risi … 244
Snowboarder Gian Simmen … 254
Skirennfahrer Mike von Grünigen … 264
Leichtathletin Anita Weyermann … 274

00er-Jahre … 284
Eishockeygoalie Martin Gerber … 286
Kunstturnerin Ariella Kaeslin … 296
Skirennfahrerin Sonja Nef … 306
Parasportlerin Edith Wolf-Hunkeler … 316

Anhang … 326
Bildnachweis … 329

Vorwort Beni Thurnheer

Beni Thurnheer
Schweizer TV-Legende

Je höher die Einwohnerzahl, desto grösser die Anzahl erfolgreicher Sportlerinnen und Sportler. An diesem Naturgesetz kommt kein Land vorbei. Oder etwa doch? Setzt die Schweiz diese These etwa ausser Kraft? In der Rangliste «Medaillen pro Einwohner» belegt unser Land jedenfalls fast immer einen der vordersten Ränge. Kein Wunder, geniessen die erfolgreichsten Akteure eine Art Heldenstatus. Erstaunlich ist auch die Vielzahl an verschiedenen Disziplinen, in denen sich Super-Talente entwickelt haben. 17 verschiedene Sportarten sind in diesem Buch vertreten, acht Frauen haben es in diesen illustren Kreis geschafft. Etwas weniger erstaunlich ist die grosse Präsenz im Wintersport und hier namentlich im Skifahren. Doch genug der analytischen, kalten Zahlen.

Beim virtuellen Gang durch vier Schweizer Sportjahrzehnte kommen vor allem viele Erinnerungen und Emotionen auf: Wie schnell ist doch die Zeit vergangen, wie radikal hat sich alles verändert, und wie präsent sind uns die Sportstars trotzdem geblieben. Ich erinnere mich noch, als sei es erst gerade gestern gewesen.

An die Waffenläufe mit ihren regelmässig über tausend Teilnehmern und Zehntausenden am Strassenrand, nicht zuletzt dank dem charismatischen Seriensieger Albrecht Moser, dem Schulhausabwart aus Münchenbuchsee. Dem Rundstreckenrennverbot in der Schweiz zum Trotz wurden die Auto- und Motorradrennfahrer besonders bewundert – Marc Surer, Jacques Cornu, Rolf Biland, um nur ein paar wenige zu nennen.

Die erste Sparte, in welcher die Frauen punkto Verehrung mit den Männern gleichziehen konnten, war der alpine Skirennsport. Auch ich als Fernsehmann platzte fast vor Stolz, wenn ich die Weltmeisterfahrten von Erika Hess kommentieren oder Olympia-Siegerin Vreni Schneider interviewen durfte. Unvergessen, wie Snowboarder Gian Simmen mit dem Alphorn zur Olympia-Medaillenübergabe erschien, Leichtathletin Anita Weyermann ihr Erfolgsgeheimnis in vier klare Worte fasste («Gring abe u seckle»), Stefan Angehrn im undurchsichtigen Boxermilieu zwar keinen Titel, aber eine grosse Prominenz erreichte, und Fussball-Schiedsrichter Urs Meier von erbosten englischen Boulevardjournalisten wegen eines angeblichen Fehlentscheids bis in seinen Garten im Aargau verfolgt wurde.

Diese und noch viele weitere Geschehnisse rund um den Spitzensport haben sich tief in mein Gedächtnis eingegraben. Die Schweizer Fans haben all diese Protagonisten in ihr Herz geschlossen. All diese Athletinnen und Athleten waren eine Zeit lang Wegbegleiter in unserem Leben. In der Zeit vor dem Internet wurde über sie lediglich in den Zeitungen und einem einzigen Deutschschweizer Radio- und Fernsehsender berichtet. Die Hürde, in die Medien zu kommen, war hoch, doch wer es schaffte, war dafür ein echter kleiner Nationalheld oder gar ein «Schätzchen der Nation».

Die nachfolgenden Interviews schaffen nun einen Mehrwert. Darin geht es nicht mehr nur um Titel und Triumphe, sondern um die Menschen, die dahinterstehen. Mit all ihren Leidenschaften und Zweifeln, Hoffnungen und Ängsten. Um Hindernisse, die sie überwinden mussten. Um Erkenntnisse, die sie im Verlauf ihrer Karriere gewannen. Und auch um die eine oder andere Macke. Um Politik und Geld. Und darum, was die sportliche Karriere mit ihnen gemacht hat. Aber lesen Sie doch selbst!

Ich wünsche Ihnen dabei viel Vergnügen und, warum nicht, auch ein paar nostalgische Gefühle.

Beni Thurnheer

Einleitung Steffi Buchli

Steffi Buchli
Chief Content Officer Blick und vormalige Blick-Sportchefin

Der Autor dieses Buches, Daniel Leu, wurde in den späten 1970ern geboren. Wir beide, vielleicht Sie auch, liebe Leserin, lieber Leser, hatten in unserer Kindheit sportliche Idole. In Daniel Leus Kinderzimmer hing ein Poster von Stéphane Chapuisat, während ich mit grossem Stolz den ganzen Winter über ein Vreni-Schneider-Stirnband trug, das ich mir mit Rivella-Etiketten «gekauft» hatte. Schneider, Chapuisat, Breu, Günthör: die Helden unserer Kindheit.

Das vorliegende Buch ist eben diesen Heldinnen und Helden gewidmet. Daniel Leu besuchte sie alle. Bevor er an ihrer Türe klingelte, las er nahezu jede Zeile, die je über sie geschrieben worden war. Er studierte ihre Geschichten akribisch, bevor er mit ihnen sprach. Er wusste, worüber sie gerne redeten. Und er ahnte, worüber sie lieber nicht sprechen wollten. Mit seiner unaufgeregten und ehrlich interessierten Art tastete sich Daniel Leu in die schlecht ausgeleuchteten Ecken der Heldinnenbiografien vor. Entlockte diesen Menschen Geschichten, die sie noch nie vorher erzählt hatten. Daniel Leu beherrscht diese Kunst wie kein anderer Schweizer Sportjournalist.

Mein damaliges Idol Vreni Schneider redet bei ihm offen über die Krebserkrankung ihrer Mutter, die Chemotherapie, das Perückentragen und den frühen Tod. Und sie erzählt, wie sie sich vor den Rennen regelmässig vor lauter Leistungsdruck übergeben musste.

Oft kannten wir unsere Schweizer Sportheldinnen und -helden nur als strahlende Sieger. Mit Medaillen um den Hals, Pokale in die Höhe stemmend, im Rampenlicht. Dabei sind sie weder unantastbar noch unfehlbar. Die Menschen, die in diesem Buch reden, haben auch Niederlagen erlebt, sie haben unerfüllte Träume, Traumata, Sehnsüchte, sie sind tief gefallen, wieder aufgestanden oder noch immer strauchelnd. Daniel Leu hält die Lupe auf ihre Lebenslinien, und wir merken: Sporthelden sind Menschen wie du und ich.

Auf über 330 Seiten erfahren wir viel Hintergründiges zu den 30 porträtierten Persönlichkeiten. Die Interviews führte Daniel Leu in den Jahren 2020 bis 2024. Begleitet wurde er von den Blick-

Fotografen Benjamin Soland, Sven Thomann und Toto Marti. Die Artikel sind in loser Folge im SonntagsBlick erschienen und stiessen bei unserer Leserschaft auf riesiges Interesse.

Die Geschichten inspirieren. Manch einer denkt beim Lesen: «Wenn die das schafft, kann ich es auch schaffen.» Was auch immer. Dass viele der Heldinnen und Helden in ärmlichen Verhältnissen aufgewachsen sind, ist bemerkenswert und wohl kein Zufall. Sie haben daraus ihren Ehrgeiz und Willen entwickelt, der sie später zu erfolgreichen Sportlerinnen und Sportlern machte. Viele von ihnen erfuhren nach der Karriere einen Bruch in ihrem Leben. Sie stellten sich die Sinnfrage, wussten nicht, wie es nach der glamourösen Karriere weitergehen sollte. Das ist alles menschlich und darum auch für nicht Sportbegeisterte interessant.

Schade ist übrigens, dass der Frauenanteil der interviewten Heldenfiguren gering ist. Klar, der Sport in den 70er- und 80er-Jahren war sehr männerdominiert. Leider haben uns aber auch viele Heldinnen einen Korb gegeben. Sie waren der Meinung, dass sie keine Heldinnen seien. Schade, eigentlich.

Hunderte von Interviews hat Daniel Leu in seinen 25 Jahren als Sportjournalist schon geführt. Bevor Sie mit diesem Buch loslegen, liebe Leserin, lieber Leser, wird es Zeit, dass er selber mal ein paar Antworten liefert.

—

Steffi Buchli: Was ist deine Definition von «Held»?
Daniel Leu: Darauf hat wohl jeder eine eigene Antwort. Klar, er sollte schon etwas erreicht haben, aber auch Rolf Järmann ist ein Held. Er sprach als einer der ersten Radrennfahrer öffentlich über seinen Dopingkonsum. Erfolge alleine reichen nicht, ich muss auch das Gefühl haben, dass da mehr dahintersteckt, und die Person muss mich reizen.

Musstest du als Interviewer schon mal (mit)heulen?
Bei Erika Reymond-Hess, als sie über den Corona-Tod ihres Ehemanns Jacques Reymond sprach. Wie sie ihn ein letztes Mal im Spital besuchen durfte, wie sie danach mit dem Verlust und der Trauer umgegangen ist. Das war unglaublich bewegend und hat mich zu Tränen gerührt.

Was ist für dich das Erfolgsrezept dieser Heldenserie?
Für mich gibt es zwei. Erstens: Für uns alle, auch für die Leserinnen und Leser, sind die Protagonistinnen und Protagonisten die Helden unserer Kindheit. Wir verknüpfen Erinnerungen mit ihnen, wissen zum Teil noch, wo wir waren, als sie bestimmte Erfolge feierten. Vielleicht haben wir auch das Gefühl, dass diese Helden aus den guten alten Zeiten stammen, als die Welt noch in Ordnung war, wir noch jung und frei und unbeschwert waren. Und zweitens: In den Gesprächen merkt man, dass die Helden zwar Stars waren oder sind, sie aber die genau gleichen Probleme wie wir haben. Wenn zum Beispiel Gian Simmen über die Totgeburt seines Kindes redet, dann hilft er damit vielen Leserinnen und Lesern, die selber einen Schicksalsschlag verarbeiten müssen.

Von nichts kommt nichts. Erzähl mal von der Vorbereitung eines Interviews.
Im Idealfall scrolle ich durch alle Artikel, die in der Mediendatenbank abgelegt sind. Das können schon mal 2000 bis 3000 Artikel sein. Dazu begebe ich mich ins SRF-Archiv (Audio und Video), und wenn es welche gibt, höre ich auch Podcasts über die Helden. Was ich gelernt habe: Die Helden haben vieles von dem, was passiert ist, nicht mehr präsent. Ich spreche von lustigen Anekdoten oder skurrilen Vorfällen. Deshalb muss ich diese Ereignisse vor dem Gespräch im Archiv finden, damit ich die Helden darauf ansprechen kann. Oft heisst es dann: Stimmt, ja, da war doch was.

Und dann erzählen sie die Geschichte. Deshalb höre ich manchmal einen einstündigen Podcast, der über grosse Teile völlig langweilig ist, aber dann kommt darin ein Halbsatz vor, über den ich danach mit dem Helden sprechen kann.

Wer war die grösste Knacknuss? Bei wem musstest du am meisten scharren?
Bei denen, die mitgemacht haben, war es eigentlich nicht sehr schwierig. Es gibt aber doch einige, die bisher nicht zugesagt haben, darunter auffallend viele Frauen. Sie hinterfragen das viel mehr, sie sind unschlüssig, wissen nicht, ob sie nochmals von früher reden möchten, sagen, das interessiert doch keinen. Bei zwei, drei Frauen hatte ich sogar schon einen Termin vereinbart, und dann sagten sie doch kurzfristig ab. Und bei einer Frau schien es endlich zu klappen, und als sie das Interview zum Gegenlesen erhielt, zog sie es zurück, weil es zu persönlich war.

Wer war die positivste Überraschung?
Erst kürzlich, Hanspeter Latour. Ich kannte ihn vorher nicht, fand ihn irgendwie schon sympathisch, dachte mir aber auch ein bisschen: «Der mit seinen Sprüchen und Pseudo-Motivationstricks.» Im Gespräch hatte er mich aber schon nach wenigen Minuten im Sack. Wenn er redet, packt es einen, und man hört ihm einfach gerne zu.

—

Dank Hanspeter Latour kam Daniel Leu zu einer weiteren spannenden Lebensgeschichte. Die Sammlung dieser Geschichten halten Sie nun in Ihren Händen. Ich wünsche Ihnen eine spannende Lektüre!

Steffi Buchli

Willkommen in den wilden und turbulenten 1970er-Jahren. In den USA sorgen die Watergate-Affäre und das Ende des Vietnamkrieges für grosse Schlagzeilen. In England ist es die Auflösung der Beatles, die die Menschen bewegt. Bei unseren nördlichen Nachbarn mordet die Rote Armee Fraktion im Deutschen Herbst auf brutale Art und Weise. Und weltweit tanzen die Menschen zu Songs der schwedischen Popgruppe ABBA.

Auch in der Schweiz passiert Geschichtsträchtiges. Endlich wird das Frauenstimm- und -wahlrecht beschlossen, mit dem Jura kommt ein neuer Kanton hinzu, und die weltweiten Auswirkungen der Ölpreiskrise machen auch vor der Schweiz nicht halt. Die Folge davon: gleich drei autofreie Sonntage hintereinander.

Wer an die 70er im Schweizer Sport denkt, erinnert sich vor allem an die goldenen Tage von Sapporo. Damals werden im fernen Japan mit Bernhard Russi und Maite Nadig neue Helden geboren. Die populärsten Mannschaftssportarten leben in jenem Jahrzehnt von packenden Duellen. Im Fussball heissen die Serienmeister FC Basel und FC Zürich, im Eishockey SC Bern und HC La Chaux-de-Fonds. Dass sich auch Herr und Frau Schweizer sportlich betätigen, dafür ist in jenen Jahren die legendäre TV-Sendung «Fit mit Jack» des ehemaligen Kunstturn-Olympiasiegers Jack Günthard zuständig.

Doch leider erreichen uns aus dem Sport auch traurige Nachrichten. 1971 stirbt der legendäre freiburgische Rennfahrer Jo «Seppi» Siffert, und an den Olympischen Spielen von München verliert der Sport durch die schrecklichen Terroranschläge endgültig seine Unschuld.

Die 70er

18 Seitenwagenrennfahrer Rolf Biland
28 Fussballer Ruedi Elsener
38 Fussballtrainer Hanspeter Latour
48 Waffenläufer Albrecht Moser
58 Bobfahrer Erich Schärer
68 Fussballer Roger Wehrli

Seitenwagenrennfahrer

ROLF
BILAND

Biland damals: 1979.

«Wir kehrten mit der Urne in die Schweiz zurück»

Wer an die guten, alten Zeiten der Seitenwagen-WM denkt, denkt automatisch an ihn: Rolf Biland. Ein Gespräch über verbrannte Füsse, legendäre Nächte und dreiste Dieseldiebstähle.

Herr Biland, ich möchte das Gespräch mit einem Zitat beginnen: «Rolf ist ein schwieriger Mensch.» Wer hat dies einst über Sie gesagt?
Rolf Biland: Ich hege einen Verdacht.

Es war Ihr langjähriger Beifahrer Kurt Waltisperg. Hat er recht?
Jein. Ich bin eigentlich ein umgänglicher Typ, doch im Sport wollte ich immer noch mehr. Manchmal auch zu viel. Das wäre in seinen Augen nicht immer nötig gewesen.

Mit Waltisperg holen Sie sechs Ihrer sieben WM-Titel. Trotzdem haben Sie mal gesagt: «Privat sehen wir uns nie. Uns verbindet nichts, gar nichts.»
Das sind harte Worte, aber ich behaupte rückblickend, dass dies der Schlüssel zu unserem Erfolg war. Weil wir uns im Winter jeweils nie gesehen haben, gingen wir uns auch nicht auf den Sack.

Was zeichnet einen guten «Plampi», einen Beifahrer, aus?
Ein Thema ist natürlich das Gewicht. Er sollte nicht zu schwer sein. Kurts Frau sagte mal Anfang des Jahres zu mir: «Jetzt beginnt wieder die nervige Zeit, in der er abnehmen muss.» Als einst leichte Karbonbremsen aufkamen, wollte ich die kaufen, um Gewicht zu sparen. Da fragte mich Kurt, wie viel die kosten würden. Ich sagte ihm: «Bis zu 10 000 Franken.» Da antwortete er: «Gib mir doch das Geld, ich nehme im Gegenzug dafür drei Kilo ab.» (lacht)

Ein «Plampi» muss aber noch mehr draufhaben, als nur leicht zu sein, oder?
Der beste Beifahrer ist der, den du nicht spürst. Wenn er nicht mitmacht, fliegst du ab. Ein guter Beifahrer ist deshalb die beste Lebensversicherung. Da hatte ich mit Kurt viel Glück.

Trotzdem hatten Sie einige spektakuläre Unfälle. So zum Beispiel in Donington 1995.
Das war «en uhuere» Abflug. Die Karbonbremsen hatten überhitzt, und nichts ging mehr.

Was denkt man in einem solchen Moment?
«Gring ache» und hoffen, dass man nirgends einschlägt. Es war ein richtig hef-

Die 70er | Rolf Biland

> «Meine Mutter war während der ganzen Karriere nie an einem Rennen und hat sich diese auch nie am TV live angeschaut»

tiger Überschlag. Der Töff war zwar danach eine Banane, aber uns beiden hat es nichts gemacht.

Während Ihrer Karriere kamen einige Konkurrenten ums Leben. Wie gingen Sie damit um?
Ich konnte die Gefahren immer ausblenden und hatte nie Angst. 1978 starben auf der Isle of Man bei einem Rennen, an dem auch wir teilnahmen, gleich drei Seitenwagenfahrer, darunter der Schweizer Ernst Trachsel. Wir kehrten dann mit seiner Urne in die Schweiz zurück. Das war schon heftig.

Wie war das für Ihre Mutter?
Sie war während meiner ganzen Karriere nie an einem Rennen und hat sich diese auch nie am TV live angeschaut.

Ihre speziellste Verletzung war wohl die in Zolder 1980.
Wir fuhren dort mit neuen Stiefeln. Während des Rennens schlief mir der Bremsfuss ein, was natürlich eine Katastrophe ist. Also fuhr ich an die Boxen, zog die Stiefel aus und fuhr ohne weiter. Da die Auspuffrohre den Füssen ziemlich nahe kommen, habe ich mir die «Scheichen» verbrannt. Das tat schon weh, aber das Wichtigste: Wir wurden noch Dritte.

Ich habe im Vorfeld dieses Gesprächs mit Kurt Waltisperg geredet. Er meinte, ich müsse Sie unbedingt auf Mugello 1981 ansprechen. Das sei «Biland live» gewesen.
Da hat mich der Hafer gestochen. Wir waren im Training nah an den Zeiten der 500er-Fahrer dran. Diese zu unterbieten, war mein grosses Ziel, auch wenn das natürlich für die Seitenwagenklasse unerheblich war. Zudem trainierten wir Monate davor schon in Mugello und waren da ebenfalls schneller. Ich habe es dann übertrieben, wir sind abgeflogen, und ich habe mir das Schlüsselbein gebrochen.

Dieser Überehrgeiz hat Sie dann den WM-Titel gekostet.
Wir haben einige Titel unglücklich verloren. Auch 1988 in Brünn. Es war das letzte Rennen der Saison, und ein 14. Platz hätte uns zum Titel gereicht. Das gelang mir normalerweise mit einer Hand im Hosensack. Nach dem Training sagte ich dem Mechaniker, er solle noch das Getriebe kontrollieren. Er meinte, dies sei nicht nötig. Prompt schieden wir im Rennen wegen eines Getriebeschadens aus, und weg war der Titel.

Was bekam der Mechaniker von Ihnen zu hören?
Nichts, das war mein Manko an Führungsqualität. Auf der Piste konnte ich mich immer durchsetzen, abseits davon war es schwierig. Ich hätte ihm damals einfach sagen müssen: «Du bist bezahlt dafür, du kontrollierst jetzt das Getriebe.» Doch das konnte ich nicht.

Viele Experten sagen, Sie hätten auch als Autorennfahrer eine grosse Karriere hinlegen können. Warum wurden Sie ausgerechnet Seitenwagenpilot?
Hier konnte ich auf der technischen Seite meine eigenen Ideen umsetzen. Ich fand es immer geil, die Chassis selber zu bauen. Als Solopilot hast du dir einfach einen Töff bestellt, vielleicht noch den Fussraster gewechselt, und das wars. Zudem hat es mich immer gereizt, ein asymmetrisches Fahrzeug zu fahren, da dies viel schwieriger ist.

Gab es Spionage?
Ich würde dem nicht so sagen. Es gab aber schon Leute, die nachts in eine Ausstellung reinschlichen, die Verschalung abgenommen und meinen Seitenwagen ausgemessen haben.

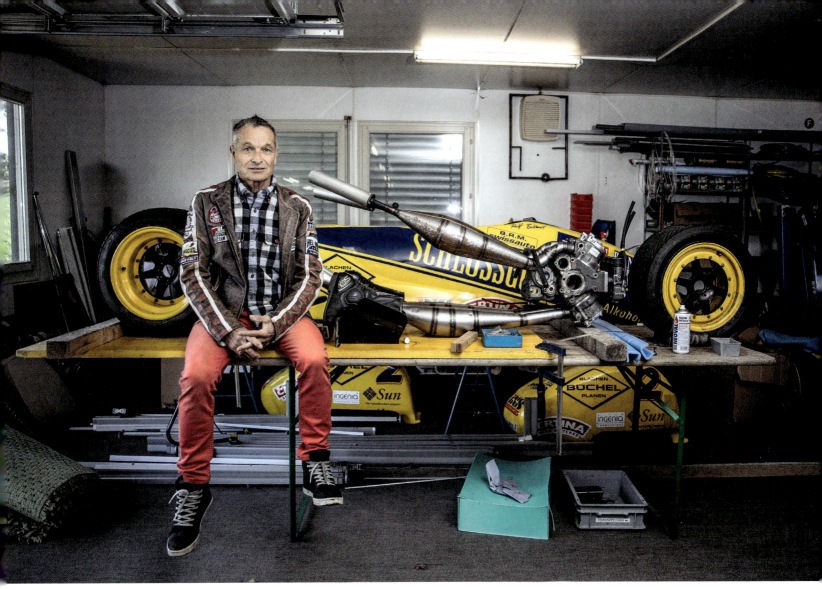

Noch immer aktiv: Biland in seiner Werkstatt in Lignières.

Ich habe mich auch mit Ihrem grössten Konkurrenten, Steve Webster, unterhalten. Er meinte, er habe einige legendäre Nächte mit Ihnen erlebt.
Webbo ist ein Sack (lacht). Das war halt eine typische Männerszene. Wir waren alle ledig, und manche Mütter hatten eine schöne Tochter dabei. Daraus entstand schon das eine oder andere Fest.

Erzählen Sie!
Ich kann mich an einen 1. August erinnern. Da waren wir in Silverstone. Wir haben angefangen, Feuerwerk abzulassen, und dabei hat auch mal ein Strohballen gebrannt. Auf einmal kam die Feuerwehr angerauscht. Die dachten, jetzt werde gleich das ganze Fahrerlager abgefackelt. Unser Teamchef musste dann zur Rennleitung, um das wieder geradezubiegen.

Spielten Sie sich auch gegenseitig Streiche?
Webbos Vater war ein Meister darin. Der legte uns um 2 Uhr nachts schon mal Knallfrösche unter den Bus, sodass wir uns oben vor Schreck den Kopf an der Decke anschlugen. Oder in Brasilien kamen wir mal auf die Idee, mit einem umgekehrten Gartentisch im Pool zu wakeboarden.

Sie haben 7 WM-Titel und 81 GP gewonnen. Wurden Sie reich?
Leider nein, ich habe bestimmt zwei Einfamilienhäuser «s Chämi ueglah». Ich hatte immer nur ein Ziel: schneller werden. Deshalb habe ich all das Geld immer wieder in den Sport reingesteckt und ging dabei immer «all in». Vor allem zu Beginn hatten wir kaum Geld.

Die 70er | Rolf Biland

Wie war das?
1975 in Le Castellet konnten wir uns nicht fürs Rennen qualifizieren, also gab es auch kein Startgeld. Wir fuhren dann Samstagabend zurück Richtung Heimat. An der letzten Zahlstelle vor Genf hatten wir keine Kohle mehr im Sack. Ich sagte dann nur: «Wir müssen warten, bis ein Lastwagen kommt und die Barriere hochgeht. Dann rasen wir dem hinterher, bevor die Barriere wieder schliesst.»

Hat das funktioniert?
Ja, es hat dann zwar geblinkt und gelärmt «wie ne Mohre», mehr aber nicht. Manchmal hat aber auch schlicht das Geld für den Sprit nicht mehr gereicht.

Was dann?
Wie soll ich das jetzt sagen? Sagen wir es so: Es soll Fahrer gegeben haben, die haben damals mit einer Benzinpumpe auf dem Rennplatz von den anderen Teams vom LKW Diesel abgezapft.

Wenn wir schon beim Beichten sind: Waltisperg meinte, ich müsse mit Ihnen unbedingt auch noch über eine Brücke in England reden.
(Lacht.) Wir waren unterwegs an ein Rennen in Schweden. Als wir mit unserem Truck in England an eine Brücke kamen, war ich mir nicht sicher, ob wir durchpassen würden. Ich fragte Kurt, ob er die Angabe schnell von Fuss in Meter umrechnen könne. Doch er hat ein bisschen langsam gerechnet, deshalb versuchte ich es einfach mal. Es war halt wie in einer Rennsituation. Da konnte ich auch nicht zuerst einmal rechnen und warten.

Und hats geklappt?
Nein, wir haben voll angehängt. Es gab einen bösen Schaden, wir hatten hinterher quasi ein Cabrio. Als wir in Schweden ankamen, hatte sich das in der Szene bereits rumgesprochen. Deshalb stellten uns die Veranstalter ein grosses Militärzelt auf, in dem wir dann schlafen konnten.

Bilands Zahlen für die Ewigkeit: 7 WM-Titel und 81 GP-Siege.

«Ich wollte immer noch mehr, manchmal auch zu viel»

—

Rolf Biland

Ich möchte noch auf eine unangenehme Sache eingehen: 1985 wurden Sie und Ihr Vater wegen Versicherungsbetrug angeklagt.
Das war eine harte Zeit, auch wenn es ja nicht mein Fehler war.

Ihr Vater wurde schliesslich verurteilt, Sie aber freigesprochen. Wie war danach Ihr Verhältnis zu ihm?
Ich brach mit ihm. Als Sportler stehst du permanent in der Öffentlichkeit. Solche Schlagzeilen gehen schneller rum als ein WM-Titel. Deshalb hat mich das einige Sponsorengelder gekostet.

Haben Sie sich später mit Ihrem Vater versöhnt?
Nein, ich habe ihn nie mehr gesehen und war dann auch nicht an seiner Beerdigung. Wer mich einmal verarscht, der ist für mich gestorben. Das war auch im Sport immer so.

Letztes Thema. 1988 sagten Sie: «Alt sein ist für mich eine grässliche Vorstellung.» Mittlerweile sind Sie weit über 70. Wie fühlt es sich an?
Als ich 50 wurde, hatte ich grosse Probleme damit. Da wurde mir bewusst: Es gibt kein Zurück mehr. Heute weiss ich: Es tut nicht weh, pensioniert zu sein. Vor einigen Jahren hatte ich einen schweren Unfall und brach mir das Becken. Seitdem nehme ich mir vor, einen Gang runterzuschalten.

Trotzdem nehmen Sie mit Kurt Waltisperg noch immer gelegentlich an Rennveranstaltungen teil. Er sagte mir, Sie seien dabei noch immer ehrgeizig.
Das stimmt, wir müssen uns noch immer nicht verstecken. Die Kondition ist zwar nicht mehr die beste, aber ich will doch nicht wie ein «Grossätti» rumkurven. Dort hat es Leute, die Eintritt bezahlt haben. Denen will ich was bieten.

Persönlich

Der Berner Rolf Biland (geboren 1951) gehört mit 7 WM-Titel und 81 GP-Siegen zu den erfolgreichsten Seitenwagenfahrern aller Zeiten. Seinen ersten GP bestritt er 1971, seinen letzten 1997. 1983 versuchte er sich auch als Autorennfahrer und schlug sich in der Formel-2-EM beachtlich. Noch heute arbeitet er unter anderem als Töffinstruktor für den TCS in Lignières NE. Hier hatte er einst auch die ersten Runden seines Lebens gedreht. Er ist verheiratet und sagt heute: «Ich habe alles, was ich brauche, und bin zufrieden.»

Biland über «Plampi» Waltisperg: «Der beste Beifahrer ist der, den du nicht spürst.»

Fussballer

RUEDI ELSENER

Elsener damals: 1977 als Nati-Spieler.

«Die Zeit im Knast war schlimm»

Brutale Verteidiger, harte Trainer, durchgeknallte Mitspieler: Ruedi «Turbo» Elsener über die wilden und verrückten 70er- und 80er-Jahre im Schweizer Fussball.

Herr Elsener, Sie haben etwas erlebt, was nicht vielen von uns widerfährt: Sie wurden einst verhaftet.
Ruedi Elsener: Dieses Gespräch fängt ja gut an (lacht). Das Ganze passierte 1979 kurz nach meinem Wechsel von Eintracht Frankfurt zum FCZ. Ich wohnte damals noch im Hotel Holiday Inn in Regensdorf, als an einem Montag um 5.30 Uhr das Telefon klingelte.

Wer war dran?
Meine Mutter. Sie klang ganz aufgeregt und sagte: «Jetzt war grad die Polizei hier. Die suchen dich!»

Was war Ihr erster Gedanke?
Ich konnte mir das alles nicht erklären. Deshalb legte ich mich wieder ins Bett. Ich war gerade eingedöst, als es an der Tür klopfte. Ich öffnete, und da stand ein Polizist, der mir sagte, es liege ein Haftbefehl gegen mich vor. Natürlich wollte ich sofort wissen, warum. Doch er meinte nur, er dürfe mir das nicht sagen. Er nahm mich dann auf den Polizeiposten mit. Dort hiess es: «Am besten geben Sie alles zu!» Ich: «Was soll ich zugeben?» Sie: «Dass Sie einen Porsche geklaut haben.»

Sie sassen dann zweieinhalb Tage in Untersuchungshaft. Wie schlimm war das?
Das war sehr schlimm. Im Zimmer hatte es nur ein Klappbett, einen Klappstuhl, einen Klapptisch und eine Militärdecke. Mehr nicht. Keine Zahnbürste, und ich durfte nicht mal duschen und musste zweieinhalb Tage lang die gleichen Kleider tragen, auch beim Schlafen. Man nahm mir dann die Fingerabdrücke ab und befragte mich immer wieder. Mittlerweile suchte mich auch der FCZ, weil sie ja nicht wissen konnten, dass ich im Knast steckte. Ich bin dann am Mittwochmittag endlich freigekommen, habe anschliessend ein Einzeltraining absolviert und am Abend gegen Chiasso bereits wieder gespielt.

Sie waren unschuldig. Ein früherer GC-Teamkollege war in den Porsche-Diebstahl und Versicherungsbetrug involviert und zog Sie mit rein, ohne dass Sie davon etwas wussten. Haben Sie ihm später verziehen?
Nein, das geht nicht, er hat mich da voll reingeritten. Jahre später habe ich ihn an einem Legendenspiel gesehen. Doch er hat so getan, als ob nie etwas gewesen wäre.

Die 70er | Ruedi Elsener

Ihr Spitzname lautet Turbo. Hängt der mit dem geklauten Porsche Turbo zusammen?
Nein, den verpasste mir Eintracht-Legende Charly Körbel. In einem Spiel gegen Bielefeld bestritt ich ein Laufduell. Dabei wurde ich auf die Tartanbahn rausgedrückt. Ich lief einfach weiter, überholte ihn aussen und rannte vorne wieder ins Spielfeld rein. Seitdem war ich der Turbo.

Als Sie 1978 nach Frankfurt wechselten, waren Sie der teuerste Schweizer Fussballer aller Zeiten und verdienten ordentlich Geld. Aufgewachsen sind Sie aber in armen Verhältnissen.
Ich lebte im Zürcher Kreis 5 zusammen mit meiner Schwester, meinen Eltern und den Grosseltern zu sechst in einer Dreizimmerwohnung.

Wie waren Ihre Eltern?
Mein Mami war ein Engel und mein Vater ein Diktator. Er hatte eine lockere Hand, «Flätteren» waren damals normal.

War der Fussball Ihre Rettung?
Wir haben immer gespielt, auf der Strasse oder im Hof. Im Winter haben wir uns den Ball mit Schuhschwärze angemalt, damit man ihn im Schnee sehen konnte. Die Teppichstangen waren unser Tor. Wenn du das verfehlt hast, ging halt eine Scheibe zu Bruch. Uns wurde sogar mal die Versicherung gekündigt, weil ich zu viele Scheiben zerstört hatte. Zu der Zeit war übrigens der Schuhmacher mein bester Freund.

Schnappschuss: Elsener (Mitte) als Spieler von Eintracht Frankfurt 1979.

Warum?
Wegen des vielen Spielens hatte ich immer Löcher in den Schuhen. Hätte mein Vater das gesehen, hätte es wieder Ärger gegeben. Doch zum Glück gab es bei uns einen Schuhmacher. Der hat mir die Schuhe immer gratis geflickt.

Konnte sich die Familie Elsener Ferien leisten?
Die einzigen Ferien hatten wir im Sommer. Da gingen wir immer für zwei Wochen in Südfrankreich campen. Doch mein Traum war es immer, mal Skiferien zu machen. Deshalb schaute ich am TV immer fasziniert den Spengler-Cup und träumte davon, nach Davos zu reisen.

Ging dieser Traum später in Erfüllung?
Halbwegs, irgendwann fischten mein Vater und mein Grossvater kaputte Ski aus dem Abfall reicherer Leute. Sie lackierten sie neu, und wir gingen in Oberiberg Ski fahren. Das war richtig toll.

Mit elf begannen Sie beim FC Industrie. Konnten Sie sich überhaupt Fussballschuhe leisten?
Ich hatte zu Beginn die schlimmsten Gurken an und habe mich dafür richtig geschämt. Das waren so alte Dinger, solche mit Stahlkappen. Irgendwann bekam ich zu Weihnachten meine ersten richtigen Fussballschuhe, «Adidas Santos». Doch dann verbot mir mein Vater, Fussball zu spielen.

Weshalb?
Ich brachte ein schlechtes Zeugnis nach Hause. Mein Vater schaute es an, stand auf, rief meinen Trainer an und sagte: «Der Ruedi kommt ab sofort nicht mehr ins Training.» Dann hängte er auf und meinte zu mir: «Du kannst erst wieder ins Training gehen, wenn das nächste Zeugnis gut ist.» Widerrede zwecklos. Deshalb musste ich ein halbes Jahr pausieren.

Mit 17 wechselten Sie als Arbeitersohn zum Nobelklub GC. Wie kam es dazu?
Trainer René Hüssy rief damals meinen Vater an und sagte, wir sollten mal vorbeikommen. Also zog sich mein Vater schön an. Schale, Krawatte, Hut, Mänteli.

Wie lief dieses Gespräch ab?
Ich sass einfach nur dort und habe kein Wort gesagt. Sie haben sich darauf geeinigt, mich für ein Jahr auszuleihen und mich bei den Inter-A-Junioren spielen zu lassen.

Bei GC trafen Sie auf Christian Gross.
Wir wurden schnell Freunde und gingen oft auch gemeinsam in die Ferien. Damals trug Jogi-Bär, wie er von den Niggl-Brüdern genannt wurde, noch ein Toupet. Das hat immer gemüffelt. Und wenn er mit seiner Solex ins Training fuhr, war er jeweils zu faul, es auch vorne mit Doppelklebeband festzumachen. Deshalb flatterte das Toupet immer beim Fahren. Ein köstliches Bild!

Haben Sie ihm als Freund nie gesagt: «Chrigel, lass es sein»?
Doch, immer wieder. Irgendwann einmal waren wir in Saas-Fee in den Skiferien. Da sagte er plötzlich: «Nimm mir das Ding runter.» Also ging ich zur Rezeption und holte mir eine Schere. Ich habe dann das Toupet, das ja seitlich am Haarkranz angenäht war, erst abgeschnitten, dann zerschnitten und weggeworfen.

Mit GC waren Sie in einigen legendären Trainingslagern. Was passierte dort alles?
(Lacht.) Vieles davon darf man nicht erzählen. Einmal waren wir in Hongkong, Bangkok und Pattaya. Wir waren da noch keine 20. Sagen wir es so: Wir alle hatten damals noch keine festen Freundinnen, und weil wir hart trainierten, brauchten wir abends Pflege. Wir sind

> **«Mein Mami war ein Engel und mein Vater ein Diktator. Er hatte eine lockere Hand. ‹Flätteren› waren damals normal»**

«Ich stand auf einmal nicht mehr im Rampenlicht und fiel in ein Loch, denn plötzlich bist du niemand mehr»

–

Ruedi Elsener

Auf und davon: FCZ-Spieler Elsener 1979.

deshalb jeweils im Ausgang geschlossen als Mannschaft aufgetreten…

Damals arbeitete bei GC Masseur Hans Brunner, der zuvor die Radlegende Eddy Merckx betreut hatte. Bis heute heisst es, Sie seien gedopt gewesen.
Das Ganze war eigentlich eine einfache Geschichte. Damals lagen diese Coramin-Zältli einfach reihenweise auf dem Tisch. Da nahm man vor dem Spiel schon ein paar dieser Sugus zu sich, dazu noch reichlich Kaffee. Danach lief der Kolben auf 180.

Genau wegen dieses Coramins wurde Hürdenläufer Kariem Hussein vor einigen Jahren gesperrt.
Ja, aber damals stand das noch nicht auf der Liste. Demnach war es kein Doping. So einfach ist das.

Wer war Ihr verrücktester Trainer?
Da hatte ich einige. Zum Beispiel Helmuth Johanssen, mit dem ich bei GC regelmässig Ärger hatte. Oder auch René Hüssy. Dessen trockene Sprüche waren legendär.

Können Sie ein Beispiel nennen?
Zu Ruedi Schneeberger sagte er immer: «Wenn du aufs Goal läufst, haust du den Ball entweder rein oder weit drüber. Dann haben wir genügend Zeit, um zurückzulaufen.» Oder zu Chrigel Winiger, der beim Rennen immer den Kopf unten hatte: «Chrigel, wenn die Eckfahne kommt, ist der Platz fertig.» Speziell war auch Albert Sing, den ich kurz beim FCZ hatte. Der ging vor dem Spiel immer aufs Klo und schaute, wie viel wir neben das Pissoir gepinkelt hatten.

Warum?
War viel daneben, wusste er, dass wir nervös waren.

Wie war es bei Xamax mit Gilbert Gress?
Der hat uns brutal trainieren lassen. Er hatte am liebsten unzufriedene Spieler, weil die dadurch mehr Leistung erbrachten. Wir mussten aber auch oft über ihn lachen. Im Winter trug er ja immer diesen Langhaar-Pelzmantel. Von hinten sah er mit seinen langen, grauen Haaren wie eine Frau aus.

Wer war Ihr verrücktester Teamkollege?
Auch da gab es natürlich viele. Ich kann mich noch an Mongi Ben Brahim bei Vevey erinnern. Der konnte mit seinem Maul so pfeifen, wie eine Schiedsrichterpfeife klingt. Wenn ein Gegner alleine aufs Tor lief, pfiff er einfach, und der andere hielt an.

Damals gab es noch keinen VAR und keine Kameras. Waren Sie als Stürmer Freiwild?
Ja, das kann man schon so sagen. Es gab einige Verteidiger, die gnadenlos waren. Zum Beispiel Gabet Chapuisat beim FCZ, Jean-Pierre Maradan beim FCB oder Alain Balet bei Sion. Um die musstest du einen grossen, einen sehr grossen Bogen machen. Die haben dich sonst ein-

fach gnadenlos umgenietet. In einem der ersten Zürcher Derbys, die ich spielen durfte, wollte mich Chapuisat mit einem Karatesprung umhauen. Hüssy hat dann in der Halbzeit auf ihn gewartet und ihm einfach eine Ohrfeige gegeben.

Haben die Schiedsrichter Sie nie beschützt?
Nein, wenn dich einer so richtig übel umgegrätscht hat, ging der Schiri seelenruhig zu ihm hin und sagte: «Mach das nüme!» Danach durfte er es aber noch zwei-, dreimal machen, bevor er überhaupt die Gelbe bekam. Heute wäre das alles direkt Rot.

Haben Sie sich nie gewehrt?
Einmal hatten wir mit GC in Lugano ein Vorbereitungsspiel. Ein junger Spieler hat mich gleich ein paarmal umgehauen. Da habe ich ihm gesagt: «Lueg, das ist ein Freundschaftsspiel. Mach das nöd, eifach nöd.» Doch er machte weiter. Irgendwann bekam ich den Ball, und er hängte sich von hinten wie ein Rucksack auf mich drauf. Da nahm ich seinen Finger und bog ihn um. Es hat richtig geknackst, und er schrie sehr laut.

Was passierte dann?
Ich schaute ihn an und sagte: «Ist jetzt gut?» Ich erhielt übrigens noch einen Freistoss zugesprochen, und er kam danach nicht mehr näher als einen Meter an mich ran.

1988 beendeten Sie Ihre Karriere. Wie schwierig war die Zeit danach?
Sehr schwierig. Seit ich 17 war, hatte sich mein ganzes Leben nur um den Fussball gedreht. Alles war verplant. Wann ich aufstehen musste. Wann ich ins Bett gehen musste. Als die neue Saison ohne mich begann, fiel ich in ein Loch. Ich stand auf einmal nicht mehr

Persönlich Der Stadtzürcher Ruedi Elsener (geboren 1953) wurde sowohl mit GC (1978) als auch mit dem FC Zürich (1981) Meister. Dazwischen spielte er für eine Saison mit Eintracht Frankfurt in der Bundesliga. Später kickte er noch für Xamax, Vevey und Yverdon. 1978 wurde er zum besten Schweizer Fussballer gewählt. Ausserdem stand er dreimal in einem Cupfinal (alle verloren). Auch in der Nati war der Stürmer erfolgreich. In 48 Länderspielen schoss er 6 Tore, das bedeutendste war sein Siegestreffer 1982 gegen den amtierenden Weltmeister Italien. Elsener arbeitet noch immer in der Immobilienbranche und lebt in Oberiberg SZ. Er hat drei Kinder und ist zweifacher Grossvater.

im Rampenlicht. Dann bist du plötzlich niemand mehr. Hinzu kamen körperliche Probleme.

Wie äusserten sich diese?
Ich war in Lugano in den Ferien und bekam auf einmal in beiden Beinen Krämpfe. Da hatte ich richtig Angst, und es kam Herzrasen hinzu. Mir ging es in der Zeit so schlecht, dass ich nicht einmal mehr 100 Meter rennen konnte, ohne zu hyperventilieren. Manchmal musste ich mich auf der Strasse einfach auf einen Randstein setzen, weil ich nicht mehr weiterlaufen konnte.

Wissen Sie heute, warum das damals so war?
Ich bin ja nicht der einzige Fussballer, der das nach der Karriere erlebt hat. Während du spielst, stehst du dauernd unter Druck und musst immer Topleistungen bringen. In der Zeit kommst du nicht dazu, Erlebtes zu verarbeiten.

Wie kamen Sie da wieder raus?
Es kann dir niemand helfen, nur du dir selber. Ich war auch beim Psychologen. Der redete nicht und sagte mir immer wieder: «Erzählen Sie, lassen Sie es raus.» Nach gut einem Jahr hatte ich die Krise überwunden.

In den letzten Jahren mussten Sie einige Beerdigungen ehemaliger Weggefährten besuchen. Denken Sie dadurch öfters über die Endlichkeit des Lebens nach?
Ich fühle mich gesund und fit, mache mir aber schon meine Gedanken. Ich stelle mir mein Leben wie eine 400-Meter-Bahn in einem Stadion vor und frage mich, wo ich mich gerade befinde.

Und wie lautet die Antwort?
Am Morgen denke ich oft: Ich bin auf der Schlussgeraden. Wenn es mir aber gut geht, denke ich, dass ich erst am Anfang der zweiten Kurve bin. Ich weiss aber, dass es sehr schnell vorbei sein kann, denn ich hätte schon als Siebenjähriger Flügeli haben können.

Was war damals passiert?
Wir kamen von der Schule nach Hause. Ein Kollege nahm mir meine Kappe weg und rannte über die Strasse, ich hinterher und vor ein Auto. Mich hats dann 20 Meter durch die Luft gewirbelt, und ich brach bewusstlos zusammen. Damals lag ich über einen Monat zu Hause im Bett. Und ja, hätte ich Pech gehabt, wäre da schon alles vorbei gewesen.

Siegeslächeln: Mit dem FCZ wird Elsener 1981 Meister.

Fussballtrainer

HANSPETER LATOUR

Latour damals: 2005 als GC-Trainer.

«Ich musste meine Frau verstecken»

Ein Gespräch mit ihm dauert lange. Sehr lange. Denn Hanspeter Latour hat aus seiner Karriere als Fussballer und Trainer viele lustige Anekdoten zu erzählen.

Herr Latour, unter Ihnen stieg der FC Thun 2002 zum ersten Mal seit fast einem halben Jahrhundert wieder in die höchste Liga auf. Wie viele Zuschauer waren am entscheidenden Spiel gegen Winterthur?
Hanspeter Latour: Offiziell waren es 4922, doch in meinen privaten Unterlagen stehen zwei mehr, 4924.

Warum?
Ich war vor dem entscheidenden Spiel am Grab meiner Eltern. Dort sagte ich ihnen: «Heute Abend müsst ihr ins Lachenstadion kommen und genau hinschauen, denn heute geschieht Historisches.» So kam es dann auch. Mein grosser Kindheitstraum, einmal mit Thun in der höchsten Liga zu spielen, wurde endlich Wirklichkeit.

Ihr Traum war demnach nicht der einer grossen Fussballkarriere, sondern der, mit Thun in der höchsten Liga zu spielen?
Genau so war es. Als ich klein war, spielte Thun eine Saison lang in der Nati A und stand 1955 im Cupfinal. Mein Vater nahm mich damals regelmässig ins Lachenstadion mit, und später war ich dort gar Balljunge.

Wie wurde aus Ihnen eigentlich ein Goalie?
Wir wohnten in Thun in einem Block. Draussen hatte es eine «Wöschhänki». Das waren unsere Tore und unser Stadion. Ich habe dann schnell einmal gemerkt, dass ich am Fuss gleich gut wie die anderen war, Bälle fangen konnte ich aber deutlich besser. Deshalb wurde ich Goalie.

Sie schafften es dann sogar in die Junioren-Nationalmannschaft.
Ich nahm an zwei Turnieren teil und spielte dort gegen Beckenbauer, Vogts, Neeskens und Cruyff. Einmal kickten wir in Lörrach gegen Deutschland. Abends gab es ein Bankett mit einem Überraschungsgast.

Wer war es?
Der legendäre Sepp Herberger, der während der WM 1954 mit seinen Deutschen unweit von hier in Spiez residiert hatte. Er sagte uns jungen Spielern: «Jeder hier hat die Chance, Karriere zu

Ein Mann für alle Fälle: Latour in Thun 2002.

machen.» Da dachte ich mir, es sei alles bloss eine Frage des Willens.

Nachdem Sie bei Thun gespielt hatten, wechselten Sie als 19-Jähriger zum FC Le Locle in die Nati B.
Ich hatte damals ein kleines Zimmer, mit Etagendusche und nur kaltem Wasser. Ich musste jeweils meine ganze Trainingswäsche im Lavabo waschen. Ich konnte zwar nicht gut Französisch, aber ein Wort habe ich bis heute nicht vergessen: «thermoplongeur», Tauchsieder. Mit dem machte ich das Wasser für die Wäsche heiss. Und einmal machte ich damit im Lavabo ein Suppenhuhn, das ich an einem Lottoabend gewonnen hatte.

Das klingt jetzt alles nicht nach der glamourösen Fussballwelt...
Das stimmt, aber jenes Jahr hat mir gutgetan und mich abgehärtet. Am Wochenende kam mich jeweils meine heutige Frau besuchen, doch wir mussten das geheim halten, weil der Trainer Damenbesuche verbot. Deshalb musste ich Thilde jeweils verstecken.

Später schafften Sie es als Goalie bei YB in die Nati A. Was haben Sie verdient?
2000 Franken pro Monat, inklusive Prämie. Klingt auf den ersten Blick nach wenig, war für uns aber viel Geld. Denn meine Frau hatte einen Lohn, ich einen als Laboranten, und dann kam noch mein Fussballgehalt zusätzlich obendrauf.

Nach Ihrer Spielerkarriere wurden Sie direkt Trainer des 1.-Liga-Klubs FC Dürrenast. Auch das klingt nicht nach der glamourösen Fussballwelt.
Das war es auch nicht. Nach der Arbeit fuhr ich jeweils direkt mit dem Velo zum Klubhaus und heizte dort den Ofen mit Holz ein, damit wir nach den Trainings warm duschen konnten. Ich war aber schon damals innovativ.

Inwiefern?
Bei YB hatten wir zwei Regenerationsbecken mit kaltem und warmem Wasser. Ich fand, dass wir das bei Dürrenast auch brauchten. In Fronarbeit bauten wir deshalb zwei Becken und plättelten sie sogar selbst. Als sie endlich fertig waren und wir uns darauf freuten, realisierten wir, dass der Boiler viel zu klein war und wir nur etwa zehn Zentimeter hoch warmes Wasser hatten. Deshalb ging ich zum Präsidenten und forderte einen neuen, grösseren Boiler.

Wie reagierte der darauf?
Er sagte, sie hätten kein Geld dafür. Also gab ich ihnen ein Darlehen über 3000 Franken. Für uns war das halt damals wichtig, denn die 1. Liga war für uns unsere Weltmeisterschaft. Ich bekam übrigens alles pünktlich zurückbezahlt.

1978 aber kündigten Sie bei Dürrenast. Warum?
Wir hatten schlechte Trainingsbedingungen und mussten bei Regen oft auf einer Wiese trainieren, auf der

Da gehts lang: Latour an der Seitenlinie 2007.

«Was ist ein Blatt Papier, ein Bleistift und Hanspeter Latour? Eine Besprechung des Trainerstabs beim FC Thun»

tagsüber die Hunde ihr Geschäft verrichtet hatten. Bei einem Schulhaus gab es aber einen wunderbaren Platz, doch darauf Fussball zu spielen war verboten. Ich konnte dann den Abwart davon überzeugen, dass wir dort gelegentlich trainieren durften. Das Ganze hatte aber einen Nachteil.

Welchen?
Ich war so stolz darauf, dass ich das eingefädelt hatte, doch dann gab es regelmässig Diskussionen, welche Spieler von der Klubgarderobe aus mit ihren Autos zum Schulhaus fuhren und die anderen mitnehmen mussten. Als unser Sohn Yves zur Welt kam, eilte ich danach vom Gebärsaal direkt zum Training, um es ja nicht zu verpassen. Doch dann gab es wieder die Diskussion ums Fahren. Da sagte ich: «Ich habe dieses ‹Gschtürm› satt. Jetzt fahren wir dorthin zum Trainieren, und danach seht ihr mich nie mehr wieder.» So war es dann auch. Abends schrieb ich dem Präsidenten einen Brief, in dem ich meinen Rücktritt bekannt gab.

Auch später überraschten Sie gelegentlich. Zum Beispiel beim FC Solothurn.
Nach sechs Jahren dort wollte ich aufhören. Ich arbeitete da noch immer in Thun in einem Labor, und das tägliche Pendeln hatte mich müde gemacht. Als ich deshalb gehen wollte, machte mir der Präsident ein Angebot als Vollzeittrainer. Man muss sich das mal vorstellen: Damals gab es kaum Schweizer als Profitrainer, doch ich wurde dann in der 1. Liga Vollzeittrainer.

Wie reagierte Ihr Umfeld darauf?
Die dachten: Jetzt spinnt er komplett, denn ich gab dafür nach 21 Jahren meine sichere Beamtenstelle im Labor auf, obwohl wir zwei schulpflichtige Kinder hatten.

1997 kamen Sie der grossen Fussballwelt endlich einen Schritt näher. Sie wurden bei GC Assistent von Christian Gross.
Der Name GC klingt edel, ich hatte in Zürich aber nur ein kleines Zimmer, da ich nach Auswärtsspielen oft nicht mehr mit dem Zug nach Hause in Solothurn kam, wo ich mittlerweile wohnte. Dieses Zürcher Zimmer war im Keller, hatte nur einen winzigen Lichtschacht und kostete keine 100 Franken im Monat.

Als es Gross Ende 1997 nach London zu Tottenham zog, wollte er Sie mitnehmen. Warum schlugen Sie dieses Angebot aus?
Ach, das wäre nichts für mich gewesen. Zürich war mir gross genug, und mir gefiel es bei GC.

Via Baden, Wil und Basel landeten Sie 2001 endlich wieder bei Ihrem Herzensklub Thun.
Als ich von Thun das Angebot erhielt, war ich noch beim FCB Assistent von Gross. Die Chefs dort verhielten sich grossartig. Sie sagten mir: «Wenn das dein

grosser Bubentraum ist, legen wir dir keine Steine in den Weg.» Im Gegenteil, sie liehen dann Thun noch Spieler aus und bezahlten einen Teil ihrer Löhne weiter. Die konnten da ja noch nicht ahnen, dass wir später ein Konkurrent von ihnen sein und sie aus dem Cup raushauen würden.

Damals spielte Thun noch in der Nati B.
Ich sagte immer: Was ist ein Blatt Papier, ein Bleistift und Hanspeter Latour? Eine Besprechung des Trainerstabs beim FC Thun. So war es in der Zeit wirklich.

Doch mit Thun feierten Sie, wie zu Beginn erwähnt, den Aufstieg in die NLA. Was haben Sie damals verdient?
In der Nati A etwa 10 000 Franken monatlich. Trotz all unserer Erfolge blieben wir ein bescheidener Klub mit einem kleinen Budget. Doch das hat uns auch kreativ gemacht. So zum Beispiel mit der Aktion, als ich mit den Spielern nach einer Niederlage durch die Autowaschanlage lief, um gemeinsam die schlechte Leistung vergessen zu machen. Oder die Aktion, als ich während eines Spiels ein Mikrofon trug.

Das war 2002 im Spiel gegen Servette, als Sie zu Schiri Urs Meier sagten: «Das isch doch e Gränni!»
Wir steckten damals mitten im Strichkampf und wussten, dass wir uns mit einem Sieg für die Finalrunde qualifizieren würden. Da wir alle nur Verträge für die Super League hatten, war uns allen klar: Schaffen wir das, haben wir ein weiteres Jahr einen gültigen Vertrag und damit ein Einkommen. Auf diesen Spruch werde ich bis heute regelmässig angesprochen.

Im gleichen Spiel passierte auch noch die Trikot-Szene mit Gil.
Er schoss das entscheidende Goal, zog sich dann das Leibchen aus und hatte danach grosse Mühe, dieses neuartige Trikot mit integriertem Unterleibchen wieder anzuziehen. Wissen Sie aber, was das Lustige daran war?

Auslandsabenteuer: Köln-Trainer Latour mit Marco Streller und Lukas Podolski 2006.

Nein.
Am selben Wochenende hatte Diego Forlan von Manchester United exakt dasselbe Problem. Der spielte danach mit nacktem Oberkörper und dem Leibchen in der Hand für rund 30 Sekunden weiter. Verrückt, dass dort in der Metropole und hier in der Provinz das genau Gleiche passierte.

Legendär war auch schon damals Ihre Liebe zur Natur.
Wir haben häufig hinter dem Stadion im Bonstettenpark ein Auslaufen gemacht. Da habe ich schon versucht, den Spielern den Unterschied zwischen einer Buche und einer Eiche zu erklären. Da fällt mir gleich noch eine lustige Geschichte ein.

Erzählen Sie.
Im Park gab es einen Kiosk, geführt von den Wittwers. Dort spendierte ich den Spielern manchmal einen Eistee oder eine Cola. Einmal hatte ich aber kein Geld dabei. Also sagte ich der Frau Wittwer, dass ich am Nachmittag noch einmal mit den 38 Franken vorbeikäme. Das tat ich dann auch, doch als ich bezahlen wollte, sagte sie bloss: «Der FCB hat doch diese Schigi oder wie die heisst, und wir hier haben auch Sponsoren. Die Getränke gehen auf mich.»

Trotz der Wertschätzung haben Sie Thun 2004 wieder verlassen. Warum?
Ich habe damals schon gemerkt, dass sich in Thun zu vieles um den Latour gedreht hat und dass das auch manche Neider hervorgerufen hat. Als ich dann erneut ein Angebot von GC erhielt, dachte ich, es sei der richtige Moment zu gehen.

Bei GC blieben Sie aber nur eine Rück- und eine Vorrunde.
Nach der Vorrunde war ich mit meiner Familie in Prag in den Ferien. Auf einmal klingelte mein Telefon, am anderen Ende Köln-Sportchef Michael Meier. Er erklärte mir, dass sie einen neuen Trainer suchten. Ich sagte ihm dann, dass ich nur einmal im Jahr richtig Ferien hätte und ich nicht von meiner Familie wegkönne.

Was antwortete er Ihnen?
Das sei kein Problem, er komme nach Prag. Dort trafen wir uns am Flughafen und redeten zwei Stunden lang. Später trafen wir uns noch ein zweites Mal, diesmal in Köln am Flughafen in einem Container, damit uns niemand sah. Danach ging alles sehr schnell, und ich war plötzlich Bundesliga-Trainer.

Waren Sie stolz darauf?
Das war mir nicht so wichtig, doch rückblickend kann ich sagen: Köln war super. Schade, dass das Abenteuer nach knapp einem Jahr schon wieder zu Ende war.

Wenn Sie jetzt an die Köln-Zeit zurückdenken, was kommt Ihnen spontan in den Sinn?
Einmal war ich im Park joggen. Dort spielten Erwachsene auf einer Wiese Fussball, ohne einheitliche Trikots und mit einem alten Ball. Ich ging zu ihnen hin und sagte: «Wisst ihr was, das hier ist der wahre Fussball und nicht das Theater, was wir gelegentlich im Spitzenfussball machen.» Dann machten sie noch ein Foto, und ich joggte weiter. Beim Geissbockheim ging ich zum Materialwart und sagte ihm, er solle mir einen Matchball geben. Danach ging ich wieder in den Park zurück, überreichte ihnen den Ball und sagte: «Ihr habt einen besseren Ball verdient.» Die sind fast «verreckt» vor Freude. Zwei Tage später übrigens spielten wir bei Bayern München 2:2, es war eines der schönsten Spiele meiner Karriere, trotzdem war die Begegnung im Park genauso schön.

In Köln haben Sie einmal auch einen Dieb verfolgt.
Montagmorgen, meine Frau war mit mir auf dem Weg zum Coiffeur. Plötzlich sah ich, wie auf der anderen Strassenseite ein Mann eine Frau zu Boden stiess und ihr die Handtasche entriss. Da niemand etwas dagegen unternahm, sagte ich mir: Das geht doch nicht, und nahm die Verfolgung auf. Dabei habe ich die ganze Zeit mit meinem bescheidenen Hochdeutsch «Haltet den Dieb!» geschrien.

Wie ging die Verfolgungsjagd aus?
Irgendwann nahm auf der anderen Strassenseite ebenfalls einer die Verfolgung auf, und deshalb warf der Dieb dann die Tasche weg. Darin 1800 Euro. Jahre später hielt ich vor Berner Polizisten einen Vortrag. Am Ende bekam ich vom Kommandanten Handschellen. Er sagte mir: «Dann können Sie beim nächsten Mal den Dieb gleich selber auf den Posten bringen.»

Nach Ihrem dritten Engagement bei GC beendeten Sie 2009 Ihre Karriere als Trainer. Stimmt es, dass Sie nie einen Berater hatten?

« Ich hatte nie einen Berater. Ich wusste immer selber, was ich wert bin »

—

Hanspeter Latour

Ja, ich wusste immer selber, was ich wert bin. Weil ich nie einen Berater hatte, bekam ich auch nie ein Angebot aus Griechenland oder der Türkei, was ich eh nicht angenommen hätte.

Wie sieht Ihr Leben heute aus?
Ich bin glücklich und habe genug zu tun. Ich beobachte und fotografiere gerne im Garten und in der Natur, halte Vorträge und schreibe Bücher zum Thema Biodiversität.

Die Natur beschäftigt Sie sehr. Wenn Sie noch jung wären, würden Sie sich dann auf die Strasse kleben?
Nein, es gibt Leute, die kleben sich auf die Strasse, kennen aber nicht einmal vier Schmetterlingsarten. Ich verstehe mich eher als Brückenbauer zwischen den Fronten, denn als Vorbild würde ich nicht taugen, da ich zum Beispiel nebst einem GA auch Auto fahre und gerne ein Stück Fleisch esse. Geflogen wird aber nicht mehr, ich will das gar nicht mehr.

Haben Sie noch Träume?
Ich habe noch Träumli. Ich habe zum Beispiel noch nie den Luchs in freier Wildbahn gesehen. Könnte ich das einmal noch erleben und ihn fotografieren, ginge schon ein Träumli in Erfüllung. Beim Thema Tierfotografie ärgert mich übrigens bis heute etwas.

Was?
Ein Freund von mir hat 2017 einen Braunbären fotografiert. Den ersten frei lebenden im Kanton Bern seit 164 Jahren. Er dachte zuerst, es sei ein Hund, hat dann aber ein super Foto gemacht.

Und was ärgert Sie daran?
Dass mir das nicht widerfahren ist. Ich war am selben Tag auch mit der Kamera dort im Gelände, habe aber ausser einem Hund nichts gesehen. Da hat der Herrgott also definitiv einen Regiefehler gemacht.

Persönlich Der Berner Hanspeter Latour (geboren 1947) stand als Aktiver bei Thun, Le Locle und YB im Fussballtor. Danach wurde er (Kult-)Trainer. Seine Stationen: Dürrenast, Thun (Aufstieg in die 1. Liga), Solothurn (Aufstieg in die NLB), GC, Baden, Wil, Basel, Thun (Aufstieg in die NLA), GC, Köln und GC. 2009 beendete er seine Karriere. Latour ist seit 1972 mit Thilde verheiratet. Das Paar hat zwei Kinder und drei Enkel.

Waffenläufer

ALBRECHT MOSER

Moser damals: 1983 beim Thuner Waffenlauf.

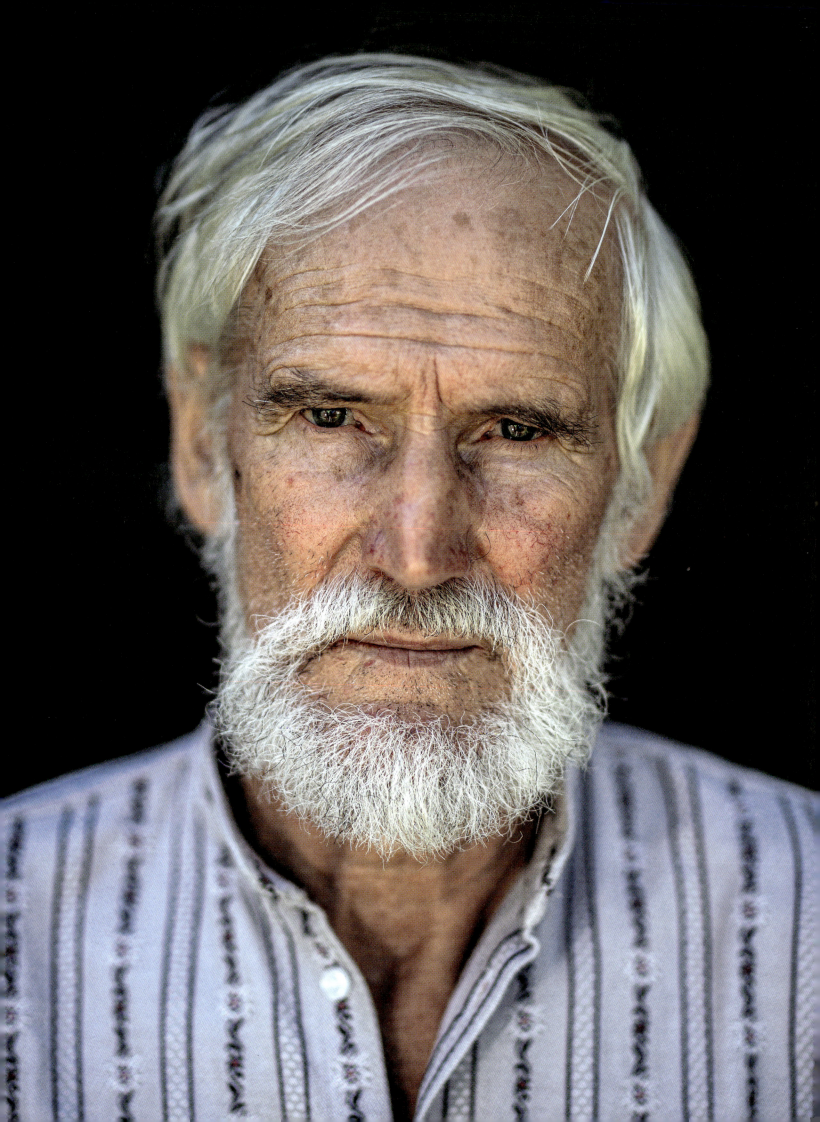

«Ich war nah dran am Verdingbub»

Er war das Gesicht und der Star des einst so populären Waffenlaufs. Heute sagt Albrecht Moser Sätze wie: «Ich hätte diese Sportart nicht erfunden.» Oder: «Ich war ein gnadenloser Egoist.»

Herr Moser, Sie können uns diese Frage bestimmt beantworten: Warum zählen Schulabwarte zu den unbeliebtesten Menschen der Schweiz?
Albrecht Moser: Ein Schulabwart muss streng sein, und die Kinder müssen vor ihm Angst haben. Wenn er mit bösem Blick um die Ecke kommt, sollten alle zusammenzucken. Doch ich war anders.

Wie waren Sie?
Vor mir hatten die Kinder Respekt, aber keine Angst. Ich war deshalb bei den Kindern und den Lehrern beliebt, nicht aber bei den Behörden. Deshalb wurde ich nach 13 Jahren weiterempfohlen…

Respekt und Anstand – haben Sie das von Ihren Eltern gelernt?
Wir waren eine arme Arbeiterfamilie, die zu siebt in Freimettigen im Emmental lebte. Meine Mutter war Hausfrau, und mein Vater war Fabrikarbeiter. Der Monat war bei uns jeweils einfach eine Woche zu lang. In den letzten Tagen des Monats hatten wir deshalb kaum etwas zum Essen. Damals kam sogar die Idee auf, ich könnte zu einem Bauern arbeiten gehen. Ich war nah dran am Verdingbub.

Haben Sie darunter gelitten, dass Ihre Eltern kaum Geld hatten?
Nur einmal. Als ich in Oberdiessbach in die Sek ging, wollte ich ins Skilager. Doch das war nicht möglich, weil wir kein Geld für Ski hatten.

Waren Sie ein guter Schüler?
In der Primarschule war ich gut, doch in der Sek wurde ich von Jahr zu Jahr schlechter. Hätte ich ein 10. Schuljahr machen müssen, hätte das einer nicht überlebt: der Lehrer oder ich.

Welchen Beruf erlernten Sie?
Eigentlich wollte ich Mechaniker werden. Doch ich litt unter Handschweiss. Dadurch fing alles, was ich anfasste, zu rosten an. Deshalb wurde ich Bauschlosser.

Wie kamen Sie zum Sport?
Ich träumte davon, wie Ferdy Kübler oder Hugo Koblet Radrennfahrer zu werden. Mit 14 fuhr ich einmal alleine mit einem Dreigänger von Bischofszell 200 Kilometer nach Hause. Manchmal war ich auch mit meinem Vater unterwegs. Wir assen Landjäger und übernachteten bei Bauern. Ja, Velofahrer wäre mein Ding gewesen.

Die 70er | Albrecht Moser

> «Mir hat es Spass gemacht, wenn mir Leute gratulieren mussten, die mich eigentlich nicht mochten»

Warum hat es nicht geklappt?
Wir hatten für ein richtiges Velo kein Geld. Und weil ich schon in der Schule nur rennen konnte, wurde ich Leichtathlet.

Als Leichtathlet wurden Sie mehrfacher Schweizer Meister.
Es gibt noch heute nicht viele Schweizer, die über 5000 und 10 000 Meter die Zeit laufen, die ich damals aufgestellt habe. Das macht mich rückblickend schon ein bisschen stolz.

1972 schafften Sie es gar an die Olympischen Spiele von München. Dort verübte die palästinensische Terrororganisation ein Attentat.
Ich kann mir all die Dokumentationen, die es gibt, nicht anschauen. Das alles geht mir noch heute viel zu nah. Sie sehen es, mir kommen sofort die Tränen, wenn ich daran zurückdenke.

Warum berührt Sie das so sehr?
Ich weiss es selbst nicht so genau. Vor dem Attentat war in München alles so schön und bunt. Die vielen Mädchen, überall das Waldi-Maskottchen. Es waren unbeschwerte Tage. Ich gab meinem Schwiegervater meinen Ausweis mit meinem Foto drauf. Obwohl er mir überhaupt nicht glich, konnte er sich damit alle Wettkämpfe anschauen, denn kontrolliert wurde er nicht. Doch dann kam das Attentat, und danach konnte man ohne Ausweis nicht einmal mehr aufs Klo gehen.

Sie kehrten kurze Zeit später der Leichtathletik den Rücken. Warum eigentlich?
Als Leichtathlet musst du dich von Rennen zu Rennen steigern. Nach 1973 gelang mir das nicht mehr. Irgendwann sagte einer: «Komm doch mal an einen Waffenlauf.»

Waffenlauf und Moser – war das Liebe auf den ersten Blick?
Na ja, sagen wir es so: Ich hätte diese Sportart nicht erfunden.

Warum nicht?
Ich wäre doch nie auf die Idee gekommen, dass man in einem Rucksack ein Gewehr mit sich trägt und dann so rennt. Doch weil ich schnell einmal Erfolg hatte, machte ich weiter.

Wurden Sie als Leichtathlet von den Waffenläufern mit offenen Armen empfangen?
Nein, aber das lag auch an mir. Ich kam zur Tür herein, ohne anzuklopfen. Die anderen erwarteten von mir, dass ich zuerst mal hinterherrennen würde. Doch weil ich als ehemaliger Leichtathlet eine Grundschnelligkeit hatte, war ich schnell einmal Seriensieger.

Sie sagten damals: «Mir ist egal, wer Zweiter wird!»
Das kam gar nicht gut an, doch ich empfand es damals so. Soll ich mich dafür im Nachhinein entschuldigen? Wenn das der eine oder andere falsch aufgefasst hat, tut mir das leid. Selbstbewusstsein und Überheblichkeit sind eben Zwillingsbrüder.

Ihr Dauerrivale war Kudi Steger. Sie sollen ihn schon ab und zu provoziert haben.
Das stimmt. Einmal stand eine schöne Frau am Wegrand, die Kudi einen Schwamm geben wollte. Ich sah das, rannte zu ihr, nahm den Schwamm und drückte ihn genüsslich über meinem Kopf aus. Dann reichte ich ihn dem Kudi weiter. Doch wissen Sie, was das Beste ist?

Nein.
Kudi wurde so sauer und beflügelt, dass er mir davonrannte und gewann, denn ich hatte innerlich eine so grosse Genugtuung, dass ich gar nicht mehr richtig «secklen» konnte.

Waffenläufer trifft Bundesrat: Moser und Georges-André Chevallaz 1982 in Zürich.

War diese Aktion von Ihnen nicht unfair?
Ja, das kann man schon sagen. Ein Engel war ich nicht. Aber auch Kudi spielte nicht immer fair.

Wo nicht?
1984 La Chaux-de-Fonds–Neuenburg. Ich lag klar in Führung, doch 200 Meter vor dem Ziel bog der Töfflifahrer, dem ich nachrannte, falsch ab. Ich rannte ihm einfach nach, bis er sein Töffli in einer Garage abstellte, ich noch immer an seinem Hinterrad (lacht). Danach einigte man sich darauf, dass ich trotzdem zum Sieger erklärt wurde. Auch Kudi akzeptierte das, doch ein halbes Jahr später sagte er, das sei die grösste Enttäuschung gewesen, die er im Sport je erlebt habe. Den Moser als Sieger auszurufen, ohne dass er je das Ziel passiert hätte, sei eine Frechheit.

Aber Sie waren ja auch kein Unschuldslamm. Welche Psychotricks hatten Sie in Ihrem Repertoire?
Da gab es einige. Wenn zum Beispiel ein Fotograf anwesend war, rannte ich extra so versetzt vor Kudi, dass er den Fotografen nicht sehen konnte. Dann bin ich jeweils im letzten Moment ausgewichen, und er rannte voll in den Fotografen rein. Auch bei den Verpflegungsposten spielte ich meine Spielchen.

Welche?
Ich tat so, als ob ich mich dort verpflegen würde. Im letzten Moment rannte ich weiter, während die anderen sich dort verpflegten. 500 Meter weiter vorne hatte ich dann meinen privaten Posten. So konnte ich jeweils ein Loch von mehreren Metern vor meinen Konkurrenten aufreissen.

Stimmt die Anekdote, dass Sie den TV-Leuten jeweils im Vorfeld sagten, wo Sie angreifen würden?
Ja, es war wie bei Cassius Clay, der jeweils sagte, in welcher Runde er seinen Gegner k. o. schlagen würde.

Das alles klingt nicht danach, dass Sie ein Sympathieträger waren.
Das wollte ich auch gar nicht sein, das war ja keine Castingshow. Ich war ein gnadenloser Egoist, der nur für sich geschaut hat.

Einmal sagten Sie im TV auf die Frage, was Sie beim Waffenlauf fürs Militär lernen könnten: «Fliehen vor dem Feind.»
Ich wurde danach als Landesverräter und Nestbeschmutzer betitelt. Doch für mich hatte der Waffenlauf nichts mit dem Militär zu tun. Es war ein sportliches Kräftemessen.

Reich wurden Sie damit aber nicht.
Nein, meist gab es einen Zinnbecher für den Sieger. Mehr nicht. Und einmal erhielt ich gar ein Damenvelo. Dank Blick bekam ich dann aber doch noch ein richtiges.

Wie kam es dazu?
Es war ein Villiger-Velo. Also ging ich in die Fabrik und wollte es gegen ein Velo mit einem grösseren Rahmen umtauschen. Doch die sagten Nein und hatten das Gefühl, ich würde vor ihnen auf die Knie gehen. Also drohte ich damit, dem Blick die Geschichte zu erzählen. Und prompt bekam ich ein anderes Velo.

Waren Sie gewinnsüchtig?
Ganz klar ja. Mir hat es Spass gemacht, wenn mir Leute gratulieren mussten, die mich eigentlich nicht mochten. Wenn sie mir mit einem gequälten Lächeln die Hand schütteln mussten.

Die meisten seiner Gegner bekamen Moser nur von hinten zu sehen.

«Ich wurde als Landesverräter und Nestbeschmutzer betitelt»

–

Albrecht Moser

Sind Sie ein Einzelgänger?
Das kann schon sein, wahrscheinlich wurde ich so geboren. Später arbeitete ich 20 Jahre lang als Gemeindeverschönerungsangestellter. Auch dort machte ich mein Ding. Meine Arbeitskollegen gingen abends noch einen trinken, doch ich ging dann lieber noch alleine Velo fahren oder «secklen».

In der Liebe waren Sie aber kein Einzelgänger. Blick schrieb einst, als Sie Schulabwart waren: «Drei Frauen in sechs Jahren – ein schlechtes Beispiel für Schüler, er verlor den Job.» Waren Sie ein Liebeskasper?
Ich war sicherlich kein Kostverächter, und es gab früher manchmal ein Hin und Her. Ein Nest war immer erst voll, wenn zwei drin waren. Und ja, ich war halt als Waffenläufer auch ein bisschen ein Star. Nach den Läufen blieb man halt sitzen, ass noch etwas. Und dort hatte es immer auch Frauen.

Sie gehen mittlerweile auf die 80 zu. Sind Sie ruhiger geworden?
Ja, ich bin seit bald 30 Jahren mit Beatrix zusammen. Unsere Patchwork-Familie umfasst sechs Kinder und acht Enkel. Und eines Tages möchte ich mal noch die Taufe eines Urenkels sponsern.

Treiben Sie noch Sport?
Ich habe mal gesagt, dass ich rennen werde, bis mir der «Scheiche» abfällt. Doch ich habe vorher, nach über 2000 Läufen, aufgehört. Obwohl ich rechts ein künstliches Hüftgelenk habe, kann ich noch arbeiten.

Sie arbeiten noch immer?
Ich habe etwa noch 40 Privatkunden, denen ich im Garten helfe.

Moser: «Den Bart werde ich bis zu meinem Tod tragen.»

Stimmt es, dass Sie mit der Technik auf Kriegsfuss stehen?
Ja. Ich habe schon Mühe, den Fernseher einzuschalten. Ich habe zwar ein Handy, aber auf dem ist nur eine Nummer gespeichert: die von Beatrix. Und bis ich an einem Billettautomaten ein Ticket gekauft hätte, würde kein Zug mehr fahren.

Haben Sie noch Träume?
Ich träume viel, meist von Bergläufen und dabei fast immer von Sierre–Zinal, das für uns Läufer vergleichbar ist mit Paris–Roubaix für Radrennfahrer.

Und Wünsche?
Ich hatte früher nie Zeit und Geld, um mir Wünsche erfüllen zu können. Sie könnten mir jetzt eine Million geben, und es würde sich nichts ändern.

Würden Sie für eine Million wenigstens Ihren Kultbart abschneiden?
Nein, den trage ich seit den 70er-Jahren, und den werde ich auch bis zu meinem Tod tragen.

Persönlich

Der Berner Albrecht Moser (geboren 1945) ist der erfolgreichste Waffenläufer aller Zeiten: 8 SM-Titel, 56 Tages- und 85 Kategoriensiege. Kleiner Makel: Den legendären Frauenfelder gewann er «nur» einmal. Bis vor einigen Jahren bestritt «Brächtu» noch regelmässig Läufe. Jetzt lässt er es ruhiger angehen. Er lebt zusammen mit Beatrix in Pieterlen BE.

Bobfahrer

ERICH
SCHÄRER

Schärer damals: 1990.

«Dann wurde ich von der Polizei abgeführt»

Wo er war, gabs oft Ärger, aber noch öfters Erfolge. Boblegende Erich Schärer ist ein Mann mit Ecken und Kanten. Und vielen Anekdoten und Geschichten.

Herr Schärer, haben Sie Ihr grösstes Glück einem Sturz zu verdanken?
Erich Schärer: Warum meinen Sie?

1980 lernten Sie dank eines Unfalls Ihre heutige Frau kennen.
Das stimmt. In St. Moritz stürzte ich im Training und verletzte mich am Oberschenkel. Ich ging dann zum Arzt. Dort arbeitete Francesca als Praxisassistentin. Ihr Job war es, mich zu pflegen.

Waren Sie ein einfacher Patient?
Wahrscheinlich nicht. Ich war schon immer ungeduldig und erschien regelmässig zu spät zu den Arztterminen. Irgendwann dachte ich mir: Wenn sie mir bei der Genesung helfen kann, dann kann sie das vielleicht auch in anderen Lebensbereichen. Jetzt sind wir schon 38 Jahre glücklich verheiratet.

Sie waren ursprünglich Zehnkämpfer. Wie kamen Sie zum Bobsport?
Durch meinen älteren Bruder Peter. Im Militär lernte er einen Freund des Bobpiloten Jean Wicki kennen. Peter und ich dachten dann: Lass uns das mal ausprobieren. Zuerst trainierten wir hier in Herrliberg auf der Strasse. Als wir dann das erste Mal in St. Moritz mit René Stadler fuhren, waren wir auf Anhieb die Schnellsten. So nahm alles seinen Lauf.

1972 nahmen Sie erstmals an Olympischen Spielen teil. Und sorgten gleich für einen Eklat.
Der IOC-Präsident hiess damals Avery Brundage. Er war gegen die Kommerzialisierung des Sports, ich aber dafür. Deshalb lief unser Team in Sapporo etwas provokativ mit einem «I like Brundage»-Sticker rum. Das gab natürlich ein Riesentheater.

Vier Jahre später in Innsbruck gabs wieder Wirbel um Ihre Person. Zwei Tage vor dem Vierer ersetzten Sie Ihren Bruder Peter als Anschieber. Wie schwer fiel Ihnen diese Entscheidung?
Das war natürlich eine unangenehme Situation. Doch wenn du gewinnen willst, musst du auch schwierige Entscheidungen fällen können.

Schärer heute: 2020 in Herrliberg.

Wie haben Sie das Ihrem Bruder mitgeteilt?
Da muss ich kurz ausholen. Ein Jahr zuvor waren wir am Start immer die Schnellsten. In der Olympia-Saison aber nicht mehr, denn Peter hatte Probleme mit der Achillessehne. Also hielt unser Team eine Krisensitzung ab. Das Resultat kennen Sie. Ich musste entscheiden, dass er ausgewechselt werden musste.

Wie sehr hing danach der Haussegen schief?
Als ich von Olympia nach Hause kam, war meine Mutter gar nicht glücklich.

Gabs ein Donnerwetter?
Sagen wir es so: Es hingen schon ein paar Wolken am Himmel. Wenige Wochen später startete ich im Zweier aber bereits wieder mit meinem Bruder an der EM. Wir siegten. Trotzdem: Etwas bleibt nach so einer Entscheidung immer hängen.

1980 holten Sie dann endlich Olympia-Gold im Zweier. Der Legende nach fuhren Sie in den Rennen zuvor extra etwas gemächlicher, um nicht zu gewinnen.
Das stimmt. Wir waren vorher zweimal Weltmeister. Ich befürchtete, dass wir dadurch ein bisschen nachlässig werden könnten. Deshalb wollte ich vor Olympia kein Rennen gewinnen, damit wir dann in Lake Placid so richtig heiss sein würden.

Hielten Sie sich an den Plan?
Ja, bis auf ein Rennen. In St. Moritz wurden wir im Vierer Europameister, obwohl wir das eigentlich gar nicht wollten.

In Lake Placid ging Ihr Plan aber auf.
Ja, wir holten Gold im Zweier. Es hätte aber auch anders kommen können.

Schärer ist vieles, etwas aber sicher nicht: diplomatisch.

Seine Goldfahrt: 1980 wird Schärer in Lake Placid im Zweier Olympiasieger.

> «Wer im Bobsport mit jemandem redet, sollte immer eine dritte Person als Zeugen dabeihaben»

Warum meinen Sie?
Nach jeder Trainingsfahrt lief ich jeweils die Bobbahn rauf und runter. Ich legte mich dabei aufs Eis, schaute die Spuren an. So auch in Lake Placid. Als ich danach zufällig an unserer Garage vorbeilief, in der der Bob aufgebockt war, dachte ich auf einmal: Warum hängt der so durch? Da entdeckte ich, dass die Längsachse in der Mitte gebrochen war. Wäre ich dort nicht die Bahn abgelaufen und dadurch an der Garage vorbeigekommen, hätte ich das wohl nicht bemerkt und somit nicht mehr beheben können. Wer weiss, was dann passiert wäre...

Legendär war Ihre Zieldurchfahrt im vierten Lauf.
Ich habe das ja gar nicht mitgekriegt. Offenbar riss mein Anschieber Sepp Benz kurz vor der Zieldurchfahrt die Hände hoch, um zu jubeln. Ich habe das dann erst später auf Video gesehen. Die Samariter dachten aber, er sei verletzt, und kamen deshalb sofort angerannt, um zu helfen.

Sie waren ein Perfektionist. Haben Sie Ihren Anschiebern jeweils nachspioniert, ob sie vor den Rennen auch wirklich früh ins Bett gegangen sind?
Ich war ein Perfektionist bezüglich Material und Mentalem. Ich hatte grosse Anforderungen an mein Team. Deshalb sollten meine Teamkollegen – wenn überhaupt – an der Bar sitzen und nicht stehen, um nicht unnötig Energie zu verlieren.

Wie sehr haben Sie für den Bobsport gelebt?
24 Stunden am Tag. Ich machte immer mehr als die anderen. Ich kann mich noch heute an jeden Zentimeter jeder Bobbahn auf dieser Welt erinnern. Wenn ich ins Bett ging, dachte ich an meinen Sport. Wenn ich aufwachte, war dies mein erster Gedanke. Und wenn die anderen etwas trinken gingen, blieb ich im Hotel und dachte darüber nach.

Ich habe mit einigen Ihrer Konkurrenten von damals gesprochen. Viele sind nicht so gut auf Sie zu sprechen.
Ich fasse das als Kompliment auf. Ich war stets der unbequeme Ehrgeizige. Eine Rolle, die ich gernhabe, denn ich fordere die Leute gerne ein bisschen heraus. Und ich sage, was ich denke, während die anderen halt leider oftmals hintenrum reden.

Stört es Sie nicht, dass Sie nie ein Liebling waren?
Nein! Wenn dich deine Gegner gernhaben, muss etwas faul sein.

Für Ärger sorgten Sie auch mit Ihren drei Streifen auf dem Bob. Sie waren damals mit Adidas liiert.
Das war in St. Moritz. Man sagte mir, die drei Streifen seien Werbung und müssten deshalb weggemacht werden. Ich sagte: Nein, ich sei dreimal in Serie Weltmeister gewesen. Deswegen diese drei Streifen. Als Strafe kriegte ich 6000 Franken aufgebrummt.

Haben Sie die bezahlt?
Ja, wenige Tage später aber lag ein Couvert in meinem Briefkasten. Mit 6000 Franken drin. Denjenigen, der mir das bezahlt hat, habe ich übrigens witzigerweise genau heute in Zürich getroffen.

Ihre Hauptkonkurrenten stammten aus der BRD und der DDR. War Spionage damals ein Thema?
Das kann man so sagen. Einmal rief mich ein Garagist aus der Nähe der Bobbahn in Königssee an. Dort bereiteten wir immer den Schlitten vor. Er meinte, die Deutschen würden etwas testen. Es sei abends immer dunkel, und dann brenne kurz für zehn Minuten das Licht.

Die 70er | Erich Schärer

« Wenn dich deine Gegner gernhaben, muss etwas faul sein »

–

Erich Schärer

Was machten Sie?
Ich fuhr mit meinem Bruder nach Königssee. Alles war abgesperrt. Also liefen wir durch den tiefen Schnee im Wald, überquerten Bachbette und pirschten uns an die Bahn ran. Auf einmal kam einer in unsere Richtung gelaufen, weil er pinkeln musste. Also taten wir so, als ob wir uns auch erleichtern müssten. Dann ging auf einmal das Licht an, und wir sahen den sogenannten Opelbob, der getestet wurde.

Wurden Sie entdeckt?
Ja, als der Pilot Toni Mangold im Ziel ankam, sagte er seinen Betreuern: «Der Schärer ist an der Bahn.» Wenig später fuhr die Polizei mit Blaulicht vor, und zehn Polizisten suchten im Wald nach uns. Ich rief: «Hier bin ich.» Wir wurden dann abgeführt und in einer Beiz abgeladen. Dort blieben die Polizisten so lange sitzen, bis der Geheimtest vorbei war. Doch ich hatte mein Ziel erreicht und wusste schon damals, dass das mit dem Opelbob nichts würde.

Im Bobsport geht es oft um Neid und Missgunst. Warum ist das so?
Ich habe mal gesagt: Wer im Bobsport mit jemandem redet, der sollte immer eine dritte Person als Zeugen dabeihaben. Da ist schon was Wahres dran.

Letzte Frage: Stimmt die Geschichte eigentlich, dass Sie früher bei Polizeikontrollen regelmässig schlüpfen konnten, weil Sie so bekannt waren?
Das kam tatsächlich mal vor. Auf dem Hirzel wurde ich einst angehalten, weil ich nicht angegurtet war. Der Polizist meinte nur: «Gälled Sie, Herr Schärer, im Bob ist man halt auch nicht angegurtet.» Er liess mich dann weiterfahren. So etwas würde heute kaum mehr gehen.

Persönlich

Der Zürcher Bauernsohn Erich Schärer (geboren 1946) ist der erfolgreichste Schweizer Bobfahrer aller Zeiten. An Olympischen Spielen gewann er 4 Medaillen, an Weltmeisterschaften 17, davon 8 goldene. 1986 trat er nach seinem WM-Titel in Königssee zurück. Später arbeitete er als Manager für Adidas. Bereits 1976 hatte er zusammen mit Heinz Mörgeli den Bob-Club Zürichsee gegründet, in dessen Vorstand er bis 2023 sass. Ebenfalls 2023 wurde der zweifache Vater vom Schweizerischen Bobverband zum «Botschafter des Schweizer Bob-Sports» ernannt.

Fussballer

ROGER
WEHRLI

Wehrli damals: In den 80ern als Nati-Spieler.

«Wer mich provoziert hat, bekam es immer doppelt zurück»

Willkommen in den rauen 70ern und 80ern. Fussballlegende Roger Wehrli über ein Spiel, das in die Hosen ging, Trainer, die er reinlegte, und einen Mitspieler, der auf dem Platz plötzlich sang.

Herr Wehrli, wie froh sind Sie, dass es zu Ihrer Zeit den Videobeweis noch nicht gab?
Roger Wehrli: Sehr froh. Mit dem VAR hätten wir 1978 im Europapokal der Landesmeister nicht das grosse Real Madrid ausgeschaltet, denn Claudio Sulser stand beim entscheidenden 2:0 im Rückspiel mindestens zwei Meter im Offside.

Wie viele Tätlichkeiten hätte der VAR bei Ihnen nachträglich aufgedeckt?
Nicht so viele. Ich erhielt während meiner ganzen Karriere nur dreimal die Rote Karte. So ein Schlimmer war ich doch gar nicht. Da gab es andere. Die konnten dir kalt lächelnd die Faust in die «Schnorre» hauen.

Wollen Sie damit sagen, dass Sie auf dem Platz ein Engel waren?
Nein, ich machte ganz selten Fouls von hinten, hielt aber einfach immer die Sohle hin. Helmuth Johannsen, mein Trainer bei GC, sagte mir einst: «Du musst mit der Sohle einfach immer höher sein als dein Gegner.» Das habe ich getan, und deshalb hatte ich auch selten Verletzungen.

Woher kommt denn Ihr Spitzname Giftzahn?
Der kommt von Thomas Niggl, meinem damaligen Mitspieler bei GC. Als er später Journalist wurde, nannte er mich so.

Während Ihrer Karriere gab es aber schon den einen oder anderen giftigen Zwischenfall. Sie sollen einst Uli Stielike «Heil Uli» zugerufen haben.
Eines vorneweg: Ich war immer ein Gerechtigkeitsfanatiker. Wer mich provoziert hat, bekam es immer doppelt zurück. So war es auch bei ihm. Er nannte mich zuerst «Kuhschweizer», also wehrte ich mich auch mit Worten.

Einen verbalen Schlagabtausch soll es auch mit Karli Odermatt gegeben haben.
Er hat die erste und einzige Rote Karte wegen mir bekommen. In einem Spiel hatte ich den Auftrag, ihn abzumelden. Diesen Auftrag habe ich erfüllt. Irgendwann sagte er zu mir: «Du junger Hüpfer, du kannst ja nicht mal einen Pass geradeaus spielen.» Ich antwortete: «Halt dein Maul, dir muss man ja demnächst die AHV überweisen.» Da rannte

> «Wir Deutschschweizer hatten die Welschen nicht gerne. Und sie uns nicht. Wir sassen immer an getrennten Tischen»

er mir nach, gab mir einen Tritt in den Arsch und flog deswegen vom Platz.

1991 brachen Sie Marcel Koller das Bein.
Wir führten mit Aarau gegen GC 3:0. Ich hatte ja zuvor sieben Jahre mit ihm bei GC gespielt, da breche ich ihm doch nicht absichtlich das Bein. Es war eigentlich eine harmlose Situation. Ich hielt die Sohle hoch, und «Mäse» rutschte unten rein. Es hat richtig geknallt, doch der Schiedsrichter liess weiterlaufen. Nach dem Spiel ging ich duschen und fuhr sofort ins Spital Aarau. Doch dort wollte man mich nicht zu ihm lassen. Also rief ich seine damalige Frau an. Sie meinte nur: «Der redet nie mehr ein Wort mit dir.» Das war schon schwierig. Jahre später haben wir uns dann aber mal gesehen und kurz darüber geredet.

Wie war damals der Umgang mit den Schiedsrichtern?
Du konntest dir mehr erlauben, weil man sich kannte und duzte. Meckerte ich mal zu viel, sagte der Schiedsrichter: «Roger, du machst Fehler, lass mich in Ruhe.» Danach war meistens Ruhe.

Und wenn nicht?
Ich kann mich an ein Spiel mit Schiedsrichter Kurt Röthlisberger erinnern, der wie ich aus Suhr stammt. Ich hatte das Gefühl, er habe nicht gut gepfiffen. Als ich ihm das sagte, meinte er: «Roger, halt den Latz.» Ich dachte mir nur: Na, warte! Als er bei einem Abstoss retour lief, kniete ich absichtlich runter und tat so, als ob ich mir die Schuhe binden würde. Prompt stolperte er über mich, fiel zu Boden, und 12 000 Zuschauer grölten laut. Das war meine Rache.

Wer mit Ihnen ein Interview führt, muss auf das Spiel zwischen YB und Luzern von 1987 zu sprechen kommen.
Ich nahm damals wegen Krämpfen Magnesium, was offenbar abführend wirkt. Nach 20 Minuten bekam ich Magenkrämpfe und merkte, dass ich dringend aufs Klo musste. Kurz vor der Pause hielt ich es nicht mehr aus. Ich rannte vom Spielfeld und schaffte es trotzdem nicht mehr rechtzeitig aufs WC. Das Ganze ging voll in die Hose. Als meine Teamkollegen in die Kabine kamen, wurden sie von einem ziemlich unangenehmen Geruch empfangen. Zum Glück hatten wir eine zweite Hose dabei. Als ich nach der Pause aufs Spielfeld zurückkehrte, erhielt ich Gelb, weil ich mich beim Verlassen des Spielfelds beim Schiedsrichter nicht abgemeldet hatte. Damit hier aber noch etwas Positives geschrieben wird: In diesem Spiel erzielte ich kurz vor Schluss das 1:1.

Vor einigen Jahren machte eine TV-Doku über Schmerzmittel im Fussball Schlagzeilen. Wie war es damals?
Das war üblich. Hatte ich Schmerzen, nahm ich Ponstan. Als Luzern 1989 Meister wurde, hatte ich eine Diskushernie. Ich spielte deshalb die letzten zehn Spiele nur mit Spritze. Was da genau gespritzt wurde, wusste ich nicht. Ich vertraute immer den Ärzten.

Einmal lief bei einer Spritze aber etwas schief, oder?
Unser Arzt war nicht am Spiel. Deshalb half einer von St. Gallen aus. Er erwischte voll einen Nerv. Als ich einen Pass spielen wollte, pfefferte ich den Ball unkontrolliert auf die Tribüne, weil mein rechtes Bein gelähmt war. Da musste ich selber lachen und liess mich sofort auswechseln.

Sie hatten während Ihrer Karriere oft deutsche Trainer. Wie kamen Sie mit denen zurecht?
Hennes Weisweiler war mit Abstand der beste Trainer, den ich hatte. Weniger Freude hatte ich an Helmuth Johannsen.

Meisterlich: 1982 gewinnen Wehrli, Roger Berbig (mit Pokal) und Co. mit GC den Titel.

Warum?
Er war einfach sehr unfreundlich und rief mir jeweils «Du Bauernjunge, hau ab nach Suhr» zu.

Liessen Sie sich das gefallen?
Natürlich nicht (lacht). Es gäbe da eine witzige Geschichte, die ich aber eigentlich nicht erzählen möchte, da sie ein bisschen eklig ist.

Schiessen Sie bitte los!
Also gut, neben unserem Trainingsplatz bei GC hatte es Brombeerstauden. Einmal pinkelten etwa zehn Spieler absichtlich darüber. Während des Einlaufens blickten wir immer zu Johannsen rüber. Als er die Brombeeren pflückte und ass, mussten wir nur noch lachen.

Als Sie Real Madrid schlugen, war Johannsen Ihr Trainer.
Ich spielte im Hinspiel als rechter Aussenverteidiger Aussenverteidiger gegen Juanito. Der war bestimmt dreimal schneller als ich und hat mich ein paarmal richtig vernascht. Irgendwann rief Niggl zu mir rüber: «Wehrli, jetzt hau än ändlich mal um!»

Haben Sie seinen Ratschlag befolgt?
Ja, bei der nächsten Aktion habe ich ihn richtig schön über die Out-Linie gelegt. Ich erhielt die Gelbe Karte, und die Zuschauer warfen Tausende von Kissen runter. Vor dem Rückspiel zu Hause sagte Johannsen zu mir: «Du deckst heute wieder Juanito. Der sieht keinen Ball.» Zehn Minuten vor Schluss flog er wegen einer Tätlichkeit an einem anderen Spieler vom Platz. Er

zerstörte dann in den Katakomben eine Glasscheibe und wurde für seinen Ausraster für mehrere Spiele gesperrt. Aber wissen Sie, was das Spezielle danach war?

Nein.
Zehn Minuten nach Spielschluss kommt er in die GC-Kabine und schenkt mir sein Leibchen. Vor so einer Geste ziehe ich den Hut.

Sie haben jetzt schon zweimal den Namen Thomas Niggl erwähnt. War er einer der verrücktesten Mitspieler, den Sie je hatten?
Das kann man so sagen. Früher gab es noch B-Nationalmannschaften. 1977 spielten wir mit Schweiz B in Kaiserslautern gegen Deutschland B. Niggl hatte den Auftrag, Rudolf Seliger, einen typischen Flügel, zu decken. Schnell einmal stand es 3:0 für Deutschland. Seliger hatte dreimal geflankt, und in der Mitte hatte Dieter Müller dreimal eingenickt. Und was machte Niggl? Er sang auf einmal während des Spiels laut «O du Seliger».

Zurück zu den Trainern. Auch in Luzern hatten Sie mit Friedel Rausch einen Deutschen.
Ich war in Luzern Captain. Rausch erzählte einst, jetzt käme als Verstärkung ein schwarzer Topspieler aus Holland. Eine Woche später fragte ich ihn: «Wann kommt er?» Rauschs Antwort: «Jimbo, halt die Schnauze, der kommt schon.» Nach einer weiteren Woche fragte ich wieder nach. Rausch: «Halt die Schnauze.» Am anderen Morgen sagte ich meiner Frau: «Mäusi, gib mir die schwarze Perücke.» Ich zog sie an, malte meine Haut schwarz an, zog weisse Handschuhe an, hängte eine Tasche um und fuhr zum Training.

Was passierte dann?
Als ich in die Kabine kam, erkannte mich kein Spieler. Die fragten sich, wer das jetzt wohl war. Ich verstand ja alles, was sie sagten. Nach etwa fünf Minuten kam Friedel Rausch rein. Wahrscheinlich hatte ihm der Masseur gesagt, der neue Holländer sei da. Als Rausch mich erkannte, sagte er: «Du verdammter Sauhund.»

Wurde nicht zu unrecht Giftzahn genannt: Roger Wehrli (1987 als Luzern-Spieler).

«Heute darf man als Trainer den Spielern nichts mehr sagen. Sonst gibt es gleich Ärger»

–

Roger Wehrli

Egal, ob als Nati- oder als GC-Spieler: immer Vollgas, immer Attacke.

Und wissen Sie, was das Beste war? Ich trainierte danach noch in diesem Outfit.

1989 wurden Sie mit Luzern Meister. Später hatten Sie aber Ärger mit Rausch.
Viele Spieler kamen zu mir, weil sie mit seinem Co-Trainer Ignaz Good ein Problem hatten. Also ging ich als Captain zu Rausch und sagte ihm das. Er kam daraufhin in die Spielerkabine und fragte, wer alles wolle, dass Good gehen müsse.

Was passierte dann?
Ich war der einzige Spieler, der die Hand hob. Das war ein trauriger Moment.

Scherereien hatten Sie bei GC auch mit Trainer Miroslav Blazevic.
Er konnte nur Französisch, was ich nicht verstand. Deshalb übersetzte Andy Egli immer für mich. Einmal sagte Blazevic: «Wir gehen für vier Tage ins Trainingslager in Einsiedeln. Wir werden es lustig haben.» Am ersten Tag hatten wir gleich drei Trainingseinheiten, und um 23 Uhr war Bettruhe. Ich sagte deshalb: «Andy, das kann nicht sein. Was soll daran lustig sein?» Am Abend gingen wir runter in die Beiz und jassten bis um 4 Uhr. Natürlich tranken wir auch was. Am anderen Morgen klopfte es plötzlich an unserer Tür. Blazevic kam rein, redete mit Egli zehn Minuten, dann ging er wieder. Ich verstand kein Wort. Egli sagte daraufhin: «Du, wir werden nach Hause geschickt. Wir müssen gehen.» Also rief ich meine Frau an, die uns abholte.

Apropos Französisch: Wie kamen Sie in der Nati mit den Welschen aus?
Damals gab es wirklich einen Röschtigraben. Wir Deutschschweizer hatten die Welschen nicht gerne. Und sie uns nicht. Wir sassen immer an getrennten Tischen, und wohl auch deshalb konnten wir uns nie für eine Endrunde qualifizieren.

Haben Sie während Ihrer Karriere eigentlich gutes Geld verdient?
Das hiess es damals immer. Doch ich zählte bei GC nie zu den Bestverdienenden. Es war halt eine andere Zeit. Wir hatten noch keine Berater. Die Verhandlungen mit Präsident Karl Oberholzer liefen immer gleich ab.

Wie?
Ich kam in sein Büro. Oberholzer fragte mich: «Roger, was stellst du dir vor?» Ich sagte: «Eine Steigerung.» Dann schwieg er zehn Minuten lang, rauchte in der Zeit drei Zigaretten und schaute aus dem Fenster.

Und gab es dann auch mehr Geld?
Ein klein bisschen, ja.

Sie haben heute nichts mehr mit dem Fussball-Business zu tun. Ist das eine bewusste Entscheidung?
Ja, das ist nicht mehr meine Welt. 2018 war ich für drei Monate noch Trainer beim FC Gränichen. Die Spieler schauten überall auf ihr Handy. Als ich nach dem Training noch ins Klubrestaurant etwas trinken ging, kam kein Spieler mit. Alle gingen nach Hause. Und man darf den Spielern von heute nichts mehr sagen. Sonst gibt es gleich Ärger.

Persönlich

Der Aargauer Roger Wehrli (geboren 1956) spielte für Baden, Winterthur, GC, Luzern und Aarau. Mit den Grasshoppers wurde er viermal Meister und einmal Cupsieger, den FCL führte er 1989 als Captain zum bis heute einzigen Meistertitel der Vereinsgeschichte. Für die Nati bestritt er 68 Spiele, 25 davon als Captain, ein Tor aber erzielte er nie («… und ich war auch nie nah dran»). Nach seiner Karriere als Spieler arbeitete Wehrli unter anderem als Chef Technik für den FC Luzern und als Plättlileger. Wehrli hat zwei erwachsene Söhne, vier Enkelkinder und lebt noch immer in Suhr AG, wo er schon als Junior spielte.

Waldsterben, Aids, Mauerfall: In den 1980er-Jahren lernen wir neue Wörter kennen. Und wegen Katastrophen leider auch neue Ortsnamen wie Tschernobyl, Ramstein oder Lockerbie. Ein Ereignis aber überragt die ganze Dekade: das Ende des Kalten Kriegs und damit der Zerfall der Sowjetunion und weiterer Ostblockstaaten.

Die Schweiz blickt in jenem Jahrzehnt häufig auf Zürich: erst auf die Opernhauskrawalle und später auf die offene Drogenszene auf dem Platzspitz. Ein triviales Ereignis erregt hierzulande aber ebenfalls die Gemüter. In der legendären TV-Serie «Motel» ist der entblösste Busen der Schauspielerin Silvia Jost zu sehen. Ein landesweiter Skandal ist die Folge. Ein Skandal ist es auch, der die erste Bundesrätin zu Fall bringt: 1989 tritt Elisabeth Kopp wegen der Affäre um ihren Mann Hans W. Kopp zurück.

Was in den 70ern die goldenen Tage von Sapporo waren, das sind in den 80ern die goldenen Tage von Crans-Montana. An der Heim-Ski-WM 1987 dürfen sich gleich acht Schweizerinnen und Schweizer die Goldmedaille umhängen lassen. Und nur ein Jahr später belegt die Schweiz an den Olympischen Spielen in Calgary mit 15-mal Edelmetall den sensationellen dritten Rang im Medaillenspiegel. So gut waren wir zuvor noch nie.

Ach ja, und noch was: Am 8. August 1981 kommt in Basel ein 3610 Gramm schweres und 54 Zentimeter grosses Baby namens Roger zur Welt. Was damals noch niemand ahnen kann: Aus ihm wird dereinst der grösste Schweizer Sportler aller Zeiten werden.

Die verheerendste Tragödie im Sport geschieht in den 80ern in England: Bei der Hillsborough-Katastrophe kommen in Sheffield 97 Fussballfans qualvoll ums Leben.

Die 80er

- **80** Eiskunstläuferin Denise Biellmann
- **90** Radrennfahrer Beat Breu
- **100** Motorradrennfahrer Jacques Cornu
- **110** Skitrainer Karl Frehsner
- **120** Leichtathletin Sandra Gasser
- **130** Kugelstösser Werner Günthör
- **140** Skirennfahrerin Erika Hess
- **150** Skirennfahrerin Vreni Schneider
- **160** Autorennfahrer Marc Surer
- **172** Eishockeygoalie Renato Tosio

Eiskunstläuferin

DENISE BIELLMANN

Biellmann damals: 1981 bei Holiday on Ice.

«Manche Verehrer mussten von der Polizei abgeholt werden»

Bühne frei für Denise Biellmann! Seit sie 13 ist, führt sie ein Leben in der Öffentlichkeit. Warum die Eiskunstlauf-Legende damit nie ein Problem hatte und weshalb sie Udo Jürgens einst einen Korb gab.

Frau Biellmann, wie viele Heiratsanträge haben Sie in Ihrem Leben schon erhalten?
Denise Biellmann: Sehr viele. Als ich 1981 Welt- und Europameisterin wurde, brach der Wahnsinn aus. Ich bekam Tag für Tag rund 200 Fanbriefe, darunter etliche Heiratsanträge.

Wie gingen Sie damit um?
Das war nicht einfach, da ich noch ein Teenager war. Oft standen die Burschen vor dem Haus und warteten sehnsüchtig auf mich. Einer brach mal aus einem Heim aus und stand im Pyjama vor meiner Tür. Manche Verehrer mussten gar von der Polizei abgeholt werden.

Hatten Sie manchmal auch Angst?
Ja, als ich 1981 in Amerika Weltmeisterin wurde, setzte sich am nächsten Morgen ein Fremder im Hotel an meinen Frühstückstisch, gestand mir seine Liebe und sagte: «Ich weiss, du liebst mich auch. Du willst es doch auch.» Danach schickte er mir täglich 20 Expressbriefe, und in einem Hotel wollte er mir gar mal einen Verlobungsring überreichen.

Wann hörte das auf?
Das hat bis heute nicht aufgehört. Er schreibt mir noch immer, will mich noch immer heiraten, sagt, wen er alles an die Hochzeit einladen will, wo er mich heiraten wird und welche Küchengeräte er mir kaufen wird.

Macht Ihnen das noch Angst?
Da dieser Mann in Amerika lebt, habe ich keine Angst mehr vor ihm. Früher war das anders. Klar überlegt man sich: Was passiert, wenn er beleidigt ist, weil ich seine Liebe nicht erwidere? Dreht er dann durch und läuft Amok?

Einer Ihrer Verehrer soll auch der legendäre Udo Jürgens gewesen sein. Stimmt das?
Ja, nach Olympia 1980 erhielt ich von ihm einen handgeschriebenen Brief. Er schrieb, dass er mich bewundere und mich gerne mal einladen würde. Da habe ich mich natürlich schon geschmeichelt gefühlt. Ich dachte: Wow, der grosse Udo Jürgens. Zumal meine Mutter ein grosser Fan von ihm war.

Kennt jeder Schweizer Sportfan: die Biellmann-Pirouette.

Wie ging es weiter?
Er lud mich dann tatsächlich zur Premiere vom Circus Knie ein. An besagtem Abend fuhr er mit Chauffeur und einer Limousine vor meinem Elternhaus vor und rief mich mit einem Handy direkt aus dem Auto an. Ein Natel war damals eine echte Seltenheit. Nach der Vorstellung gingen wir in der «Kronenhalle» in Zürich essen, zusammen mit Pepe Lienhard und dessen Freundin. Da merkte ich irgendwann, dass das alles eine Nummer zu gross für mich war. Ich bat ihn deshalb, mich nach Hause zu bringen, was er auch tat.

Wie haben Sie sich verabschiedet?
Er brachte mich stilvoll zur Tür und gab mir ein Küsschen. Er hat mich später dann noch ein paarmal angerufen und mich auf seine Yacht eingeladen, doch für mich war es gut so.

Wenn wir schon bei der Liebe und den Männern sind: Ist es wahr, dass Sie nur dank Blick wieder mit Ihrem Ex-Mann Colin zusammen sind?
Das stimmt. Als wir uns scheiden liessen, dauerte es etwa ein halbes Jahr, bis ihr das rausgefunden hatte. Ein Blick-Journalist rief mich damals an und fragte, ob das stimme. Ich bestätigte das. Er sagte daraufhin, dass er auch noch meinen Ex-Mann Colin anrufen werde. Ich hatte zu diesem Zeitpunkt bestimmt ein Jahr nicht mehr mit ihm geredet. Ich wollte Colin dann eigentlich nur mitteilen, dass der Blick von unserer Scheidung erfahren habe und ihn ein Journalist anrufen werde. So kamen wir wieder ins Gespräch, gestanden uns, wie sehr wir einander vermisst hatten. Dieses Telefonat hat uns wieder zusammengebracht. Bis heute!

Lassen Sie uns noch weiter zurückgehen, in Ihre Kindheit. Wer an eine typische Eiskunstläuferin denkt, der

denkt an eine harte Jugend. Bei Ihnen soll es anders gewesen sein, Sie sollen sogar geraucht haben…
(Lacht.) Mit 13 habe ich mit einer älteren Freundin angefangen, heimlich zu rauchen. Ich brauchte das irgendwie, ein Ventil, etwas Rebellisches. Als Gegenpunkt zum harten Training.

Sie starteten bereits als 13-Jährige an einer WM. Hatten Sie nie Probleme damit, so früh unter Leistungsdruck zu stehen?
Ich habe mir diese Gedanken damals nicht gemacht. Ich habe mich immer mega auf die Wettkämpfe gefreut, weil ich dann zeigen konnte, was ich konnte. Ich war eigentlich eine schüchterne Person, doch auf dem Eis war ich eine andere Persönlichkeit, eine extrovertierte.

Sie waren die erste Frau, die schon mit 13 Jahren alle fünf Dreifachsprünge draufhatte. Bis Sie aber Weltmeisterin wurden, dauerte es noch eine Weile. Warum?
Damals gab es neben der Kür und dem Kurzprogramm auch noch die Pflicht. Dort musste man unter Ausschluss der Öffentlichkeit unter anderem bestimmte Bögen fahren, millimetergenau. Das war so langweilig, und dort zählte ich halt nicht zu den Besten. Ohne diese doofe Pflicht, welche 1990 abgeschafft wurde, hätte ich ab dem Alter von 14 Jahren jede WM und EM gewonnen.

Der Legende nach holten Sie 1979 an der EM in Zagreb «nur» Bronze, weil Sie zu viele homöopathische Tropfen zu sich genommen hatten.
(Überlegt lange und lacht.) Stimmt, da war doch was. Soweit ich mich erinnern kann, nahm ich vor der Pflicht homöopathische Tropfen ein und war danach ziemlich müde und unkonzentriert. Das hat mich möglicherweise Gold gekostet.

Ein Jahr später folgte der Tiefpunkt: die EM in Göteborg.
Es war der erste Wettkampf, an den mich meine Mutter nicht begleitete. Mein Kurzprogramm war wirklich schlecht. Ich trat deshalb frustriert erst gar nicht mehr zur Kür an und wollte auch auf Olympia einen Monat später verzichten.

Warum?
Ich hatte zum ersten Mal versagt und wollte deshalb nie mehr einen Wettkampf bestreiten. Mein Vater redete dann lange mit mir. Ich sagte mir: Okay, ich mache weiter, will aber einen neuen Look. Die Babyspeckkilos mussten runter, und meine braunen Haare wurden blond gefärbt. Dieser äusserliche Wandel, dieser neue Look half mir.

Eine Olympia-Medaille verpassten Sie in Lake Placid dann trotzdem.
Es lag einmal mehr an der Pflicht. Ich wurde immerhin Kür-Olympiasiegerin, insgesamt aber nur Vierte.

Ein Jahr später war es endlich so weit: Sie wurden Welt- und Europameisterin.
Vor der Saison sagte ich mir: Ich will jeden Wettkampf, an dem ich teilnehme, gewinnen, und diesem Ziel ordne ich alles unter. Mein Leben bestand nur noch aus Trainieren, Essen, Schlafen. Mein Plan ging auf, ich gewann alle Wettkämpfe. Später erhielt ich sogar den goldenen Bravo-Otto. Eine Auszeichnung, die mir sehr viel bedeutete.

Warum?
Weil ich von Gleichaltrigen gewählt wurde. Ich war plötzlich ein Teenie-Star und kam in den Heftlis vor, die ich selber las. Darauf war ich megastolz.

Wie gross war der Rummel nach dem WM-Titel?
Sehr gross. Ich bekam Werbeverträge aus der ganzen Welt, war in allen grossen

> «Ich bekam Tag für Tag rund 200 Fanbriefe, darunter etliche Heiratsanträge»

Die 80er | Denise Biellmann

85

« Udo Jürgens brachte mich stilvoll zur Tür und gab mir ein Küsschen »

–

Denise Biellmann

Plötzlich ein Teenie-Star: Biellmann 1981.

TV-Shows, war Star-Gast bei «Holiday on Ice» und bekam eine Gastrolle in einem Spielfilm mit Thomas Gottschalk und Mike Krüger. Es war wirklich eine verrückte Zeit. Ich kam mir vor wie in einem Film oder in einem Märchen.

Wer Ihren Namen hört, der denkt als Erstes an die Biellmann-Pirouette. Stört es Sie, darauf reduziert zu werden?
Manchmal ja, mein Können war viel breiter, vor allem meine dreifachen Sprünge waren aussergewöhnlich. Ich war zu der Zeit den Konkurrentinnen weit voraus. Mit meinen Leistungen von damals könnte ich noch heute an der WM oder EM vorne mitlaufen. Und noch etwas darf man nicht vergessen.

Was?
Ich bin immer eigene, neue Wege gegangen. An den Olympischen Spielen 1980 lief ich zum Beispiel als Erste zu moderner Musik, obwohl mich die Trainer davor gewarnt hatten. Oder später lief ich zu Techno und mit bauchfreiem Kleid. Ich wollte mich immer auch künstlerisch verwirklichen und habe nie nur das gemacht, was die älteren Preisrichter erwarteten. Das brauchte Mut und war meiner rebellischen Ader geschuldet.

Noch einmal zurück zur Biellmann-Pirouette. Die ehemalige und mittlerweile leider verstorbene Eiskunstläuferin Karin Iten sagte 2005: «Das ist meine Pirouette.»
Es ist alles sauber dokumentiert. Anfang der 60er-Jahre zeigte eine Russin erstmals eine Vorform der Pirouette, die dann Iten lediglich übernahm. Die Biellmann-Pirouette ist die vollendete Form, ein Spagat im Stehen, und wurde von der Fachwelt als Biellmann-Pirouette bezeichnet, da nie zuvor eine andere Läuferin diese Pirouette so gezeigt hatte. Der Weltverband sah das gleich und nahm sie in seine Reglemente auf. Seitdem ist sie ein Bestandteil des Wertungssystems des Weltverbands.

Wie sehr sind Sie stolz darauf?
Die Biellmann-Pirouette kennt man weltweit, von Japan bis in die USA. Nur wer sie beherrscht, hat die Chance, in der Pirouette auf die Höchstpunktzahl zu kommen. Daher trainiert jedes Kind überall auf der Welt die Biellmann-Pirouette. Das ist schon sehr schön.

Ohne Ihre Mutter Heidi wäre das wohl alles gar nicht möglich gewesen. Welchen Anteil hatte Sie an Ihrem Erfolg?
Einen grossen. Sie ging damals nachts Zeitungen austragen, um meine Karriere finanzieren zu können. Ich bin ihr unendlich dankbar, dass sie mich so unterstützte und neben Otto Hügin meine langjährige Trainerin war. Ohne meine Mutter wäre ich nicht Weltmeisterin geworden.

Wichtig für Sie war auch Ihre ältere Schwester Silvia. Sie erlag 2015 einem Krebsleiden.
Wir waren sehr eng und hatten uns noch so viel vorgenommen, was wir zusammen unternehmen wollten. Als Kind war sie mein Vorbild, weil sie auch Eiskunstläuferin war. Ihr Tod war die schwierigste Zeit meines Lebens. Jahrelang konnte ich nicht darüber reden, so sehr hat mich ihr Tod bewegt. Mittlerweile geht es.

Konnten Sie Abschied von ihr nehmen?
Sie verbrachte die letzte Zeit zu Hause. Wir wollten sie am 24. Dezember besuchen, doch leider starb sie am 23. Wir hatten an jenem Tag noch telefoniert, und sie hatte mir erzählt, dass es ihr nicht so gut gehe. Sie wusste offenbar, dass sie nicht mehr lange leben würde, wollte uns das aber nicht sagen, um uns nicht zu belasten.

Nach Ihrem WM-Titel 1981 wurden Sie elfmal Profi-Weltmeisterin und traten weltweit in Shows auf. Wollten Sie nie dem Rampenlicht entfliehen?
Nein, ich kenne es ja nicht anders. Mich hat das Rampenlicht nie gestört. Es gab Phasen, da erschien im Blick jeden Tag eine Geschichte über mich. Dabei hiess es immer «eusi Denise». Zum Glück hatte ich

Goldlächeln: Biellmann nach ihrem WM-Titel 1981.

«Die Biellmann-Pirouette kennt man weltweit.»

meine Clique, mit der ich normal abhängen konnte. Ich hatte quasi immer ein Alltagsleben und eines in der Öffentlichkeit. Nur einmal habe ich mich ein bisschen geschämt. Und zwar wegen euch!

Warum?
Ich hatte damals einen neuen Freund, und der Blick wollte uns begleiten, wie wir in die Disco gingen. Am nächsten Tag titelte ihr gross: «Im Küssen hat sie die Note 6.» Ich war damals in St. Moritz und habe mich so geniert, dass ich im Hallenbad eine Badekappe tief ins Gesicht zog.

Was in der Berichterstattung über Sie in den letzten Jahrzehnten auffällt: Es geht häufig um Ihren Körper. Mal um Ihre Tattoos, mal um freizügige Fotos. Bekamen Sie eigentlich mal ein Angebot vom Playboy?
Das ist jetzt echt witzig, ich habe per Zufall vor wenigen Tagen kurz daran gedacht. Ich habe während meines ganzen Lebens nie ein Angebot erhalten. Soll ich das jetzt persönlich nehmen? Ich hätte doch eigentlich die Figur dazu (lacht).

Persönlich

Die Zürcherin Denis Biellmann (geboren 1962) gewann bereits mit sieben Jahren ihren ersten internationalen Eiskunstlauf-Wettkampf. 1981 wurde sie Europa- und Weltmeisterin. Sie gewann zudem elfmal den Profi-WM-Titel. Biellmann war die erste Frau der Welt, die den Dreifach-Lutz sowie alle dreifachen Sprünge beherrschte. Nach ihr wurde ausserdem die berühmte Biellmann-Pirouette benannt. 1979 und 81 wurde sie zudem zur Schweizer Sportlerin des Jahres gewählt und 2014 in die «World Figure Skating Hall of Fame» aufgenommen – ein Ritterschlag. Biellmann steht noch heute fast täglich auf dem Eis und trainiert Nachwuchs- und Eliteläuferinnen.

Radrennfahrer

BEAT
BREU

Breu damals: 1984.

«Ich habe zu wenig Anerkennung erhalten»

Spricht Beat Breu über seine Karriere als Radrennfahrer, funkeln seine Augen. Spricht er über die Zeit danach, wirds plötzlich düster und frostig.

Herr Breu, ich möchte heute mit Ihnen …
Beat Breu: … Stopp! Eines sage ich Ihnen gleich: Wenn Sie jetzt wieder mit all den alten Geschichten nach meiner Radkarriere kommen, stehe ich auf und gehe. Ihr alle habt schon so viel Quatsch und Unwahrheiten über mich geschrieben. Jedes Mal, wenn ein bisschen Gras drüber gewachsen ist, kommt ein Kamel und frisst das Gras wieder weg. Darauf habe ich keine Lust mehr.

Diese Geschichten sind aber auch Teil Ihres Lebens. Warum haben Sie sich dann überhaupt auf dieses Interview eingelassen?
Das frage ich mich in diesem Moment auch. Egal, schiessen Sie halt los.

Beginnen wir also ganz vorne. Was waren Sie für ein Kind?
Ein pummeliges (lacht). Ich habe lieber zugeschaut, wie sie bei uns vor der Haustür auf der Kreuzbleiche den Zirkus aufgebaut haben, als zur Schule zu gehen.

Gab es damals in der Schule gelegentlich noch einen «Chlapf»?
Das war normal. Der Lehrer schlug die Schüler mit einem geknoteten Ochsenschwanz oder einem Lineal, und zu Hause hatte der Vater einen Teppichklopfer. Ich kam aber selten dran, weil ich eigentlich ein Lieber war.

Wollten Sie schon als Kind Radrennfahrer werden?
Nein, ich spielte zuerst für kurze Zeit Fussball, dann war ich Handballgoalie, und später nahm ich Reitstunden. Einmal sass ich auf Las Vegas, als die Düsenjäger über die Halle flogen. Da erschraken sowohl ich als auch das Ross. Es rannte in die Mitte der Halle, wo es ein grosses Hindernis hatte. Ich flog dort drüber, Las Vegas aber nicht.

Sie begannen dann eine Kochlehre.
Aber nur für zwei, drei Wochen. Ich war so klein, dass ich nicht einmal in die Töpfe sah und deshalb gar nicht erkennen konnte, was ich überhaupt kochte. Deshalb wurde ich Pöstler. Wir waren damals alle immer zu Fuss unterwegs. Speziell war es, wenn die AHV ausbezahlt wurde. Da liefen wir jeweils jeder mit weit über 40 000 Franken in bar im Hosensack

> «Ich hatte manchmal wirklich Angst davor, dass mich einer am Strassenrand erschiesst»

durch St. Gallen. Das war immer ein guter Tag, weil es reichlich Trinkgeld gab.

Aber wie wurde nun aus dem Pöstler Breu der Radrennfahrer Breu?
Bei uns in der Familie fuhren alle Velo. Doch ich war zu Beginn untalentiert und hatte lange Zeit auch gar kein eigenes Velo. Als Kind konnte ich keine Kurven fahren, nur geradeaus. Sonst hat es mich immer «uf d Schnorre ghaue». Meine ersten Rennen waren alle eine Katastrophe. Ich wurde immer Letzter. Doch dann kam ein Rennen in Merishausen.

Was passierte da?
Das war an einem Samstag. Ich war einmal mehr nicht gut, erfuhr dann aber, dass am Sonntag in Le Locle ein Bergrennen stattfinden würde. Also sagte ich aus der Laune raus: «Dort will ich fahren.» Doch alle meinten nur: «Spinnst du, was willst du dort?» Ich setzte mich aber durch und gewann in Le Locle. Da realisierte ich, dass ich am Berg gar nicht so schlecht war.

Die Chefs beim Militär sahen das aber anders.
Als es um die Rekrutierung für die RS ging, sagte ich denen, ich wolle Radfahrer werden. Doch die wollten mich nicht und meinten bloss, ich sei zu dünn und zu schwach dafür.

1979 wurden Sie Profi. Wie fanden Sie überhaupt ein Team?
Im Herbst zuvor sprach ich den Chef der Willora-Mannschaft an. Doch der meinte nur: «Wieder einer, der Profi werden will.» Da ich aber danach fast jedes Rennen gewann, nahm er mich 1979 doch unter Vertrag, für 600 Franken Monatslohn.

Ihre Karriere hätte aber gleich wieder vorbei sein können, Stichwort Tour de Suisse 1979.
Ich wurde dort gleich zweimal positiv auf ein Aufputschmittel getestet.

Wie kam es dazu?
Ich war halt ein Landei. Die Chefs sagten mir, mit dem gehe es ein bisschen «ringer». Ich antwortete darauf: «Ringer ist immer gut.»

Wurden Sie danach gesperrt?
Nein, der Verband wollte mich zwar sperren, aber offenbar war das, was ich getan hatte, nicht so richtig verboten.

1981 ging Ihr Stern dann an der Züri-Metzgete so richtig auf.
Wir schliefen die Nacht zuvor im Hotel Sonnental in Dübendorf. Da unser Teamkollege Stefan Mutter am Samstagabend ins «Sportpanorama» eingeladen war, wollten wir uns seinen Auftritt unbedingt anschauen. Der Chef vom «Sonnental» liess uns deshalb in seine Wohnung, weil es dort einen Fernseher gab. Dann kam der mit einer Riesen-Pralinéschachtel. Wir assen alles auf und hatten eine grosse Gaudi, doch plötzlich klopfte es an die Tür.

Wer war es?
Unser Sportlicher Leiter Auguste Girard. Er sagte dem Hotelchef, dass die Herrschaften bitte ein bisschen leiser sein sollten, weil unten seine Fahrer am Schlafen seien. Wenn der gewusst hätte, dass wir, seine Fahrer, für den Lärm gesorgt hatten …

Trotz der Pralinés gewannen Sie am nächsten Tag die legendäre Züri-Metzgete.
Es regnete Bindfäden. Damals hatten wir noch Wolltrikots, die vom Regen immer länger und länger wurden. Deshalb musste ich über dem Bauch einen Knoten ins Trikot machen. Ich fuhr damals zusammen mit dem Deutschen Henry Rinklin 236 Kilometer lang an der Spitze.

Die 80er | Beat Breu

Regelmässig im Gelben Trikot anzutreffen: Breu an der Tour de Suisse.

Im Sprint besiegte ich ihn dann und gewann das Rennen, was im Vorfeld kein Mensch geglaubt hatte.

Auch am Giro d'Italia 1981 fuhren Sie stark.
Besonders in Erinnerung geblieben ist mir die Etappe über die Drei-Zinnen-Strasse, denn die ist viel «verreckter» und steiler als die Alpe d'Huez. Auf den vier letzten Kilometern hatte es 100 000 Zuschauer. Das war unglaublich. Jeder Fahrer hatte vorne und hinten einen eigenen Töff mit Polizisten drauf, die sich mit Gummiknüppeln regelrecht den Weg freischlugen. Ich siegte damals, auch wenn ich am Abend von diesem Lärm unglaubliche Kopfschmerzen hatte.

Danach folgte die Tour de Suisse und Ihr legendärer Satz: «Dä Gottfried isch für mi gschtorbe.»
Ich möchte das jetzt nicht zum 1000. Mal erzählen, aber was damals los war, das war abartig. Ich hatte danach manchmal wirklich Angst dass mich einer am Strassenrand erschiessen könnte. Doch heute ist das längst vergessen, und ich habe ein gutes Verhältnis mit Godi Schmutz.

Apropos gutes Verhältnis: Haben Sie das heute auch wieder mit Serge Demierre?
Hören Sie mir auf mit dem! Tour de France 1984. An einem Tag gab es morgens ein Teamzeitfahren und nachmittags eine Halbetappe. Beim Teamzeitfahren verweigerte der Monsieur Demierre die Führungsarbeit, weil es ihm angeblich schlecht war. Als dann am Nachmittag die Halbetappe gestartet wurde, griff er sofort an. Also fuhr ich ihm hinterher, holte ihn ein und packte ihn während des Fahrens am Kragen, wir haben uns quasi bei 50 km/h geprügelt. Am Abend wurde Demierre dann von der Teamleitung nach Hause geschickt. Ich hatte übrigens auch mit Francesco Moser mal eine Rangelei.

Warum?
Beim Giro d'Italia haben die Organisatoren jeweils nach Strich und Faden beschissen und alles versucht, damit ihr Einheimischer Francesco Moser Erfolg hat. Einmal packte mich Moser einfach an den Hosen, um Schwung zu holen. Da bin ich ihm auch hinterhergefahren und habe ihn am Kragen gepackt. Ein anderes Mal gab es ein Schlusszeitfahren. Bei Moser flog der Helikopter über ihm so, dass er Rückenwind

Für jeden Spass zu haben: Breu 1986.

bekam, und bei den anderen so, dass sie im Gegenwind standen.

Wenn wir schon beim Giro sind: Stimmt die Legende, dass Sie mal fast erfroren sind?
Das war wirklich so, 1988. Damals ging es über den 2600 Meter hohen und gefürchteten Gaviapass. Dort oben hatte es auf den Strassen 20 Zentimeter Neuschnee. Ich bin dort sogar beim Hochfahren «uf d Schnore gfalle». Und überall standen die Begleitfahrzeuge mit ihren Sommerpneus kreuz und quer. Doch die Abfahrt nach Bormio danach war noch viel gefährlicher. Ich hatte beide Füsse am Boden, die linke Hand vor den Augen, um mich vor dem Schneefall zu schützen. Als ich runterfuhr, kam mir plötzlich ein Spanier entgegen. Der fuhr bewusst wieder ein Stück hoch, um warm zu bekommen. Und dem Holländer Johan van der Velde, der die Passhöhe als Erster überquert hatte, begegnete ich während der Abfahrt in einem kleinen Dorf. Der lag dort mit drei angezogenen Jacken fröstelnd an einer Hauswand. Im Ziel hatte der 45 Minuten Rückstand. Unglaublich!

Haben Sie während der Tour de France auch mal etwas Unglaubliches erlebt?
Dort war es einmal nicht unglaublich kalt, sondern unglaublich heiss. Deshalb wurde an manchen Stellen der Teer richtig flüssig. Einmal fuhr ich voll rein, blieb stecken und schlug einen Salto über den Lenker. Danach hatte ich alles voll Teer. Ich musste mir dann abends sogar die Haare abschneiden, da ich den Teer nicht mehr aus ihnen rauskriegte.

1989 feierten Sie mit Ihrem Tour-de-Suisse-Sieg Ihren letzten Triumph.
Damals fuhr ich für das belgische Domex-Weinmann-Team. Ebenfalls in diesem Team war Thomas Wegmüller. Auf der zweiten Etappe sagte ich ihm, er solle wie ein Teufel fahren. Also machte er das, und ich hängte mich hinten ran. Als wir etwa zehn Minuten Vorsprung hatten, kam Tour-Boss Sepp Vögeli mit dem Auto zu uns und sagte nur: «Wegmüller, hören Sie auf, Sie machen die ganze Tour und Spannung kaputt.» Witzig war dann auch noch die neunte Etappe.

Was war da los?
Am Vorabend sassen wir in Tenero im Hotel und besprachen, was wir morgen machen sollten. Wegmüller schlug vor, dass er gleich beim Gotthard angreifen werde. Sein Ziel sei es, dort oben elf Minuten Vorsprung zu haben, damit er danach noch über den Furka komme und mir dann im Wallis helfen könne. Ich dachte noch, das sei doch nicht möglich, aber Wegmüller hatte auf dem Gotthardpass oben tatsächlich 10:30 Minuten Vorsprung. Am Furka griff ich dann an, und unten in Gletsch wartete Wegmüller, entspannt an einen Gartenzaun gelehnt, auf mich. Unser Plan ging perfekt auf, und ich gewann zum zweiten Mal die Tour de Suisse. Etwas, das danach noch wichtig wurde, passierte ebenfalls in jenem Jahr.

«Für viele bin ich nur noch ein Trottel, der Verlierer der Nation, ein Totalversager»

—

Beat Breu

Was?
Als nach der Etappe hoch nach Arosa die Siegerehrung stattfand, streifte mir Robert A. Jeker, der Chef der damaligen Schweizerischen Kreditanstalt, das Leadertrikot über. Dabei sagte er zu mir: «Wenn Sie je mal ein Problem haben, kommen Sie einfach zu mir.»

Ich ahne, worauf Sie hinauswollen. Wenig später hatten Sie ein Problem. Ihr Bruder hatte Geld veruntreut und zog damit Sie und Ihr erspartes Geld unverschuldet mit in den Abgrund.
Wie zu Beginn gesagt, möchte ich darüber nicht mehr reden, aber nur so viel: Als das Problem auftauchte, schaffte ich es via alt Bundesrat Kurt Furgler, einen Termin bei Jeker zu bekommen. Also fuhr ich nach Zürich an den Paradeplatz. Solch ein Büro hatte ich zuvor noch nie gesehen, eine Turnhalle ist ein Scheissdreck dagegen. Irgendwann ging die Tür auf, und Herr Jeker kam rein, ohne überhaupt Grüezi zu sagen. Er meinte nur: «Sie haben rechtlich keine Chance. Sie müssen das alles vergessen, ist ja nur eine halbe Million.» Ich antwortete darauf: «Wenn du diese nicht hast, ist eine halbe Million verdammt viel.»

Haben Sie Ihrem Bruder vergeben?
Sehr schnell, er hat auch danach während der Querrennen weiter die Velos geputzt. Vor Kurzem ist er übrigens wieder bei unserer Mutter eingezogen. Er kümmert sich wunderbar um sie.

Sie haben schon oft gesagt, dass Sie nicht Nein sagen können. Ist das Ihr Hauptproblem?
Ja, ich bin viel zu lieb. Warum das so ist, weiss ich auch nicht. Vielleicht, weil ich keinen Krach haben will und ich lieber der Konfrontation aus dem Weg gehe. Manchmal habe ich das Gefühl, ich lebe auf der falschen Kugel.

Irgendwann wurden Sie Komiker. Weil Sie auch da nicht Nein gesagt hatten?
Ja, so war es. Auf die Bühne zu gehen, war der grösste Fehler meines Lebens. Dadurch hat man mich in der Schweiz nicht mehr ernst genommen.

Wie kam es überhaupt dazu?
Claus Scherer, der Manager von Kliby und Caroline, sagte mir irgendwann: «Komiker, das wäre doch was für dich.» Und da ich ja Geld brauchte, sagte ich halt Ja. Vor allem ihr vom Blick habt mich nachher runtergeschrieben, obwohl ich gegen 700 Auftritte hatte und es viele Menschen gab, die Freude daran hatten. Ich bin nicht gescheitert, wie ihr immer behauptet habt.

Warum haben Sie dann nach sieben Jahren damit wieder aufgehört?
Gardi Hutter sagte mir mal: «Die schönsten fünf Minuten sind die vor dem Auftritt.» Für mich war es genau umgekehrt, die schönsten fünf Minuten waren die nach dem Auftritt. Irgendwann hatte ich einen Auftritt nur vor Ärzten. Zuerst spielte dort ein Kammerorchester. Und dann kam ich mit meinem «Scheissdreck», immer ein bisschen unter der Gürtellinie. Die fanden das gar nicht lustig. Und als einer doch noch gelacht hat, bekam er von seiner Alten einen Ellbogenstoss verpasst. Danach hat gar niemand mehr gelacht. Ich hätte das alles nie machen dürfen.

Gilt das auch für Ihr Puff-Projekt Longhorn-City?
Ich musste damals wegen der finanziellen Probleme nehmen, was kam. Ich habe aber in der Zeit auch viel über die Schweizer Männer gelernt. Alle waren bei mir, vom Direktor bis zum Pfarrer. Unglaublich, diese Doppelmoral und Heuchelei.

2013 mussten Sie schliesslich Privatkonkurs anmelden.
Daran schuld sind die Schweizer Banken. Mehr sage ich dazu nicht.

Sie sind mittlerweile 66 Jahre alt. Wie blicken Sie auf Ihr bisheriges Leben zurück?
Ich habe zu wenig Anerkennung erhalten, denn ich habe für die Schweiz Grosses erreicht. Hier bin ich für viele nur noch ein Trottel, der Verlierer der Nation, ein Totalversager, auf den man, wenn er am Boden liegt, einprügeln kann. Warum wurde ich zum Beispiel nie Sportler des Jahres? Weil ihr Journalisten abstimmen durftet. Ihr habt mir viele Eier gelegt. Wenn ich Erfolg hatte, kam das jeweils nur auf ein paar Zeilen, wenn ich aber ein Puff hatte, habt ihr gross darüber berichtet.

Wie geht es Ihnen heute?
Möchten Sie eine ehrliche Antwort?

Ja.
Mir geht es himmeltraurig. Heidi und ich haben nur unsere AHV, keine Pensionskasse, nichts. Deshalb wollte ich mir im letzten Sommer auch das Leben nehmen.

Seit ich in die Fänge der Banken geraten bin, habe ich keine Ruhe mehr. Die letzten 30 Jahre waren wirklich sehr schwierig für mich. Oft denke ich, das hat doch alles keinen Sinn mehr.

Sie könnten ja professionelle Hilfe annehmen.
Hören Sie mir auf damit. Das hilft doch nicht und kostet nur Geld, das ich nicht habe.

Gibt es wenigstens etwas, das Sie positiv stimmt?
Ich darf dieses Jahr wieder im Circus Maramber das Bistro führen. Als ich im letzten Sommer diese Lebenskrise hatte, bekam ich kurz danach dieses Angebot. Das gab mir Halt. Wenn ich im Zirkus bin und dort im Wohnmobil leben kann, geht es mir gut.

Breus Husarenstück: 1982 gewinnt er an der Tour de France auf der Alpe d'Huez.

Persönlich

Der St. Galler Beat Breu (geboren 1957) gewann während seiner Karriere insgesamt 252 Rennen und stand 449-mal auf einem Podest. Nebst zwei Gesamtsiegen an der Tour de Suisse war er auch am Giro d'Italia und an der Tour de France Etappensieger. Breu war aber nicht nur auf der Strasse erfolgreich, sondern auch beim Radquer und als Steher auf der Bahn. Heute lebt er zusammen mit seiner zweiten Frau Heidi und Hund Elvis in Krummenau SG. Breu hat zwei Kinder und ist fünffacher Grossvater.

Motorradrennfahrer

JACQUES CORNU

Cornu damals: 1985 in Misano.

«Als der Arzt mir die Diagnose mitteilte, brach er in Tränen aus»

Mon dieu! Ex-Töffrennfahrer Jacques Cornu hat Unglaubliches erlebt. Weshalb er in die Hölle kommen möchte. Und wie er mitansehen musste, wie seine Mutter zu Tode stürzte.

Herr Cornu, stimmt es, dass es Sie gar nicht hätte geben sollen?
Jacques Cornu: Das stimmt. Nach drei Geburten mit Komplikationen sprach der Doktor meiner Mutter ein Kinderverbot aus. Er sagte: «Sie oder das Kind – einer davon wird die Geburt nicht überleben!» Doch offenbar kam ich unter einem guten Sternlein zur Welt, denn wir beide überlebten.

Während Ihres gesamten bisherigen Lebens rangen Sie aber immer mal wieder mit dem Tod. Wann hatten Sie das erste Mal so richtig Glück?
Da war ich sechs Jahre alt. Ich musste dringend aufs Klo, stieg auf eine Passerelle, die über die Bahnschienen führte, und pinkelte auf eine 15 000-Volt-Leitung. Ich sah nur noch Licht, es lärmte mächtig, und ich fiel rückwärts hin. Danach rannte ich davon, das «Pfeifchen» noch draussen. Doch zum Glück ist nichts zurückgeblieben, ich habe danach ja drei Töchter gekriegt.

War diese Aktion typisch Cornu?
Ja, ich habe schon immer gerne «Seich» gemacht. Einmal fuhr ich mit den Eltern mit dem Töff zu meinen Grosseltern. Vorne sass der Vater, hinten die Mutter und ich dazwischen. Weil ich so kaum etwas sah, wurde mir langweilig. Deshalb hielt ich meinen Schuhabsatz leicht in die Speichen des Hinterrads, das hat so schön «gchuzelet».

Was passierte dann?
Offenbar übertrieb ich es dabei. Auf einmal nahm es mir den Schuh rein. Das hat richtig wehgetan. Erst später sah ich, dass die Ferse nicht mehr da war.

Wie reagierten Ihre Eltern?
Die waren vor allem sauer, weil sie in der Nacht darauf wegen meiner Schmerzensschreie nicht richtig schlafen konnten.

Was geschah, wenn Ihre Eltern sauer waren?
Dann kam halt der Teppichklopfer oder der Gurt zum Einsatz. Natürlich immer im Keller, damit die Nachbarn nicht hören konnten, wie laut ich schrie. Trotzdem habe ich meinen Eltern viel zu verdanken. Sie hatten kaum Geld. Den Willen, es dennoch zu schaffen, habe ich von ihnen vererbt bekommen.

Die 80er | Jacques Cornu

Während seiner Karriere gewinnt Cornu 3 WM-Rennen und fährt 21-mal aufs Podest.

Als Sie 14 Jahre alt waren, starb Ihre Mutter Selma.
Wir waren im Wallis auf einer Bergwanderung. Meine Mutter lief direkt hinter mir, als sie wegen eines Fehltritts rund 200 Meter in die Tiefe stürzte. Ich sehe noch heute das Bild, wie sie über das Geröll fliegt. Dabei brach sie sich die Wirbelsäule und war gelähmt. Sie starb einen Monat später im Spital.

Waren Sie in der Zeit schon fasziniert vom Rennfahren?
Vom Rennsport nicht, aber von Autos. Schon als Kind liess mich mein Vater auf der Autobahn gelegentlich ans Steuer seines Volvos. Ich bretterte dann mit 200 km/h über die Strassen. Später machte ich eine Lehre als Automechaniker. Dort reparierte ich einen alten VW Käfer, der schrottreif war.

Hatten Sie damals schon einen Ausweis?
Natürlich nicht, aber das war nun mal eine andere Zeit und mit heute nicht zu vergleichen. Ich war 17 und das Auto nicht eingelöst. Trotzdem fuhr ich damit rum. Einmal gingen wir tanzen und tranken nicht nur Wasser. Auf der Rückfahrt fuhr ich den Käfer in den Strassengraben. Folgen hatte es zum Glück keine, denn einer meiner Mitfahrer war der Sohn eines Polizisten...

Doch Sie waren dadurch Ihr Auto wieder los!
Ich habe deshalb neben meiner Lehre auf einem Campingplatz in Colombier gearbeitet. Jeden Abend fuhr ich mit dem Velo dorthin und habe bis 1 Uhr morgens Teller abgewaschen. Mein Ziel war es, mit dem Geld ein neues Auto zu kaufen. Ich verdiente so 900 Franken zusätzlich, doch das reichte nicht für ein neues Auto. Deshalb kaufte ich mir einen Töff.

Der Motorradrennfahrer Cornu ward demnach nur dank eines Zufalls geboren?
Ja, meine ersten Rennen fuhr ich mit zehn Jahre alten Strassentöffs. In den Kurven konnte ich meine Gegner immer überholen, aber auf der Geraden fuhren sie mir einfach wieder davon, weil sie mehr Leistung hatten.

Mehr als nur ein Rennfahrer: Spassvogel Cornu posiert 1989 mit seinem Team.

Irgendwann sagte ich mir: Entweder ich höre auf, oder ich muss irgendwie an ein konkurrenzfähiges Motorrad rankommen. Deshalb arbeitete ich abends bei einem Kumpel, um mehr Geld zu verdienen. Als ich mir später dann endlich einen richtigen Töff leisten konnte, war ich sofort an der Spitze mit dabei.

Wie muss man sich Ihre ersten Jahre als Rennfahrer vorstellen?
Ich fuhr jeweils mit einem Renault R4 an die Rennen. Den Beifahrersitz nahm ich raus. Dann stopften wir alles rein – den Töff, das Werkzeug, Benzin und den Mechaniker. Übernachtet haben wir jeweils in einem Zelt.

Hatten Sie keine Sponsoren?
Ich war halt ein einfacher Mann und nicht gut angezogen. Als ich einmal Schweizer Meister wurde, stand ich barfuss, mit Hut und einer Pfeife im Mund auf dem Podest. Da sagte ein möglicher Sponsor: «Wir können uns mit einer solchen Vogelscheuche doch nicht identifizieren.» Eigentlich ist es schon erstaunlich, was ich danach in meiner Karriere noch erreicht habe. Ein Tom Lüthi wurde mit 17 schon Weltmeister, ich wusste bis 20 gar nicht, dass ich dereinst ein Motorradrennfahrer werden würde.

Auch während Ihrer Zeit als Rennfahrer kamen Sie mit dem Tod in Berührung. Das erste Mal in Le Mans 1983.
Ich fuhr damals mit Platz 2 das beste Resultat meiner Karriere heraus. Doch eine Stunde später starb in einer anderen Klasse mein Kumpel Michel Frutschi. Erst eine Woche zuvor hatte er erfahren, dass er Vater werden würde.

«Es ist ein Wunder, dass ich noch lebe»

Wie gingen Sie damit um?
Natürlich war das ein Drama, aber als Rennfahrer musst du ein Egoist sein, ein Krieger. Die Probleme der anderen durften dich nicht gross berühren.

Ein Jahr später wären aber Sie beinahe gestorben.
Ich war mit dem Auto unterwegs nach Italien. Mit 200 km/h. In der Nähe von Novara baute ich einen Selbstunfall. Als ich das Warndreieck aufstellen wollte, wurde ich von einem nachfolgenden Auto erwischt. Der Aufprall war so heftig, dass ich mit meinem Kopf die Windschutzscheibe zertrümmerte. Von da an weiss ich nichts mehr. Später erfuhr ich, dass sie wegen eines Schädelbruchs und einer Hirnblutung meinen Kopf öffnen mussten. Die mussten lange suchen, bis sie das Hirn fanden (lacht) …

Lustig war das aber nicht. Wie lange hatten Sie mit den Nachwirkungen zu kämpfen?
Beim Unfall wurde mein inneres Ohr komplett zerstört, was wiederum meinen Gleichgewichtssinn störte. Als ich 1985 in Südafrika das erste Saisonrennen bestritt, hatte ich grosse Probleme. Sobald ich beim Bremsen den Kopf anhob, wurde alles trüb, und durch meine Augen sahen die Kerbs plötzlich eineinhalb Meter breit aus. Die Ärzte meinten damals, ich könne nie mehr um Siege mitfahren. Doch Ende des Jahres lag ich in der WM trotz unterlegenem Töff in den Top Ten.

Im Buch «Im Tal der Tränen» erzählen Sie eine lustige Anekdote von Le Castellet.
Im Training brach ich mir bei einem Sturz das Schlüsselbein. Ich kam ins Militärspital, wo man mich stundenlang liegen liess. Die hatten mich einfach vergessen und wollten mich erst am nächsten Tag operieren. Zudem hatte es in meinem Zimmer mehrere Patienten, die röchelten und wie der Tod aussahen. Also zog ich mir in der Nacht wieder das Lederkombi an und wollte abhauen.

Was passierte dann?
Ich wollte das Licht löschen, um nicht aufzufallen, erwischte stattdessen aber den Alarmknopf. Deshalb versteckte ich mich in der Leichenhalle, bevor ich nach draussen rannte. Die Wachen suchten längst nach mir. Ich bin dann mit einem gebrochenen Schlüsselbein über eine hohe Mauer geklettert und wurde am nächsten Tag von der Rega in die Schweiz geflogen.

1990 beendeten Sie Ihre Karriere. Trotzdem klopfte der Tod noch ein paarmal hartnäckig bei Ihnen an.
Einmal kurz vor Weihnachten, ich war 59. Bei einer Kontrolle wurde Schilddrüsenkrebs in fortgeschrittenem Stadium entdeckt. Als der Arzt mir das mitteilte, brach er selber in Tränen aus. In diesem Moment war für mich klar: Das wars. Doch ich hatte einmal mehr viel Glück. Wenn ich das alles so erzähle, denke ich schon: Es ist ein Wunder, dass ich noch lebe.

Einmal brachten Sie einen Arzt aber auch zum Lachen. Wie war das mit dem Knochen?
Ich habe mal nachgerechnet: Ich hatte schon 28 Knochenbrüche. Als mir ein künstliches Hüftgelenk eingesetzt wurde, fragte ich den Arzt, ob ich den Knochen haben dürfe, schliesslich hätte ich einen Hund zu Hause. Ich habe ihn dann tatsächlich bekommen und bewahre bis heute auf.

Vor einigen Jahren konnten Sie einmal mehr nicht mehr lachen. Was war da los?
Als ich mit meiner Tochter Squash spielen ging, hatte ich auf einmal Schmerzen in der Brust und Mühe mit dem Atmen. Doch der Doktor entdeckte nur ein bisschen Wasser auf der Lunge. Deshalb flog ich trotzdem zu einem Event nach Namibia. Schon auf dem Flug hatte ich grosse Schmerzen, und in Namibia fiel ich beim Töfffahren einfach immer um. Als ich dann auch noch Blut im Urin hatte, dachte ich, das sei mein Ende. Später ging ich in einem kleinen Dorf in ein Spital. Dort stellte sich heraus, dass ich sieben Rippen gebrochen hatte. Das Beste kommt aber erst noch.

Was?
Auf dem Rückflug in die Schweiz brach ich dann zusammen und kam gleich in ein Spital. Dort stellte der Arzt fest, dass ich bereits vor meiner Reise eine Lungenembolie gehabt hatte und dass beim Unfall eine Rippe meine Milz durchstochen hatte. Dass ich mit einer Lungenembolie den Flug überlebte, war einmal mehr ein Megaglück.

Bei Ihrer Hochzeit waren aber ausnahmsweise nicht Sie das Problem.
Für die kirchliche Trauung war alles organisiert. Doch am Vortag bekam Chantal hochschwanger auf einmal starke Bauchschmerzen und musste die nächsten Wochen liegend im Spital verbringen. Deshalb mussten

Mal brilliert Cornu auf der Rennstrecke, ...

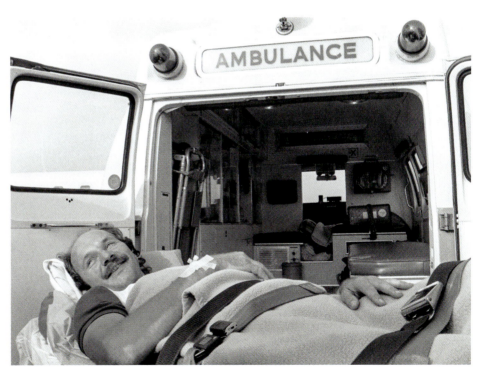

... mal landet er im Krankenwagen.

« Der Doktor sagte zu meiner Mutter: ‹Sie oder das Kind – einer davon wird die Geburt nicht überleben› »

–

Jacques Cornu

wir die Hochzeit absagen. Als ich jeden Einzelnen anrief, sagten alle: «Haha, witzig, der Cornu macht mal wieder einen Scherz.»

Wie ging Chantal mit all Ihren Unfällen um?
Für sie war es nicht einfach. Immer wieder sass ich im Rollstuhl. Und überall, wo ich auftauchte, wurde ich gefragt, wie es mir ging, und meine Frau wurde wie Luft behandelt. Einmal verlor sie im dritten Monat unser Kind. Ich war schon auch traurig, aber anders wie sie. Für mich gab es in der Zeit nur das Töfffahren. Eine Frau will etwas anderes als einen Mann, der nur an seinen Töff denkt. Deshalb kann ich es verstehen, dass sie mich später verliess. Doch ich habe in meinem Leben nie nach hinten geschaut, sondern immer nach vorne.

Wenn Sie nach vorne schauen – haben Sie Angst vor dem Tod?
Nein, ich hoffe einfach, dass ich noch ein paar schöne Jahre vor mir habe und ich das Rentnerdasein geniessen kann. Ich habe schliesslich genug gearbeitet. Und wenn ich sterben sollte, habe ich noch einen Wunsch.

Welchen?
Dass ich in die Hölle komme und nicht in den Himmel, denn meine Kollegen von früher sind alle in der Hölle (lacht).

Persönlich Der gebürtige Westschweizer Jacques Cornu (geboren 1953) bestritt zwischen 1980 und 1990 116 Töff-GP. Dabei gewann er 3 Rennen und fuhr 21-mal aufs Podest. 1988 und 1989 wurde er in der 250er-Klasse jeweils WM-Dritter. Sein grösster Erfolg: der WM-Titel auf der Langstrecke 1982. Nach seiner Rennkarriere gründete er die Cornu Master School, die er 2018 verkaufte. Er hat drei erwachsene Töchter, ist zweifacher Grossvater und lebt in Hauterive NE.

Skitrainer

KARL
FREHSNER

«Der Tod kommt näher»

Ist Karl Frehsner mittlerweile altersmilde geworden? «Milde gibts bei mir nicht», antwortet die Trainerlegende des Skisports und redet offen über Gräueltaten im Krieg und über Trainings, die mit ohnmächtigen Skifahrern endeten.

Herr Frehsner, wann haben Sie das letzte Mal geweint?
Karl Frehsner: Du bist mir aber einer! Was ist denn das für eine schwachsinnige Frage … Das letzte Mal geweint? Das weiss ich nicht. Wenn, dann sicher nur aus Freude. Wer weint, zeigt Schwäche und deckt damit auf, dass er unsicher ist.

Während Ihrer Kindheit hätte es aber schon ab und zu einen Grund zum Weinen gegeben.
Das war eine andere Zeit. Wenn heute dein Grossvater stirbt, braucht man sofort einen Psychologen für die Hinterbliebenen. Was soll das?

Sie sind während des Kriegs in Unterlaussa, an der Grenze von Oberösterreich und der Steiermark, aufgewachsen. Welche Erinnerungen haben Sie an diese Zeit?
Wir waren fünf Kinder und haben in einer Baracke gewohnt. Bis ich etwa sieben war, hatten wir keinen Strom. Von November bis Februar war unser Dorf oft von der Aussenwelt abgeschnitten. Das war aber kein Problem, denn damals war ja eh alles rationiert, und man hat nichts gekriegt.

Wie ernährten Sie sich?
Wir hatten Hühner, Schweine, Kühe und Ziegen. Uns ging es deshalb den Umständen entsprechend gut.

Hatten Sie während des Kriegs nie Angst?
Nein. Mein Vater war Holzfäller. Weil Holz damals sehr wertvoll war und sie seine Dienste brauchten, musste er nicht in den Krieg einrücken. Er hatte vor den Russen keine Angst. Das hat sich wohl auf uns Kinder übertragen.

Doch eines Tages mussten Sie mitansehen, wie Ihr Cousin von den Nazi-Deutschen erschossen wurde.
Was soll ich dazu sagen? Das war damals halt so. Die SS erschoss ihn bei der Tante in der Waschküche. Doch mir haben sie nie etwas gemacht. Das klingt heute vielleicht komisch, aber für uns war das zum Teil auch interessant, und wir waren damals noch so jung, dass wir das gar nicht richtig verstanden. Wir waren auch oft bei

unserer Grossmutter. Auch dort sahen wir grausame Bilder.

Welche?
Nach dem Krieg wurden Deserteure einfach erschossen. Zuerst wurden sie in einen Sack gesteckt, am Auto angehängt und mitgeschleift. In der Kiesgrube stellte man sie an den Rand hin. Dann wurden sie erschossen. Sie sackten zusammen und fielen runter. Danach wurden sie mit Kies zugedeckt. So war das damals.

Mussten Ihre Brüder in den Krieg ziehen?
Mein älterer Bruder Hans musste mit 14 einrücken und diente in Norwegen in der Marine, obwohl er gar nicht schwimmen konnte. Er kam dann schwer lungenkrank zurück. Davon hat er sich nie mehr richtig erholt. Trotzdem hat er nie gehadert und blieb positiv. Das hat mir imponiert. Er starb bereits 1969.

Von was träumte damals der kleine Karl?
Ich wollte Bergsteiger werden, das Skifahren war zweitrangig. Schon mit zehn Jahren kletterte ich durch lebensgefährliche Schluchten, denn dort wuchsen die wunderbaren und seltenen Edelweisse und Enziane. Dass ich an solch abgelegene Stellen kam, hat mich selbstsicher gemacht.

Sie waren früh von der Eigernordwand fasziniert. Warum?
Wir hatten in unserem Dorf einen Bergsteiger, der die Eigernordwand schon bezwungen hatte. Obwohl ich den Berg ja noch nie gesehen hatte, zog er mich früh in seinen Bann. Bei uns zu Hause wurde immer gesagt: Es ist nichts unmöglich, machbar ist alles. Das hat mich angespornt.

Ich nehme mal an, Sie hatten keine Angst abzustürzen, oder?
Respekt muss man haben. Auch Kollegen von mir sind tödlich abgestürzt, doch das darf dich nicht zu sehr belasten. Zwei weniger, fertig, Schluss. Was hilft es dir, wenn du danach tagelang darüber sinnierst? Auch ich bin einmal 60 Meter im freien Fall runtergestürzt und am Seil gehangen. Dabei ging mir das ganze Leben nochmals durch den Kopf. Unglaublich, wie viele Gedanken innert Sekundenbruchteilen in solchen Situationen in einem hochkommen. Das glaubt dir keiner, der es nicht selbst erlebt hat.

1961 bezwangen Sie dann tatsächlich die Eigernordwand. Welche Erinnerungen haben Sie daran?
Ich erinnere mich noch, dass ein Italiener tot in der Wand hing.

Liess Sie das kalt?
Was hätte ich denn tun sollen? Man durfte sich davon nicht ablenken lassen, man wollte ja schliesslich nicht runterfliegen, sondern den Gipfel erreichen.

Machen wir einen Sprung zu Ihrer Karriere als Skitrainer. Auch dort fielen Sie durch Härte auf.
Ich muss mich bei niemandem entschuldigen. Viele haben von mir und meinen Methoden profitieren können. Ich habe aus meinen damaligen Athleten einfach das Maximum rausgepresst.

Wie sah denn eine typische Trainingseinheit unter Frehsner aus?
Ich habe damals die Athleten so provoziert, dass sie ans Limit gehen mussten. Dies führte einige Male bis zur Ohnmacht.

Warum machten Sie das?
Die Sportler sollten so lernen, ihre Grenzen auszuloten. Wenn sie gesagt haben, sie könnten nicht mehr, war es noch ein weiter Weg, bis sie umfielen. Das hat ihnen gezeigt, dass sie viel mehr erreichen konnten, als sie selber dachten. Nur durch solche Methoden waren all die Erfolge möglich. Ich habe übrigens alles, was ich forderte, auch selbst gemacht und ausprobiert.

Waren Sie ein Diktator?
Nein, ich habe mich immer auf meine Menschenkenntnisse verlassen. Und ich habe immer dazugelernt, denn alles, was in einem Buch steht, ist bereits veraltet. Ein Athlet muss immer seine Ideen, Gedanken und Anleitungen selbst verwirklichen.

Wie Sie mit Paul Accola umgegangen sind, steht wohl auch in keinem Lehrbuch.
Einmal hatten wir Teamsitzung. Als Trainer Sepp Caduff nicht pünktlich anfing, fragte ich ihn, warum. Er: «Der Accola ist noch nicht da.» Ich sagte: «Gib mir seine Startnummer.» Ein paar Minuten später kam der Accola gemütlich reinspaziert und fragte später, wo denn seine Nummer sei. Da sagte ich: «Die bekommst du nicht, weil du zu spät warst.» Deshalb konnte er dann

Zwei prägende Gesichter der goldenen 80er: Frehsner (rechts) mit Peter Müller.

das Rennen nicht fahren. Lustig war auch eine Episode von 1988.

Was war da?
Das war vor den Olympischen Spielen in Calgary. Paul konnte ja kaum ein Wort Englisch. Ich drückte ihm zwei Paar Ski und den Schlüssel eines Mietautos in die Hand und sagte ihm: «Du fährst jetzt allein zu zwei Nor-Am-Rennen. Anweisungen bekommst du vor Ort vom kanadischen Trainer. Wenn du dich durchschlägst und eines der beiden Rennen gewinnst, kriegst du in der Olympia-Kombi einen Startplatz.»

Wie ging die Geschichte aus?
Der Accola gewann ein Rennen und kam mit so einer breiten Brust zurück, dass man das Auto dahinter gar nicht mehr sehen konnte. Und das Wichtigste: Er gewann in der Kombi Olympia-Bronze. Merk dir das, so läuft das!

Das alles klingt nicht sehr einfühlsam.
Ach was. Wer zu sensibel ist, ist nicht für den Spitzensport gemacht. Obwohl man als Trainer fühlen sollte, was der Athlet denkt. Ein anderes Beispiel: Mal erlebte Martin Hangl hautnah mit, wie ein österreichischer Doktor vom Ratrak überfahren wurde und dabei starb. Er war ganz durcheinander. Also sagte ich ihm: «Du kannst ihm nicht mehr helfen. Das ist Vergangenheit. Du musst jetzt den Fokus nach vorne legen.» Ein Jahr später wurde er Super-G-Weltmeister.

Die Erfolge gaben Ihnen recht. Sie gewannen mit Ihren Athleten als Trainer 53 WM-und Olympia-Medaillen.
Ich kann mich an einen Winter erinnern, in dem wir zehn von elf Weltcupabfahrten gewannen, und der schlechteste Schweizer aus der Nationalmannschaft war während der ganzen Saison Silvano Meli, der als Einziger nie gewann und nur Zweiter wurde.

Haben Sie sich mehr über die Siege gefreut oder darüber geärgert, dass Meli nicht gewonnen hat?
Das ist eine gute Frage. Natürlich war ich mit Meli nicht zufrieden …

Müller, Zurbriggen, Heinzer – wie gingen Sie mit all den Egos um?
Jeder Athlet hat das Gefühl, er sei unersetzlich. Das muss man ihm lassen. Einmal spielten wir in Zermatt in einer Turnhalle Volleyball. Da gingen der Müller und der Vesti wegen unterschiedlicher Vorstellungen aufeinander los. Dabei floss sogar etwas Nasenblut. Danach fragten sich alle, wie ich an der Sitzung darauf reagieren würde.

Und wie reagierten Sie?
Ich erwähnte den Vorfall mit keinem einzigen Wort.

Warum nicht?
Hätte ich was gesagt, hätte ich einen Schuldigen nennen müssen, doch ich brauchte für den Erfolg ja beide. Deshalb schwieg ich.

Fand das der vom Ehrgeiz getriebene Peter Müller richtig?
Das weiss ich nicht mehr. Ich kann mich aber noch an eine lustige Geschichte erinnern. Müller war damals der Erste, der Merchandising-Artikel von sich verkaufte. Um ihn zu ärgern, hat dann sein Rivale Conradin Cathomen ebenfalls Artikel herstellen lassen und die verschenkt. Dadurch blieb der Müller auf seinen sitzen, was ihn so richtig genervt hat. Willkommener Effekt: Der Müller ist danach noch schneller gefahren.

Sie haben später auch die österreichischen Ski-Frauen trainiert. Wie kamen Sie als eiserner Karl mit den Frauen zurecht?
Da sind wir wieder beim gleichen Thema. Fahrerinnen wie Meissnitzer oder Götschl waren mir gegenüber zuerst skeptisch. Meissi sagte irgendwann später zu mir: «Also gut, wenn du dir einbildest, du kennst mich, dann mache ich alles, was du sagst.» So kam es dann auch, und sie wurde Weltmeisterin und gewann so ziemlich alles.

Hart, härter, Frehsner: der eiserne Karl.

«Ich muss mich bei niemandem entschuldigen»

« Ich habe die Athleten so provoziert, dass sie ans Limit gehen mussten. Dies führte einige Male bis zur Ohnmacht »

–

Karl Frehsner

Würden sich Ihre harten Methoden auch abseits des Sports anwenden lassen?
Davon bin ich überzeugt. Mehr Härte würde guttun. Die Schweiz hat einen unglaublich hohen Lebensstandard. Und wer arbeitslos ist, kriegt Geld vom Staat.

Würden Sie das ändern?
Ja, schon. Mein Vater hat mich gelehrt: Wenn du arbeiten willst, findest du immer eine Arbeit. Merke dir das! Wenn ein Doktor arbeitslos ist, soll er halt Böden aufwischen gehen. Doch was macht man? Man gibt ihm gleich Geld. Das musst du mir erklären. Sag mal einem, der Chemie studiert hat und dann keinen Job findet, er solle kellnern gehen. Der sagt dir: «Bist deppert?» Meine Meinung ist aber klar: So einer sollte keinen Rappen kriegen.

Sie waren in den 90er-Jahren zwischenzeitlich auch in der Formel 1 tätig, als Fitnesstrainer beim Sauber-Rennstall. Ans Jahr 1994 haben Sie wohl nicht nur gute Erinnerungen.
Ich war in jenem Jahr für die Sauber-Fahrer Frentzen und Wendlinger zuständig. Zuerst starb in Imola Roland Ratzenberger, der mit Frentzen früher in Japan in der Formel Nippon das Zimmer geteilt hatte. Als ich Frentzen danach traf, sagte er mir: «Ich habe ihn tot im Auto baumeln sehen. Ich kann nicht mehr.» Ich antwortete: «Wir gehen jetzt im Motorhome fünf Minuten etwas trinken, und dann gibst du weiter Gas. Wenn du das nicht kannst, bist du kein guter Rennfahrer.» Er fuhr auf einen guten Startplatz.

Zwei Wochen später verunfallte Wendlinger in Monaco schwer und lag wochenlang im Koma.
Damals reagierte Frentzen anders. Er war im Training guter Fünfter und konnte nicht verstehen, warum sich Sauber nach Wendlingers Unfall vom GP zurückzog. «Ich kann nicht starten, weil sich der andere den Kopf angeschlagen hat», monierte Frentzen sinngemäss. Genau das ist die richtige Einstellung.

Im gleichen Monat verunfallte auch Ihr Sohn Roger schwer. Blieben Sie da auch so nüchtern?
Roger brach sich bei einem Velounfall den Schädel und kam in Sursee ins Spital. Dort hiess es, der Spezialist komme erst morgen, um sich das anzuschauen. Also sorgte ich dafür, dass Roger sofort nach Luzern verlegt und dort von einem Spezialisten untersucht wurde. Später hiess es: Hätte ich nicht eingegriffen, hätte er die Nacht wohl kaum überlebt.

Was fühlten Sie dabei?
Gefühle? Ich musste einfach in der Situation das Bestmögliche machen, eben ohne nur von Gefühlen geleitet zu werden.

Sie sind mittlerweile weit über 80 Jahre alt. Spüren Sie Altersmilde?
Was ist das jetzt wieder? Milde gibt es bei mir nicht.

Wie sieht Ihr Leben heute aus?
Ich bin nicht mehr richtig im Skirennsport tätig, kümmere mich aber noch um die Anzüge und versuche zum Beispiel, die Stoffe und Schnitte mit Descente und Schöller stets zu verbessern.

Wie muss man sich den Rentner Frehsner vorstellen?
Vorsicht, ich arbeite immer noch ziemlich viel und nehme mir jetzt einfach mehr Zeit dabei. Wenn ich nur auf dem Balkon rumsitzen würde, käme das nicht gut. Das Schönste an meinem heutigen Job: Ich bin viel mit jungen Menschen zusammen. Das gibt mir sehr viel.

Apropos Balkon – wollten Sie den nicht mal neu streichen?
Das habe ich meiner Frau schon 2004 versprochen. Doch bin ich bis heute nicht dazu gekommen. Merkst du: Ich habe noch immer keine Zeit für solche Sachen.

Wie geht es Ihnen gesundheitlich?
Ich kann noch immer alles machen und bin dankbar dafür. Ich merke aber, dass ich nicht mehr so viel Kraft und Ausdauer habe wie früher.

Fahren Sie noch Auto?
Ja, klar. So gut wie du fahr ich locker, aber da musst du ja auch kein Spezialist sein. Aber ja, ich bin heute langsamer unterwegs. Brauchte ich früher drei Stunden nach Salzburg, war ich langsam unterwegs.

Haben Sie Angst vor dem Tod?
Nein, mich kann es noch heute erwischen. Was ich weiss: Der Tod kommt immer näher.

Auch Beat Feuz (rechts) profitiert während seiner Karriere von Frehsners Fachwissen.

Persönlich Der Österreicher Karl Frehsner (geboren 1939) ist der erfolgreichste Skitrainer aller Zeiten. Er arbeitet mit einigen Unterbrüchen seit 1977 für Swiss-Ski. Seine grössten Erfolge feierte er in den 80er-Jahren, so zum Beispiel an der WM in Crans-Montana 1987, als die Schweiz 8 von 10 Goldmedaillen gewann. Frehsner ist verheiratet mit Rosmarie, einer ehemaligen SVP-Politikerin. Das Paar hat zwei erwachsene Söhne und mittlerweile gar einen Urenkel. Obwohl Frehsner seit über 50 Jahren in Dietikon ZH wohnt, besitzt er noch immer nur den österreichischen Pass.

Leichtathletin

SANDRA GASSER

Gasser damals 1987 in Sestriere

«Hätte ich gedopt, hätte ich es schon längst zugegeben»

Erst die Medaille, dann die positive Dopingprobe: Ex-Leichtathletin Sandra Gasser hat eine bewegte Karriere hinter sich. Heute sagt sie: «Ich stürzte damals in eine tiefe Lebenskrise.»

Frau Gasser, Sie sind gelernte Filmcutterin. Was wäre ein passender Filmtitel für Ihr bisheriges Leben?
Sandra Gasser: Das ist eine gute Frage. So spontan fällt mir aber keiner ein.

Ich hätte vier Vorschläge: «Der Prozess».
Das ist mir zu einseitig und zu kurz gefasst.

«Der Untergang».
(Lacht.) Niemals!

«Catch Me If You Can».
Nein, schon des Englischen wegen.

«Eine Frage der Ehre».
Der würde zu mir passen, da mir das schon sehr wichtig ist.

Ehre und Respekt – wurde Ihnen das von der Familie mitgegeben?
Auf jeden Fall.

Wie sind Sie aufgewachsen?
Sehr behütet. Bei uns waren Gerechtigkeit und Ehrlichkeit sehr hoch angesiedelt. Wir lernten von unseren Eltern, alle gleich zu behandeln und mit allen respektvoll umzugehen. Egal, ob einer ein Arzt oder ein Handwerker war.

Ihr Vater Alexander musste früh einen Schicksalsschlag verdauen.
Als er 19 war, wollte er in Neuenburg auf ein Tram springen. Dabei geriet er unter das Tram und verlor ein Bein. Trotzdem hat er nie damit gehadert, er blieb humorvoll und war immer gut gelaunt. Als er deswegen im Spital war, musste er den Besuch trösten und nicht umgekehrt. Er hat mir immer gesagt: «Schau nach vorne und verlier keine Zeit mit Zurückblicken.»

Und wie war Ihre Mutter Hedy?
Sie ging in Engelberg in die Klosterschule. Ihre Freizeit bestand aus Arbeit. Als sie alt genug war, «flüchtete» sie nach Bern. Sie achtete immer darauf, es allen recht zu machen. Was die Leute sagten, war ihr wichtig. Wir durften deshalb zum Beispiel am Sonntag nicht draussen spielen. Das hätte nach einer Vernachlässigung ausgesehen.

War Sport im Hause Gasser ein Thema?
Nein, nie. Doch ich war schon immer ein Bewegungsmensch. Im Meienegg-

Quartier in Bümpliz, wo ich aufwuchs, hatte es immer viele Kinder. Jede freie Minute tollten wir draussen herum, ich war ein wildes Mädchen. Als ich etwa elf Jahre alt war, fiel meinem Nachbarn auf, dass ich gerne und schnell rannte. Dadurch kam ich zum ST Bern.

Ist es Zufall, dass Sie Einzelsportlerin wurden?
Nein, ich war nie der Mannschaftstyp. In der Schule ging ich ins Volleyball. Ich habe mich immer genervt, wenn sich die anderen keine Mühe gaben, während ich Vollgas gab.

Waren Sie ein pflegeleichtes Kind?
Wenn mein Mami heute noch hier sitzen könnte, würde sie Ja sagen. Für mich war ein Nein immer ein Nein. Ich habe auch nie pubertiert, weil ich in der Phase schon meinen Sport hatte, der mich ausgefüllt hat. Und mit 15 lernte ich ja bereits meinen späteren Mann Beat kennen.

Sie feierten dann schnell grosse Erfolge. Sie haben mal gesagt, dass Sie vor grossen Rennen immer Horrorträume hatten. Hatten Sie in der Nacht auf den 5. September 1987 auch einen solchen Traum?
Das weiss ich nicht mehr. Ich kann mich aber noch daran erinnern, dass mein «Zimmergschpänli» Cornelia Bürki und ich einfach nicht schlafen konnten, weil wir beide so nervös waren.

Am Tag darauf gewannen Sie an der WM in Rom über 1500 Meter Bronze. Es war die erste WM-Medaille einer Schweizerin.
Ich war baff, auch wenn ich im Vorfeld wusste, dass eine Medaille nicht unrealistisch war. Während der Siegerehrung musste ich dann natürlich «grännen», obwohl ich mir vorgenommen hatte, es nicht zu tun, da ich das etwas peinlich fand.

Die Freude hielt nicht lange an. In Ihrer Dopingprobe fand man das synthetische Anabolikum Methyltestosteron. Wie erfuhren Sie von Ihrer positiven Dopingprobe?
Eine Woche danach gewann ich den Grand-Prix-Final in Brüssel. Da rief mich Hansjörg Wirz, der damalige Direktor des Schweizerischen Leichtathletikverbands, an. Er meinte, wir müssten nach meiner Rückkehr in die Schweiz miteinander reden. Zuerst dachte ich, es gehe um Sponsorenverträge.

Wie ging es weiter?
Wir trafen uns dann auf der Autobahnraststätte Würenlos. Dort sagte er mir, dass meine Probe von Rom positiv sei. Ich war zuerst gar nicht geschockt, weil ich davon überzeugt war, dass das nicht stimmen konnte. Als er mir klar machte, dass dem so sei, stürzte eine Welt zusammen. Ich verstand gar nichts mehr. Wie konnte das sein?

Wie waren die ersten Tage danach?
Ich fiel in eine tiefe Lebenskrise und zerfloss im Selbstmitleid, war tagelang nur noch zu Hause und habe permanent geweint und geschrien. Ich habe mich als Opfer gefühlt. Doch dadurch kam ich keinen Schritt weiter. Irgendwann habe ich erkannt, dass ich mich wehren muss.

Wie ging das?
Ich gab unzählige Interviews, weil ich meine Sicht der Dinge darlegen wollte. Ich wäre damals am liebsten von Tür zu Tür gegangen und hätte allen gesagt: «Schaut in meine Augen. Seht doch, ich sage die Wahrheit.»

Ging Ihr Plan auf?
Natürlich nicht. Das war schon sehr naiv von mir. Irgendwann kam der nächste Schritt. Ich sagte mir: Es ist mir egal, was die anderen von mir denken, ich

> «Ich fiel in eine tiefe Lebenskrise, zerfloss im Selbstmitleid und habe permanent geweint und geschrien.»

Bunter Vogel der Schweizer Leichtathletik: Gasser 1990 in Zürich.

gehe einfach meinen Weg. Das war nicht mutig, ich hatte gar keine andere Wahl, und so wurde es mir auch von meinen Eltern beigebracht. Wehre dich, wenn etwas nicht in Ordnung ist. Ein Satz meines Vaters war jeweils: «Wenn dir jemand einen ‹Chlapf› gibt, dann gib zwei zurück.» Er hatte im übertragenen Sinn nicht unrecht. Sich wehren ist eine aktive Handlung, man verlässt die Opferhaltung.

Sie gingen auch mit einem Teil der Journalisten nicht unzimperlich um. Mit manchen reden Sie seit 1987 nicht mehr.
Ich habe vieles nicht vergessen. Und mir war es damals wichtig, dass ich Leute, nicht nur Journalisten, auf die Abschussliste setzte und nicht umgekehrt.

Klingt nach einem sturen Kopf.
Ja, das kann schon sein. Wie Sie ja gesagt haben, es ist eine Frage der Ehre. Wenn ich im Stolz verletzt werde, wehre ich mich eben.

Sie gingen danach wegen vieler Ungereimtheiten als erste Sportlerin überhaupt juristisch gegen die Sperre vor. So gab es zwischen der A- und der B-Probe beträchtliche Abweichungen, und in den Proben hatte es zu wenig Urin, weil die Kontrolleurin einen Teil davon verschüttet hatte. Heute würde eine Athletin in der gleichen Situation wegen Verfahrensfehler freigesprochen, Sie aber verloren den Zivilgerichtsprozess in London. Wie viel hat Sie das gekostet?

Etwa 100 000 Franken. Ich habe aber keine Sekunde ans Geld gedacht. Ich bin froh, dass ich diesen Weg ging, denn der war für meine Persönlichkeitsbildung ganz wichtig.

Können Sie das konkretisieren?
Über dem Gericht stand «Gott und deine Gerechtigkeit». In dieser Zeit fand ich fast zu Gott. Als ich den Prozess trotzdem verlor, merkte ich: Ich muss auf mich schauen und meinen Weg gehen. Es geht halt nicht immer gerecht zu auf dieser Welt. Ich habe dann gelernt, das zu akzeptieren und loszulassen. Weitergehen, vorwärtsschauen. Heute weiss ich, dass ich mir in dieser Phase meine Resilienz angeeignet habe.

Das Ganze liegt schon Jahrzehnte zurück. Es gibt einige Theorien, was damals wirklich passierte. Eine lautet: Sie sind eine Lügnerin und haben wissentlich gedopt!
Ja, auch diese Meinung gibt es. Sie ist aber komplett falsch. Hätte ich gedopt, hätte ich es schon längst zugegeben.

Manche munkelten, Ihr Mann und Trainer Beat Aeschbacher habe Sie unwissentlich gedopt, weil er von Ehrgeiz zerfressen war.
Ein völliger Quatsch, das wäre ja völlig dumm von ihm gewesen, und Beat ist definitiv nicht dumm. Als Sohn eines Polizisten ist er sehr ehrlich und der korrekteste Mensch, den ich kenne.

Kurzes Glück: An der WM 1987 in Rom gewinnt Gasser (links) Bronze. Doch dann bleibt sie in der Dopingkontrolle hängen.

« Ich wollte damals anecken und nicht mehr das nette Mädchen von nebenan sein »

—

Sandra Gasser

Dritte Theorie: Eine Gegnerin hat Ihnen unwissentlich etwas in ein Getränk geschüttet.
Das habe ich mir damals auch überlegt, und daran sind sogar Freundschaften zerbrochen.

Welche Erklärung ist für Sie die plausibelste?
Das spielt keine Rolle mehr, ich mag mich damit nicht mehr befassen. Bei der Abnahme war die Urinmenge zu gering. Das führte dazu, dass die Analyse falsch war. Das italienische Labor merkte das und musste den Fall danach so biegen, dass sie fein raus waren. Dass ich dabei geopfert wurde, war ihnen egal.

1987 hatten Sie Ihre persönliche Bestzeit von 1986 um fast zwölf Sekunden verbessert. Können Sie verstehen, dass deshalb Zweifel aufkamen?
Ja, aber dabei vergisst man einfach, dass ich in der Zeit zum Profi wurde. 1986 verpasste ich an der EM in Stuttgart über 3000 Meter den Final. Auf dem Auslaufplatz warf ich dann meine Spikes weg und sagte mir: Entweder ich höre auf, oder ich mache es ab jetzt richtig. Zuvor hatte ich noch einen Vollzeitjob. Ich setzte danach voll auf den Sport. Als ich 1987 mit den Deutschen mittrainieren durfte, sagte mir ein Arzt: «Anhand deiner Laktattests weiss ich, dass du in diesem Jahr die 1500 Meter um 4 Minuten laufen wirst.» Ich habe zuerst gelacht…

… doch genau so kam es dann an der WM in Rom.
Werde ich heute von Athleten gefragt, was meine Bestzeit war, sage ich: «3:59,90.» Du findest zwar diese Zeit in den offiziellen Listen nirgends mehr, trotzdem ist das meine Zeit, die ich ehrlich erlaufen habe.

Ihr Fall zeigt das ganze Dilemma auf: Wie weiss man als Zuschauer, ob eine Athletin schuldig oder unschuldig ist?
Es ist und bleibt eine Vertrauens- und Glaubensfrage. Trotz der besseren Dopingkontrollen kommt es weiterhin zu Dopingmissbrauch. Das wird sich leider nie ändern. Die Labore werden zwar immer besser, aber die Täter auch immer kreativer. Es ist eine Frage der Einstellung, ob ich ein ehrlicher Mensch oder kriminell bin.

Haben Sie zum Beispiel Dieter Baumann seine Zahnpastatheorie abgenommen?
Dieter ist ein Freund von mir und ein echter Naturbursche. Ich kann mir nicht vorstellen, dass er wissentlich gedopt hat. Es ist wirklich möglich, unschuldig verurteilt zu werden. In jedem System, in dem Menschen arbeiten, sind Fehler möglich.

Dann nehmen wir das Beispiel Marion Jones. Sie sagte im Gerichtssaal unter Eid aus, nie gedopt zu haben. Später wurde sie der Lüge überführt.
Das hat mich extrem genervt. Wegen solcher Sportlerinnen gibt es viele Menschen, die dann Leuten wie mir nicht glauben. Ich kann nicht nachvollziehen, wie man seine eigenen Handlungen verleugnen kann.

Was auffällt: In der Zeit Ihres Dopingfalls fingen Sie an, Ihre Haare bunt zu färben. Ein Zufall?
Nein, ich wollte damals anecken und nicht mehr das nette Mädchen von nebenan sein. Mittlerweile ist es eine Art Identifikation geworden, die farbigen Haare gehören zu mir, das bin ich.

Haben Sie die Hoffnung, dass der Fall Gasser noch gelöst wird?
Nein! Die, die die Wahrheit hätten sagen können, sind alle tot. Es wird nichts mehr kommen, damit muss ich einfach leben.

Schmerzt Sie das?
Ja, dass ich in vielen Köpfen noch in der Doping-Schublade stecke, schmerzt noch immer.

Stimmt es, dass Sie Ihre WM-Medaille bis heute nicht zurückgeben mussten?
Ja, ich habe damit gerechnet, dass die IAAF die Medaille zurückverlangen würde, was normalerweise immer geschieht. Doch bis heute ist niemand bei mir aufgetaucht. Sogar die Prozesskosten der Gegenpartei wurden mir nicht in Rechnung gestellt. Das sagt für mich alles aus!

In den 80ern die Gesichter der Schweizer Leichtathletik: Cornelia Bürki (links) und Gasser.

Persönlich Die Bernerin Sandra Gasser (geboren 1962) war in den 80er-Jahren auf der Mittelstrecke über 1500 Meter Weltklasse. 1987 wurde sie Hallen-Europameisterin. Nach ihrer zweijährigen Sperre kehrte sie noch einmal zurück und gewann unter anderem in der Halle EM-Silber und draussen EM-Bronze. 1997 trat sie zurück. Gasser arbeitet bis heute beim ST Bern als Vereinstrainerin. Zusammen mit ihrem Ehemann und ehemaligen Trainer Beat Aeschbacher hat sie eine erwachsene Tochter namens Oksana.

Kugelstösser

WERNER GÜNTHÖR

günthör damals, 1988.

«Diese Frage kann ich nicht mehr hören»

Die Schweiz liebt bis heute ihren «Kugel-Werni». Wie Werner Günthör trotz hartnäckigen Dopinggerüchten und egoistischen Entscheidungen zur nationalen Legende wurde.

Herr Günthör, herzlichen Glückwunsch!
Werner Günthör: Wofür?

Sie halten jetzt seit weit über 30 Jahren einen aussergewöhnlichen Weltrekord. Welchen?

Den im Journalistinnen-Hochwurf.
(Überlegt lange und lacht dann laut.) Stimmt, den stellte ich zusammen mit meinem österreichischen Trainingspartner Klaus Bodenmüller auf. Wir wurden damals in Götzis von einer ORF-Journalistin interviewt. Am Ende des Gesprächs packten wir sie und warfen sie über die Hochsprunglatte. Das war echt witzig.

Haben Sie schon als Kind gerne Streiche gespielt?
Ich war ein wildes Kind. Wir sind mit selbst gebauten Seifenkisten die Hügel runtergedüst und dabei gecrasht. Oder wir haben uns auf dem Bodensee an Kursschiffen festgehalten und sind mitgefahren.

1982 fing für Sie der sportliche Ernst des Lebens an. Sie kamen damals als 21-Jähriger nach Magglingen. Wie war das?

Diese Zeit hat mich schon sehr geprägt. Ich hatte Gastrecht bei den Kunstturnern und lebte in einem kargen Drei-Bett-Zimmer, mit einem Etagen-WC. Früher musste man für seine Träume kämpfen. Es wurde einem nichts geschenkt. Heute ist alles verfügbar. 24 Stunden am Tag, quasi à discrétion.

Haben Sie damals schon anständig Geld verdient?
Ich erhielt vom Stadtturnverein Bern pro Monat etwa 600 Franken. Für mich als junger Sportler war das viel Geld. Doch davon musste ich leben und meine Rechnungen bezahlen.

Fragten Sie sich nie: Ist es das alles wert?
Doch, einmal. Mitten im Training hat es mir abgelöscht. Ich sagte zu meinem Trainer Jean-Pierre Egger: «Ich kann nicht mehr.» Ich floh aus meinem Trainingsalltag und ging in den Thurgau, zu meiner Familie und zu meinen Freunden. Ich brauchte diese Auszeit, doch dann fand ich zurück zu meiner Willensstärke und fuhr nach einer Woche wieder nach Magglingen.

Warum?
Weil ich das Maximum rausholen wollte und immer von Olympia träumte. Die Chance, dieses Ziel zu erreichen, war in Magglingen nun mal am grössten.

Den späteren dreifachen Kugelstoss-Weltmeister Günthör hätte es aber trotzdem fast nicht gegeben, denn 1986 wären Sie beinahe American Footballer geworden.
In jenem Jahr wurde ich erstmals Europameister, trotzdem verdiente ich nichts. Ich wusste: So kann es nicht weitergehen. Ein Kollege sagte mir dann, er könne den Kontakt zu den San Francisco 49ers herstellen. Später wurde gar ein Probetraining vereinbart, doch dann fand ich einen Sponsor, der mir 4000 Franken monatlich zahlte. Das reichte mir, um meine Karriere im Leistungssport fortzuführen. Deshalb blieb ich Kugelstösser.

Haben Sie diese Entscheidung jemals bereut?
Nein, meine Freunde rieten mir damals: «Werni, mach das nicht! Die Amerikaner machen dich körperlich zur Schnecke.» Doch die körperlichen Voraussetzungen für eine Karriere als Footballer wären günstig gewesen, denn ich war gross, schnell und beweglich.

Eine Entscheidung, die sich auszahlte. 1987 wurden Sie draussen Weltmeister und gewannen in der Halle den Vize-WM-Titel. Sind Sie sich eigentlich bewusst, dass Sie dem legendären schwedischen

Hochspringer Patrik Sjöberg damals den Indoor-WM-Titel vermasselt haben?
Nein, weshalb?

Sie sollen ihn einen Tag zuvor im Training in Indianapolis demotiviert haben …
Stimmt, Klaus Bodenmüller und ich haben im Training oft Stand-Hochsprung gemacht. Patrik Sjöberg kam da auf uns zu und sagte: «Was machen hier die Elefanten?» Ich habe ihm dann gesagt: «Lass uns schauen, wer höher springt. Und der Verlierer zahlt ein Abendessen.»

Wie ging der Wettkampf aus?
Ich sprang aus dem Stand rückwärts über 1,80 Meter. Sjöberg blieb nur verdutzt stehen, packte seine Tasche, lief weg und sagte: «Ich habe noch nie einen Elefanten so hoch springen sehen.»

Am nächsten Tag schied Sjöberg im Wettkampf ohne gültige Höhe aus. Hat er Ihnen mal das Essen bezahlt?
Nein, bis heute nicht (lacht).

Auch Sie hatten trotz Ihrer drei WM-Titel Tiefschläge zu verkraften, Stichwort Olympia 1992. Damals waren Sie der grosse Favorit.
An jenem Tag ging alles schief. Wir nahmen den Bus zum Stadion, doch der Chauffeur verfuhr sich. Deshalb kam ich verspätet an und konnte mich kaum noch aufwärmen. Irgendwann riss der Faden, ich war nicht mehr ich selber. Mein fünfter Versuch hätte locker für Silber gereicht, doch leider war er ungültig. Am Ende wurde ich deshalb nur Vierter. Solche Momente gehören zu einer Sportlerkarriere dazu. In solchen Situationen wird man reifer und stärker.

Ihre grössten Gegner waren Sportler aus der DDR. Welches Verhältnis hatten Sie zu denen?
Vor allem zu Udo Beyer hatte ich ein sehr gutes. Heute ist er ein grossartiger Freund von meiner Frau Nadja und mir. Dank ihm war ich übrigens der erste Sportler aus dem kapitalistischen Ausland, der im DDR-Fernsehen auftreten durfte.

Wann war das?
Kurz vor dem Fall der Mauer, wohl im September 1989. Die Sendung hiess «Ein Abend mit …». Ich trat dort zusammen mit Beyer und Ulf Timmermann auf.

Wie wars in der DDR?
Schon sehr speziell. Natürlich hat man sich immer gefragt, ob der oder der ein Spitzel sein könnte und ob

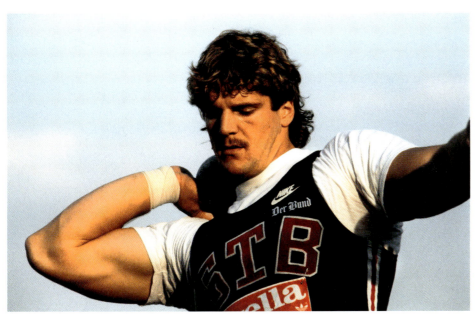

60 000-mal soll Günthör während seiner Karriere die Kugel gestossen haben.

> «Eigentlich wollen wir Männer ja immer die Helden spielen, aber in Wirklichkeit sind wir doch ‹Mimöselis›»

ich im Hotelzimmer abgehört wurde. Das war manchmal schon ein beklemmendes Gefühl. Ich war jeweils froh, wenn ich am Checkpoint Charlie wieder in den Westen ausreisen konnte. Dabei gab es einmal sogar einen kleinen Disput mit einem Zöllner.

Erzählen Sie!
Er fragte mich: «Haben Sie was zu verzollen?» Ich antwortete nur: «Ich wüsste nicht, was ich aus der DDR mitnehmen sollte.» Das fand er gar nicht lustig und wurde richtig sauer.

Ich habe im Vorfeld mit Beyer geredet. Er sagt: «Erst kam Wilhelm Tell und dann der Kugel-Werni. Wenn man mit ihm durch Bern läuft, wird er noch heute dauernd angesprochen.» Wie erklären Sie sich Ihre Popularität?
Ich weiss es nicht. Ich bin sicherlich immer bescheiden geblieben, auch weil ich so aufgewachsen bin. Meine Eltern hatten nicht viel Geld. Mein ältester Bruder durfte noch das Semi machen, doch als der mittlere auch noch studieren wollte, hiess es: «Das geht nicht, wir haben kein Geld, du musst eine Lehre machen.» Das hat uns sicherlich geprägt. Hinzu kommt meine Offenheit. Ich gebe immer eine ehrliche Antwort.

Wenn wir schon beim Thema Ehrlichkeit sind, frage ich Sie ganz direkt: Haben Sie gedopt?
Diese Frage kann ich nicht mehr hören. Sie wird mir seit Jahrzehnten dauernd gestellt.

Das beantwortet meine Frage nicht.
Auf diese Frage gibt es rückblickend nicht einfach ein Ja oder ein Nein. Als Spitzensportler geht man an die Grenzen und versucht auszuloten, was noch erlaubt ist und was nicht. Damals gab es sogenannte Therapiefenster, in denen ich wegen Verletzungen vom Arzt mit Medikamenten behandelt wurde, die zwar schulmedizinisch richtig waren, für Sportler aber auf der Dopingliste standen. Während dieser Zeit konnte ich ja weder normal trainieren noch Wettkämpfe bestreiten. Das war damals legal. Ich habe nicht das Gefühl, dass ich etwas Verbotenes getan habe. Als Spitzensportler wollte ich möglichst schnell wieder fit sein, um Leistung erbringen zu können. So einfach war das.

Heute ist das verboten! Und manche Experten sagen, dass das schon damals nicht legal war.
Früher durfte man auf der Autobahn auch 200 km/h fahren und heute nur noch 120. Kann man deshalb sagen, dass man früher gerast sei und deshalb betrogen habe und nachträglich bestraft werden sollte? Ich finde, nein.

Dann frage ich mal anders: 1992 in Barcelona wurden Sie Olympia-Vierter. Die drei Kugelstösser vor Ihnen hatten zuvor alle schon mal eine Dopingsperre absitzen müssen und erhielten danach eine zweite Chance. Wurden Sie betrogen?
Nein! Es gab Regeln, an die man sich halten musste. Wer dies nicht tat, wurde gesperrt, was richtig ist.

Hat man als Doper eine zweite Chance verdient?
Das muss jeder für sich selber entscheiden. Wie weit da die Meinungen auseinanderklaffen, möchte ich an einem anderen Vergleich darstellen: In den USA wird ein Mörder hingerichtet, in der Schweiz kommt er nach 18 Jahren wieder raus. Was ist richtig?

Als der «Tages-Anzeiger» Ihnen im Jahr 2000 Doping unterstellte, gingen Sie trotzdem dagegen vor und setzten eine Gegendarstellung durch. Warum?

« Früher musste man für seine Träume kämpfen »

—

Werner Günthör

Natürlich wehre ich mich noch heute, wenn ich mich ungerecht behandelt fühle. Aber mir gehen die Vorwürfe auf den Keks. Am Schluss soll jeder glauben, was er will. Ich kann ohne schlechtes Gewissen in den Spiegel schauen, und das ist das Wichtigste. Um das Thema Doping abzuschliessen, möchte ich aber eines noch festhalten: Ich wurde während meiner Karriere häufig kontrolliert und war im Unterschied zu anderen Sportlern in keiner der Kontrollen positiv.

Kommen wir zu einem schöneren Thema. Sie sind seit über 30 Jahren mit Nadja verheiratet. Stimmt die Geschichte, dass Sie ihr zu Beginn der Beziehung sagten: «Zuerst kommt der Sport, dann du»?
Ja, das hat sie damals auch verletzt, aber es war Tatsache und für mich wichtig. Als Spitzensportler musst du manchmal gnadenlos sein. Und als Frau eines Spitzensportlers musst du einiges erdulden und oft hinten anstehen können. Nadja zeigte Verständnis und hat mich dabei immer unterstützt.

Vor einigen Jahren wurde bei Nadja Brustkrebs diagnostiziert. Wie gingen Sie damit um?
Mir wurde noch mehr bewusst, dass ein Leben ohne sie für mich unvorstellbar ist. Eigentlich wollen wir Männer ja immer die Helden spielen, aber in Wirklichkeit sind wir doch «Mimöselis».

Was haben Sie damals gelernt?
Wir Menschen möchten immer alles unter Kontrolle haben, doch dann zeigt dir das Leben auf einmal die Limiten auf. Von heute auf morgen kann alles vorbei sein. Es ist eben nicht alles steuerbar. Zum Glück geht es Nadja heute wieder gut.

Persönlich

Der Thurgauer Werner Günthör (geboren 1961) wurde 1987, 1991 und 1993 Kugelstoss-Weltmeister. Ebenfalls gleich dreimal wurde er zum Schweizer Sportler des Jahres gewählt. Während seiner Karriere soll der gelernte Sanitärinstallateur schätzungsweise 60 000-mal die Kugel gestossen haben. Günthör lebt seit Jahrzehnten zusammen mit seiner Frau Nadja in Erlach am Bielersee. Er bildet heute in Magglingen Sportlehrer aus und fährt in seiner Freizeit leidenschaftlich gerne Motorrad.

Skirennfahrerin

ERIKA HESS

Hess damals: 1984 in Oslo.

«Bevor mein Mann starb, habe ich ihm noch einmal Danke gesagt»

Ein Gespräch mit ihr ist wie das Leben: mal fröhlich, mal traurig. Erika Reymond-Hess über ihre einzigartige Karriere als Skirennfahrerin und den tragischen Corona-Tod ihres Mannes.

Frau Reymond-Hess, wir haben ein Problem!
Erika Reymond-Hess: Ui, welches?

Sie haben mal gesagt: «Ich lebe in der Gegenwart. Ich bin keine, die immer zurückschaut.» Doch genau das wollen wir in diesem Interview machen.
Das stimmt. Ich versuche immer, im Hier und Jetzt zu leben. Aber wir können trotzdem gerne auf meine Karriere zurückblicken, ich habe ja nichts zu verbergen (lacht).

Schon Ihre Geburt 1962 soll speziell gewesen sein.
Es hatte an dem Tag sehr stark geschneit, und unser Hof lag hoch oben am Berg. Als die Hebamme endlich bei uns ankam, war ich schon da. Meine Grosseltern und meine Tante, die gleich nebenan wohnten, hatten offenbar tatkräftig mitgeholfen.

Sie wuchsen auf dem Äschi-Hof oberhalb von Grafenort auf. Wie war Ihre Kindheit?
Sehr schön. Meine Eltern betreiben eine Viehzucht. Wir Kinder mussten viel mithelfen, vor allem beim Heuen. Mein Vater und mein Onkel hatten gleich nebenan einen privaten Skilift gebaut. Sobald jeweils der erste Schnee kam, fuhren wir Ski. Natürlich hatten wir keinen Bully, um die Piste zurechtzumachen. Deshalb haben wir zuerst mit unseren Ski den Neuschnee «runtergetrampet» und anschliessend mit einer selbst gebauten Holzrolle versucht, den Schnee zu pressen.

Waren Ihre Eltern auch begeisterte Skifahrer?
Nein, sie konnten gar nicht Ski fahren. Sie waren auch nie an einem meiner Weltcuprennen. Selbst am TV haben sie nicht live zugeschaut. Aus Angst vor einem Sturz. Erst wenn sie wussten, wie es ausgegangen war, schauten sie sich die Aufzeichnung an.

Sie selbst sollen zuerst mit gemieteten Armeeski gefahren sein.
Wir waren halt eine Bauernfamilie mit einem kleinen Einkommen. Meine Eltern konnten sich nicht für alle sechs Kinder Ski leisten. Deshalb mieteten sie für mich Armeeski. Die kosteten für

Die 80er | Erika Hess

Ihr erster grosser Erfolg: 1980 fährt die damals 17-jährige Hess in Lake Placid zu Olympia-Bronze.

einen Winter nur fünf Franken. Für mich war das sogar eine Motivation. Ich wusste: Wenn ich schnell fahre, bekomme ich irgendwann auch gute Ski.

Haben Sie als Jugendliche auch selber Geld verdient?

Ja, ich habe mit 14 Jahren zeitweise in einer Seifen- und Waschmittelfabrik in Stans gearbeitet. Ich stand dort am Band, habe Seifen eingepackt und Etiketten draufgeklebt. Ich möchte diese Zeit nicht missen. Dank dem verdienten Geld konnte ich im Skisport weitermachen.

1977 gewannen Sie an den Schweizer Meisterschaften überraschend Silber. Als Belohnung gabs ein Interview mit Radiolegende Mäni Weber.

Das war sehr schwierig. Aber nicht nur für mich, sondern auch für ihn. Ich habe vielleicht fünf, sechs Wörter rausgebracht, mehr nicht. Es war, als würde jemand ins kalte Wasser geworfen, der noch gar nicht schwimmen konnte.

An Ihrem 15. Geburtstag durften Sie das erste Mal in Ihrem Leben fliegen. Wie wars?

Das war total aufregend. Wir flogen von Österreich aus an ein Europacuprennen in die Tschechoslowakei, mit einer Propellermaschine. Ich kann mich noch daran erinnern, dass ich Mozartkugeln erhielt und wir die Skisäcke in den Gang legen mussten, weil es keinen Platz mehr hatte.

Sie kamen schon mit 15 in den Weltcup. Fühlten Sie sich manchmal überfordert?

Ich habe damals vieles gar nicht realisiert und hatte einfach Lust, die Welt zu entdecken. Dadurch wurde ich schnell erwachsen.

Wer hat damals im Skizirkus auf Sie aufgepasst?

Das war vor allem Lise-Marie Morerod. Sie war wie ich ein Bauernmädchen und hat mich sehr unterstützt. Wir teilten meistens das Zimmer. Einmal hat sie mir sogar ein weisses Plüschkätzchen geschenkt, das ich dann an jedes Rennen mitnahm und jeweils aufs Nachttischchen

Während ihrer Karriere gewinnt Hess 31 Weltcuprennen.

legte. Als ich älter wurde, schenkte ich es an meine Nichte weiter.

1978 hatte Morerod einen schlimmen Autounfall. Plötzlich mussten Sie auf Morerod aufpassen.
Dieser Unfall hat mich enorm getroffen. Sie erlitt ein schweres Schädel-Hirn-Trauma. Als sie danach wieder in den Weltcup zurückkehrte, kümmerte ich mich um sie. Da sie damals noch immer unter Gedächtnisverlust litt, schaute ich jeweils, dass sie keinen Termin vergass und all ihre Sachen immer mitnahm. Wir haben bis heute ein sehr inniges Verhältnis.

1980 feierten Sie Ihren ersten grossen Erfolg: Olympia-Bronze im Slalom. Können Sie sich noch an die spezielle Prämie Ihres Nachbarn erinnern?
Jetzt, wo Sie es sagen. Er schenkte mir zwei Bündel Heu. Mein Vater und die Tiere hatten Freude daran.

Was kommt Ihnen beim Datum 13.1.1981 in den Sinn?
An diesem 13. gewann ich mit der Nummer 13 mein erstes Weltcuprennen. Und zwar um exakt 13.13 Uhr, so besagt es zumindest die Legende.

In Schruns hatte es damals starken Nebel. Einige Gegnerinnen zweifelten an, dass Sie alle Tore richtig passiert hatten. Jetzt können Sie es ja zugeben, haben Sie geschummelt?
Nein, nein, da war alles sauber. Ich bin eine ehrliche Person. Hätte ich damals geschummelt, hätte ich das schon längst mal erzählt.

«Ich habe mit 14 Jahren zeitweise in einer Seifen- und Waschmittelfabrik in Stans gearbeitet»

Ihr Sieg hatte auch Folgen für Ihre Familie.
Mein Vater und meine Brüder hatten damals versprochen, dass ab meinem ersten Weltcupsieg in der Stube nicht mehr geraucht würde. Mein Vater war ein leidenschaftlicher Pfeifenraucher. Dass er für mich danach in der Stube darauf verzichtet hat, war für die Zeit schon sehr fortschrittlich.

An der WM 1982 ging Ihr Stern endgültig auf. Sie gewannen dreimal Gold. Auf einmal waren Sie das «Schätzchen der Nation».
Ich weiss bis heute nicht, wie ich das damals alles geschafft habe. Der Rummel war enorm. Alle wollten etwas von mir. Dabei half mir sicher mein Umfeld und der Äschi-Hof. Dorthin konnte ich mich immer zurückziehen und mich selber sein. Viele glaubten in der Zeit, ich sei eine Maschine, die einfach immer liefert. Aber ich war ein Mensch, der auch mal Ruhe brauchte.

Damals sagten Sie: «Der Rummel macht mich krank. Manches Jahr werde ich das nicht mehr mitmachen.» Diesen Druck spürten Sie auch vor den Olympischen Spielen 1984. Haben Sie deshalb in Sarajevo keine Medaille geholt?
Sarajevo war für mich sehr schwierig. Die vielen Journalisten, die langen Tage, die umständliche Anreise auf den Berg. Ich habe den Druck gespürt, vielleicht auch, weil ich an der Eröffnungsfeier Fahnenträgerin war. An Olympia erwartet das ganze Land Medaillen von einem. Doch ich bin danach wieder aufgestanden und wurde 1985 und 1987 noch dreimal Weltmeisterin.

Normalerweise verlängern Sportler wegen Olympia ihre Karriere. Bei Ihnen war es genau umgekehrt. Sie haben wegen Olympia 1988 im Jahr zuvor aufgehört. Warum?
Ich wollte mir Olympia nicht noch einmal antun. Deshalb war die Heim-WM in Crans-Montana 1987 der perfekte Abschluss. Ich fuhr nie Rennen, um Rekorde aufzustellen, sondern weil ich es gerne machte. Wenn man am Start stand, fuhr man nicht für seinen Trainer oder für die Blick-Journalisten, sondern für sich selber. Vor der Saison 1986/87 merkte ich, dass ich nach zehn Jahren im Skirennsport Lust auf etwas Neues hatte.

Haben Sie nie an einem Comeback rumstudiert?
Nein, nicht eine Sekunde. Ich wusste damals, dass ich eine Familie gründen wollte.

1988 heirateten Sie Ihren ehemaligen Trainer Jacques Reymond. Im Frühjahr 2020 starb Ihr Mann an den Folgen einer Covid-Erkrankung. Wissen Sie, wo er sich angesteckt hatte?
Wir hatten damals eine Familienfeier, eine Woche bevor es zum ersten Lockdown kam. Danach hatten wir alle Corona. Wir alle waren einfach zu einem falschen Zeitpunkt an einem falschen Ort. Aber ja, manchmal denke ich schon: Hätte die Schweiz eine Woche früher alles zugemacht, wären wir nicht krank geworden, und mein Mann würde heute noch leben.

Wann haben Sie gemerkt, wie schlimm es um ihn stand?
Relativ schnell. Während ich nur ein paar Tage Fieber hatte und sehr müde war, wurde es bei ihm immer schlimmer. Er kam deshalb ins Spital. Dort wurde er intubiert und während dreier Wochen ins künstliche Koma versetzt.

Durften Sie ihn besuchen?
Nur sehr selten, insgesamt dreimal. Das war der absolute Horror, das kann man sich gar nicht vorstellen. Auf einmal kann man den Menschen, den man so sehr liebt, nicht mehr unterstützen und ihm nahe sein.

Wann haben Sie ihn das letzte Mal gesehen?
An unserem 32. Hochzeitstag durfte ich ihn im Spital besuchen. Man hatte ihn zuvor aus dem künstlichen Koma rausgeholt, weil dies der einzige Weg war, um einen Schritt vorwärtszukommen.

Konnten Sie mit ihm reden?
Natürlich habe ich mit ihm geredet, doch bekam ich keine Antworten mehr von ihm. Wir waren einfach über die Augen in Kontakt miteinander, und ich habe ihm Fotos seiner Liebsten gezeigt und im Spitalzimmer aufgehängt. Das war ein sehr intensiver, wichtiger Moment, weil ich ihm sagen konnte, dass die Familie zusammenhalte und dass ich alles machen werde, damit er stolz auf seine Familie sein durfte. Und ich habe ihm noch einmal Danke gesagt für alles, was er mir an Liebe gegeben hat.

Dachten Sie bis zum Schluss, dass er es noch packen könnte?
Wir wussten die ganze Zeit, dass es auf beide Seiten kippen konnte. Aber auch wenn die Situation sehr kritisch

war, haben wir bis zum Schluss die Hoffnung nicht aufgegeben. Wenige Stunden bevor er starb, haben wir noch miteinander telefoniert. Die Krankenschwester hat ihm das Telefon ans Ohr gehalten. Ich habe ihm gesagt, dass ich immer für ihn da sein werde. Leider konnte er mir nicht mehr antworten.

Wie haben Sie von seinem Tod erfahren?
Man hat mich vom Spital aus angerufen. Das war brutal. Ich habe danach sehr viel Gewicht verloren. Doch unsere Familie hat sehr aufeinander aufgepasst. Wir haben uns gesagt, dass wir weiterleben wollen. Auch Jacques hätte das so gewollt.

Ihr Mann war ein Jahr zuvor zum ersten Mal Grossvater geworden. Hilft Ihnen die Tatsache, dass er das noch miterleben durfte?
Ja, ich bin enorm froh, dass er noch Grossvater werden durfte. Er war so stolz auf sein Enkelkind. Schade, dass er die nächsten nicht mehr miterlebt hat, denn mittlerweile wäre er schon vierfacher Grossvater.

Sie haben seine Asche im Lac de Joux verstreut. Warum?
Das Vallée de Joux ist ein magischer Ort. Die Zeremonie war sehr intim und traurig, gleichzeitig aber auch schön. Wir haben Lieblingslieder von ihm abgespielt, und seine Geschwister haben enorm bewegende Texte vorgetragen. Das war sehr ergreifend.

Wenn Sie heute dorthin gehen, spüren Sie, dass er da ist?
Ja, im Vallée de Joux ist er überall mit dabei. Letzte Woche war ich mit einem meiner Söhne dort auf dem gefrorenen Lac de Joux Schlittschuh laufen. So wie ich es früher mit Jacques gemacht hatte. In solchen Momenten rede ich laut mit ihm. Oder wenn ich meinen Zwillingsenkeln das Essen gebe. Da sage ich manchmal: «Jacques, du könntest mir jetzt helfen, die zwei hungrigen Mäuler zu versorgen.» Oder wenn ich um den See laufe. In solchen Momenten habe ich das Gefühl, er sei an meiner Seite.

Woher nehmen Sie persönlich die Kraft?
Das weiss ich nicht, man bekommt die einfach von irgendwo. Natürlich gibt es noch immer sehr schwierige Momente. Ich denke jeden Tag an Jacques. Doch manchmal ist es wie im Sport. Man muss sich auf-

Goldfahrt: 1987 gewinnt Hess in Crans-Montana den WM-Titel in der Kombination.

«Ich habe meinem Mann versprochen, dass ich alles machen werde, damit er stolz auf mich sein kann»

—

Erika Hess

raffen, das Positive suchen. Zum Glück habe ich ein sehr gutes Umfeld, auf das ich immer zählen kann. Geht es mir schlecht, weiss ich, wen ich anrufen kann. Geholfen haben mir auch die Tausende von Briefen, die ich erhalten habe. Ich habe jeden einzelnen gelesen und daraus Kraft gezogen.

Wie gehen Sie mit negativen Gedanken um?
Man darf traurig sein. Heute muss ich vieles alleine machen, was wir früher als Team zusammen gemacht haben. Doch ich habe ihm ja versprochen, dass ich alles machen werde, damit er stolz auf mich sein kann. Das ist eine grosse Motivation für mich.

Wäre er stolz auf Sie?
Ich glaube, ja. Er möchte bestimmt auch, dass ich glücklich weiterlebe und Spass habe, denn Jacques war immer ein sehr lebensfroher Mensch.

Persönlich

Die Obwaldnerin Erika Hess (geboren 1962) ist mit sechs Titeln die erfolgreichste Schweizer Skirennfahrerin an Weltmeisterschaften aller Zeiten. An Olympia 1980 gewann Hess Slalom-Bronze. 1982 und 1984 holte sie sich den Gesamtweltcup, hinzu kommen sechs kleine Kristallkugeln. Hess gewann insgesamt 31 Weltcuprennen (davon 21 Slaloms), 1982 auf der Alpe d'Huez sogar zwei an einem Tag. 1987 beendete sie ihre Karriere im Alter von 25 Jahren. Reymond-Hess hat drei erwachsene Söhne. Sie lebt in Saint-Légier-La Chiésaz VD, kümmert sich regelmässig um die Enkelkinder und um die Volksskirennen «Erika Hess Open».

[Skirennfahrerin](#)

VRENI
SCHNEIDER

Schneider damals: 1988 an den Olympischen Spielen in Calgary

«Mein Vater sagte: ‹Aus Vreni wird nie eine gute Skirennfahrerin›»

Als Jugendliche verlor sie ihre Mutter, als Skirennfahrerin eine ihrer besten Kolleginnen. Ein Gespräch mit Skilegende Vreni Schneider über das Leben und den Tod.

Frau Schneider, ist es ein Wunder, dass wir heute hier zusammensitzen können?
Vreni Schneider: Warum meinen Sie?

Ihre Eltern hatten die Familienplanung bereits abgeschlossen. Doch dann kamen Sie noch zur Welt.
Das stimmt. Das Familienfoto mit meinen drei älteren Geschwistern war schon gemacht und aufgehängt worden.

Waren Sie ein typisches Nesthäkchen?
Ich wurde von meinen Eltern und auch von meinen Geschwistern schon ein bisschen «verhätschelet» (lacht).

Standen Sie schon früh auf den Ski?
Ja, als ich mich aber das erste Mal auf den Ski versuchte, fiel ich immer um und fing sofort an zu schreien und zu weinen. Deshalb sagte mein Vater damals: «Ach, aus ihr wird nie eine gute Skifahrerin.»

Ihre ersten «Skilehrer» sollen Ihre Brüder gewesen sein.
Heiri ist fünf Jahre älter als ich und Jakob, den wir hier alle «Schag» nennen, neun. Wir hatten damals nachmittags immer frei und gingen Ski fahren. Ich habe ihnen nachgeeifert und bin überall runtergeblocht. Sobald sie aber ins Restaurant etwas trinken gingen, fuhr ich heim.

Warum?
Ich, die kleine Schwester, wollte ihnen nicht auf die Nerven gehen und nicht riskieren, dass ich am nächsten Tag nicht wieder mit ihnen Ski fahren durfte.

Wer waren die Helden Ihrer Kindheit?
Als Schulmeitli hing ein Skiposter über meinem Bett. Das war mein ganzer Stolz. Darauf Lise-Marie Morerod, Maite Nadig, Bernadette Zurbriggen, Doris De Agostini, Erika Hess, Ernst Good, Bernhard Russi, Heini Hemmi und wie sie alle hiessen. Die A-Kader-Fahrer trugen rote Kleidung, die B- und C-Kader-Fahrer blaue. Ich dachte immer: Auf so einem Poster will ich auch mal sein. Es muss gar nicht in Rot sein, es reicht mir schon, wenn ich irgendwo in Blau am Rand stehen darf.

Doch bald einmal trat dieser Wunsch in den Hintergrund. Als Sie 16 waren, starb Ihre Mutter Sibilla an Krebs.

Die 80er | Vreni Schneider

Medaillen ohne Ende: Schneider 1989.

Ich wollte lange nicht wahrhaben, wie schlecht es ihr ging. Als sie irgendwann regelmässig zur Chemo gehen musste, fielen ihr die Haare aus, und sie legte sich deshalb eine Perücke zu. Ich konnte das alles nicht verstehen. Nach der Chemo ging es ihr immer schlechter als vorher. Deshalb dachte ich naiv: Warum muss sie das machen, wenn es ihr danach immer schlechter geht? Trotzdem ging ich, wenn immer möglich, mit ihr zur Chemo im Spital Glarus mit. Ich wollte sie begleiten und für sie da sein. Besonders in Erinnerung geblieben ist mir eine Episode.

Welche?
Wir fuhren zwei FIS-Slaloms in Italien. Weil wir Schweizerinnen dort alle ausfielen, sagte unser Trainer: «Lasst uns noch kurz ans Meer fahren.» Für mich war dies das erste Mal. Deshalb wollte ich nach der Rückkehr meiner Mutter alles erzählen. Sie lag da schon nur noch im Bett und meinte bloss: «Meitli, erzähl es mir ein anderes Mal, ich habe nicht die Kraft, dir zuzuhören.» Da wurde mir erstmals so richtig bewusst, dass sie wirklich krank war. Als meine Mutter dann ins Spital musste, sagte mir eines Tages beim Abwaschen mein Vater: «Wenn kein Wunder mehr passiert, kommt sie nicht mehr nach Hause.»

Können Sie sich noch an den Todestag erinnern?
Als ob es gestern gewesen wäre. Ich fuhr in Elm ein Regionalrennen, das ich gewann. An der Siegerehrung wurde Schwyzerörgeli gespielt, was ich normalerweise sehr mag. Doch an jenem Tag habe ich das nicht ertragen. Ich wollte nur noch nach Hause. Als ich dort ankam, klingelte genau in diesem Moment das Telefon. Meine Schwester nahm ab, und ich habe sofort gespürt, dass unsere Mutter gestorben war.

Die 80er | Vreni Schneider

Haben Sie Ihre Mutter danach noch einmal gesehen?
Früher war es üblich, dass man die Toten zu sich nach Hause mitnahm. Meine Mutter lag deshalb im Sarg in unserer Stube, und alle kamen vorbei, um zu kondolieren. Das waren schon traumatische Bilder.

Dachten Sie damals: Jetzt höre ich mit dem Skifahren auf?
Nein, denn kurz vor ihrem Tod sagte mir meine Mutter: «Meitli, du hast das Skifahren so in dir drin. Wenn du das wirklich willst, dann mach weiter. Egal, was passiert.» Auf ihrem Grabstein steht deshalb auch: «Ich lebe. Und ihr sollt auch leben.» Rückblickend realisierte ich aber noch etwas ganz anderes.

Was?
Vor ihrem Tod erklärte sie mir bis ins Detail, wie man wäscht und kocht. Ich habe das damals erst nach ihrem Tod verstanden. Sie wollte mich auf meine neue Rolle vorbereiten, denn meine älteren Geschwister waren schon in der Lehre, und deshalb musste ich nach ihrem Tod den Haushalt machen.

In jener Zeit geriet auch Ihre Karriere als Skirennfahrerin ins Stocken. Dachten Sie da ans Aufhören?
Ja, es hat sehr wenig gefehlt, und ich hätte aufgehört. Ich gurkte drei Jahre im C-Kader rum und verpasste zweimal hintereinander haarscharf den Aufstieg ins B. Beim zweiten Mal sagte ich dem Trainer am Telefon: «Du kannst mich aus dem Kader streichen. Ich höre auf.» Das Lustige daran: Kaum das Telefon aufgehängt, ging ich gleich wieder ins Konditraining und dachte: Jetzt erst recht, denen zeig ichs im nächsten Winter.

Apropos Trainieren: Sie waren schon immer sehr ehrgeizig. Woher kommt das?
Ich dachte mir immer: Es darf nicht am Körperlichen, am Konditionellen scheitern. Deshalb habe ich stets so hart und oft trainiert. Irgendwann ging es auf einmal auf. Ich gewann plötzlich als C-Fahrerin Europacuprennen und wurde später direkt ins A-Kader aufgenommen.

Der Rest der Geschichte ist bekannt: Sie gewannen 1984 Ihr erstes Weltcuprennen und wurden später eine der erfolgreichsten Skirennfahrerinnen der Geschichte.
Mein erster Sieg war unglaublich. Ich startete mit der 28 und lag nach dem ersten Lauf überraschend in Führung. Ich war trotzdem überzeugt davon, dass ich es im zweiten Durchgang nicht schaffen würde. Doch dann kam ich mit der «glismetä» Kappe ins Ziel und siegte. Ich konnte mein Glück kaum fassen.

Ende der 80er-Jahre wurden Sie Olympiasiegerin, Weltmeisterin und Gesamtweltcupsiegerin. Doch dann folgte Anfang der 90er eine Krise.
Auf einmal hiess es: «Die Schneider ist vorbei.» Ich hatte damals auch gesundheitliche Probleme, wollte das aber selber nicht richtig wahrhaben. Als die Zeitungen schrieben, ich käme nicht mehr an die Weltspitze zurück, war das ein grosser Ansporn für mich.

Wie nah Freud und Leid zusammenliegen, erlebten Sie 1994. Ende Januar verunglückte Ulli Maier in Garmisch tödlich.
Ulli und ich verstanden uns immer sehr gut, obwohl wir ja Konkurrentinnen waren. Als ich die 14 Rennen in Serie gewann, war sie oft Zweite. Als sie dann im Januar 1994 in Maribor vor mir siegte, freute ich mich deshalb von Herzen für sie, doch eine Woche später war sie tot.

> «Nach meinem Rücktritt wollte ich unbedingt Mami werden. Doch es klappte lange Zeit nicht»

« Es war fast schon ein Ritual. Wenn der Druck gross war, musste ich mich übergeben »

—

Vreni Schneider

Spezialistin für zweite Läufe: Schneider bei Olympia 1988 in Calgary.

Maier war damals das einzige Mami im Skizirkus.
Einmal fuhren wir in Frankreich. Wegen eines Stromausfalls konnte der zweite Lauf nicht pünktlich gestartet werden. Da kam Ulli sehr nervös auf mich zu und sagte: «Vreni, was muss ich jetzt machen? Ich habe alles organisiert. Ich will nach dem Rennen mit dem Flugzeug direkt nach Hause fliegen, damit ich mit meiner Tochter Melanie Samichlaus feiern kann. Doch wegen der Verzögerung könnte das alles nun nicht mehr klappen.» Ich habe sie dann beruhigt und ihr gesagt, es gebe immer eine Lösung. Später hat sie sich bei mir für diese Worte bedankt.

Dachten Sie nach ihrem Tod an Rücktritt?
Ja, ich weiss aber bis heute nicht, warum ich nicht direkt zurückgetreten bin. Die nächsten Rennen waren in der Sierra Nevada. Viele Fahrerinnen weinten, und die Stimmung war sehr speziell. Im ersten Slalomlauf wagte ich nicht einmal zu kämpfen. Ich kam deshalb mit zwei Sekunden Rückstand ins Ziel. Doch in Durchgang 2 lief es auf einmal, und ich siegte noch. Dieser Lauf war wahrscheinlich der beste meines Lebens. Während der Fahrt dachte ich mir: Ich fahre für Ulli. Sie möchte bestimmt nicht, dass ich nicht mehr kämpfe.

Waren Sie an Maiers Beerdigung?
Nein, meine Familie sagte: «Wenn du an die Beerdigung gehst, wirst du wahrscheinlich nie mehr ein Rennen fahren. So traurig wird das sein.»

Im Februar fanden dann die Olympischen Spiele in Lillehammer statt. Sie gewannen einen kompletten Medaillensatz.
Vor den Spielen trainierten wir in Dombas. Das war der Wendepunkt, da ich dort realisierte, dass ich weiterfahren wollte. Ich verstand, dass Ulli nicht mehr zurückkommen würde, egal, was wir machten. Kurz vor den Rennen erhielt ich dann noch ein Telefon mit der Mitteilung, dass meine Nichte Anja Verena zur Welt gekommen war. Das gab mir zusätzlich Kraft. Gleichzeitig zeigte es einmal mehr auf, wie nah Tod und Leben zusammenliegen.

Nach der Saison 1993/94 dachten Sie aber trotzdem an Rücktritt.
Ich setzte mich an einem wolkenverhangenen Tag in Elm auf das «Chnollä-Bänggli», das heute «Vreni-Bänggli» heisst, und sagte mir: «Die Sieben ist meine Glückszahl. Wenn nach exakt sieben Minuten die Sonne scheint, fahre ich weiter. Wenn nicht, höre ich auf.» Nach exakt sieben Minuten kam plötzlich die Sonne raus. Deshalb hängte ich noch eine Saison an und trat erst 1995 zurück.

Von aussen betrachtet sah bei Ihnen alles immer so spielend leicht aus. In Wirklichkeit aber setzte Ihnen der Druck mächtig zu.
Ja, das war so. Als ich in Crans-Montana 1987 erstmals Weltmeisterin im Riesenslalom wurde, hatte ich Angst,

eine Eintagsfliege zu werden. Deshalb waren meine Erfolge – und damit die Bestätigung – ein Jahr später an den Olympischen Spielen 1988 in Calgary fast noch wichtiger.

Mussten Sie deshalb oft vor dem Start erbrechen?
Nach Crans-Montana kam das häufig vor, es war fast schon ein Ritual. Wenn der Druck gross war, musste ich mich übergeben.

Wie sah das konkret aus?
Es war meist im Startgelände und natürlich nicht schön. Ich machte immer ein Loch in den Schnee, übergab mich und deckte es mit Schnee zu. Einmal hätte ich aber beinahe über den Starter erbrochen. Dafür habe ich mich richtig geschämt und entschuldigt. Und von da weg war ich mir bewusst, dass ich das in den Griff bekommen musste.

War der Druck vielleicht gelegentlich doch zu gross? Alle erwarteten Siege von Ihnen.
Das kann schon sein. Dieses permanente Siegenwollen hat sicherlich an mir gezerrt. Mir war mein Abgang auch immer sehr wichtig. Dass ich dann das letzte Rennen 1995 gewann und so noch einmal den Gesamtweltcup holte, war perfekt.

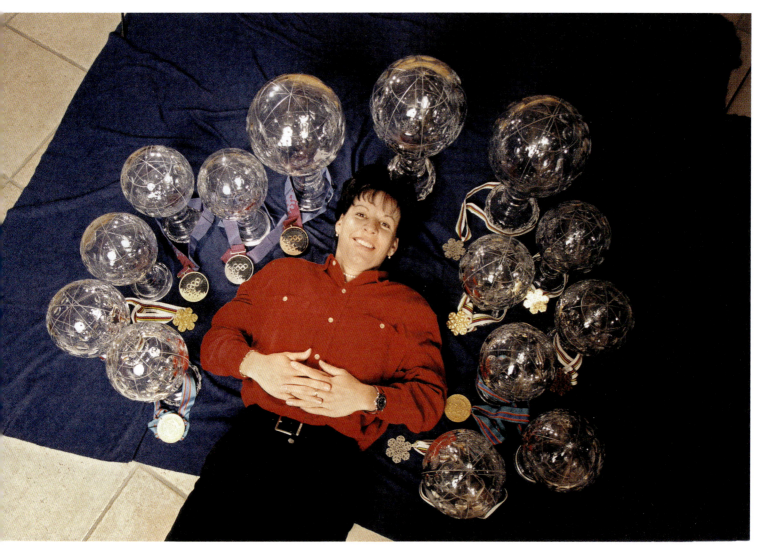

Kugellager: Nach ihrem Rücktritt posiert Schneider mit all ihren Pokalen und Medaillen.

Die 80er | Vreni Schneider

Sie führen seit 40 Jahren ein Leben in der Öffentlichkeit. Hatten Sie damit nie ein Problem?
Jein, ich war halt für alle «s'Vreni». Wenn man Erfolg hat, ist das so.

2012 traten Sie als Sängerin mit Ihrem Lied «En Kafi am Pischterand» bei "Happy Day" auf. Die Kritik danach war gross.
Das hat mich schon beschäftigt. Vor allem, weil meine Familie darunter leiden musste. Meine Neffen und Nichten mussten sich im Ausgang einiges anhören. Und auch ich bekam viele negative Nachrichten.

Können Sie sich noch an eine bestimmte erinnern?
Es gab einige, die unter der Gürtellinie waren. Als ich aber manchen erklärte, dass ich allfällige Einnahmen an ein Hospiz für sterbende Kinder spenden würde, waren sie plötzlich verständnisvoll. Wissen sie aber, was das Schönste ist?

Nein.
Offenbar werden «En Kafi am Pischterand» und «Gueti Besserig» noch heute oft im Wunschkonzert der Musikwelle gewünscht. Das zeigt doch, dass die Lieder nicht die schlechtesten waren. Ich war für meinen Auftritt bei «Happy Day» einfach nicht gut vorbereitet, und der Nebel erschwerte das Schunkeln im Takt. Jetzt aber Themenwechsel!

Noch eine Frage zum Thema Öffentlichkeit. 2001 sagten Sie mal: «Man schaut mir dauernd auf den Bauch.»
Nach meinem Rücktritt wollte ich unbedingt Mami werden. Doch es klappte lange Zeit nicht.

Konnten Sie das akzeptieren?
Ich versuchte es und sagte mir: «Vielleicht habe ich während meiner Karriere schon das ganze Glück aufgebraucht. Ich muss es akzeptieren. Ich kann ja auch eine glückliche Tante und Gotte sein.» Dass wir dann doch noch zwei Buben bekamen, war natürlich das Allergrösste.

Persönlich Die Glarnerin Vreni Schneider (geboren 1964) gewann 55 Weltcuprennen, 6 WM-Medaillen (davon 3 goldene), 5 Olympia-Medaillen (davon 3 goldene) und 14 Kristallkugeln (davon 3 grosse). Heute führt die Elmerin zusammen mit ihrem Mann Marcel Fässler in Elm eine Ski-, Snowboard- und Rennschule. Das Paar hat zwei Söhne: Florian (geboren 2004) und Flavio (2006).

Autorennfahrer

MARC
SURER

«Der Streckenposten legte mich zum Löschen in den Bach»

Motorsport ist gefährlich. Keiner weiss das besser als Marc Surer. Hier spricht er über tödliche Unfälle und menschliche Tragödien, aber auch über wahnwitzige Träume und verrückte Anekdoten.

Herr Surer, wie fühlt es sich an, von Muammar al-Gaddafi, dem ehemaligen Staatsoberhaupt und Diktator von Libyen, entführt zu werden?
Marc Surer: (Lacht.) Das war, als ich nach meinem schweren Rallye-Unfall 1986 im Koma lag. Ich hatte richtige Albträume, in denen er mich entführte und mir die Nieren rausnehmen wollte. Das war der absolute Horror. Als ich Wochen später aus dem Koma erwachte, wusste ich nicht, wo ich war, bis mich meine Mutter und meine damalige Freundin besuchten.

Am 31. Mai 1986 verunglückten Sie bei der Hessen-Rallye schwer. Ihr Beifahrer Michel Wyder kam dabei ums Leben. Welche Erinnerungen haben Sie an diesen Tag?
Ich weiss noch, wie ich diese sehr schnelle Sonderprüfung in Angriff nahm. Dann kommt der Filmriss.

Wie haben Sie von Wyders Tod erfahren?
Ich war intubiert und konnte deshalb nicht reden. Irgendwann schaffte ich es, auf einen Zettel die Frage «Wo ist Michel?» zu kritzeln. Sie antworteten mir, dass alles in Ordnung sei und er mich bald besuchen komme. Als es mir dann Wochen später besser ging, haben sie mir die Wahrheit gesagt. Zuvor hatten sie mich angelogen, weil ich ja selber noch ums Überleben kämpfte.

Direkt gefragt: Sind Sie schuld an seinem Tod?
Diese Frage habe ich mir selber lange gestellt. Ich habe mir deshalb das Unfallvideo oft angeschaut. Man sieht darauf, dass es am linken Hinterreifen eine leichte Rauchentwicklung gab. Jahre später erhielt ich von einem Mann einen Brief, der damals Zuschauer war. Er schrieb mir, dass ich vor dem Unfall in einer Kurve mit dem Reifen die Mauer eines Blumenbeetes touchiert hätte. Der Reifen hat danach wohl Luft verloren und ging dann in der Unfallkurve kaputt.

Hilft so eine Erklärung bei der Verarbeitung?
Ja, meine Schuld ist zwar noch immer da, aber mit dieser Erklärung konnte und kann ich besser leben.

Sie selbst wurden beim Unfall schwer verletzt. Grenzt es an ein Wunder, dass Sie überlebt haben?
Ich habe mein Leben einem Streckenposten zu verdanken. Da der Baum, den wir touchierten, den Tank traf, explodierte das Auto. Ich brannte lichterloh. Der Streckenposten nahm mich und legte mich zum Löschen in einen Bach. Das hat mir das Leben gerettet.

Wie schwer waren Sie damals verletzt?
Ich hatte 14 Knochenbrüche, starke Verbrennungen und grosse Probleme mit der Lunge, weil ich Gase eingeatmet hatte. Rückblickend habe ich erfahren, dass die Ärzte mir den rechten Fuss amputieren wollten. Doch meine Mutter wehrte sich erfolgreich dagegen. Im Wissen, dass ich dadurch sterben könnte. Dafür bin ich ihr immer noch dankbar.

Beim Indy 500, das zeitgleich stattfand, wurde über Lautsprecher bereits Ihr Tod vermeldet.
Auch beim 24-Stunden-Rennen von Le Mans wurde mein Tod verkündet. Niemand konnte sich damals vorstellen, dass man bei so einem Crash lebend davonkommt.

Bevor wir über weitere spektakuläre Momente in Ihrem Leben reden, möchte ich von vorne beginnen. Wollten Sie schon als Kind Rennfahrer werden?
Nein, ich war damals fasziniert von Cowboyfilmen und Pferden. Deshalb habe ich mir später, als ich Formel-2-Europameister wurde, auch gleich mein erstes eigenes Pferd gekauft.

Wie sind Sie aufgewachsen?
Ab etwa zehn Jahren auf einem Bauernhof. Das war der Traum meines Vaters, der zuvor für Ciba-Geigy gearbeitet hatte und dann mit dem verdienten Geld einen kleinen Bauernhof mit rund 20 Kühen kaufte.

Als Belohnung für seinen EM-Titel 1979 kauft sich Surer ein Pferd.

Haben Sie im Stall mitgeholfen?
Natürlich, es war ein richtiger Familienbetrieb. Ich fuhr dann schnell einmal den Traktor und manchmal auch heimlich mit dem Jeep. Meine Freude am Fahren hat damals begonnen.

Wie sind Sie zum Motorsport gekommen?
Ich machte eine Lehre als Schlosser. Ein Arbeitskollege von mir fuhr Kartrennen. Ich begleitete ihn als Mechaniker zu den Rennen und durfte dort jeweils den revidierten Motor einfahren. Irgendwann kam er zu mir und sagte: «Du bist ja schneller als ich. Das nächste Rennen fährst du, und ich bin dein Mechaniker.» So fing alles an.

Was sagte Ihr Vater dazu?
Der hat mich zu Hause rausgeworfen. «Wenn du Zeit und Geld für so einen Blödsinn hast, brauchst du nicht mehr bei uns wohnen», sagte er mir. Er war halt darauf angewiesen, dass ich auf dem Hof mithalf. Doch weil ich dann an den Wochenenden Rennen fuhr, hat es ihm ausgehängt. Später war er aber dann doch stolz auf mich.

1979 hatten Sie es endlich in die Formel 1 geschafft. Der Legende nach dank Blick-Reporter-Urgestein Roger Benoit.
Die Legende stimmt, er hatte das eingefädelt, ohne dass ich davon etwas wusste. Als ich in Donington Formel-2-Europameister wurde, kam Roger abends an der Feier zu mir und sagte: «Du testest in wenigen Tagen den Formel-1-Ensign.» Doch dann wäre mir meine Pferdeliebe beinahe zum Verhängnis geworden.

Warum?
Ich ging zuerst noch für zwei, drei Tage nach Hause. Wenige Stunden bevor mein Flieger nach England abhob, ging ich reiten. Ich wollte ein Pferd auf die Seite scheuchen. Doch dann schlug es aus und traf mich voll in den Magen. Ich war sogar kurz bewusstlos und wachte auf dem Stallboden liegend wieder auf. Ich stieg dann mit starken Schmerzen im Bauch in den Flieger.

Und wie verlief der Test?
Na ja, meine Leistung war nicht überragend. Ich hatte vor allem beim Bremsen heftige Schmerzen. Zum Glück durfte ich eine Woche später noch einmal testen.

Ein halbes Jahr später hatten Sie Ihren ersten schweren Unfall: In Kyalami 1980 brachen Sie sich beide Fussgelenke.
Ich fuhr wegen Bremsproblemen geradeaus in eine Mauer. Zuerst war ich überrascht, dass ich überhaupt noch lebte, dann wollte ich möglichst schnell aussteigen, weil die Fahrzeuge damals sehr schnell Feuer fingen. Doch ich kam nicht mehr raus, da ich eingeklemmt war. Die Schmerzen waren höllisch.

Wie lange fielen Sie aus?
Nicht sehr lange, knapp vier Monate. Wenn du neu in der Formel 1 bist, musst du dich beweisen. Die Splitterbrüche wurden zusammengeschraubt, und ich fuhr bald wieder einmal mit Schmerztabletten.

Zwei Jahre später crashten Sie erneut in Kyalami, und wieder kehrten Sie schnell zurück. Dies soll sogar den legendären Enzo Ferrari beeindruckt haben.
Ich war damals bei Arrows unter Vertrag. Mein Ersatzfahrer, der mich während meiner Verletzung vertrat, konnte sich jeweils nicht für die Rennen qualifizieren. Als ich zurückkehrte, gelang mir das auf Anhieb. Das hat Enzo Ferrari beeindruckt. «So einen müssen wir haben», hat er nach dem tödlichen Unfall von Gilles Villeneuve offenbar gesagt.

> «Über die Lautsprecher wurde bereits mein Tod verkündet»

Rennfahrer und Playboy: Surer 1985.

Er nahm Kontakt zu Ex-Ferrari-Rennleiter Daniele Audetto auf, der mir mitteilte: «Ich kann dich zu Ferrari bringen, aber ich will die Hälfte deines Einkommens.»

Was antworteten Sie?
Ich sagte natürlich Ja, denn einen Ferrari zu fahren, war wichtiger als Geld. Aber ich hatte ja immer noch einen Vertrag mit Arrows. Die fuhren damals mit Pirelli-Reifen, hätten aber lieber wie Ferrari Goodyear gehabt. Also sagten die Arrows-Chefs: «Wenn Ferrari uns Goodyear-Reifen gibt, darfst du gehen.» Enzo Ferraris Antwort: «Mit mir macht man keine Deals.» Und Aus war der Traum.

Apropos Arrows. Der Teamchef Alan Rees soll Sie mal gefragt haben: «Welchen Reifen willst du?» Kennen Sie noch Ihre Antwort?
Nein.

«Den schwarzen!» Rees sei stinkwütend gewesen und habe gesagt, beim nächsten Spruch werde er Sie entlassen.
Das kann schon sein, Rees hatte nicht viel Humor.

Ein anderer Teamchef von Ihnen war Bernie Ecclestone bei Brabham. 1985 in Monza wurden Sie knapp hinter Ayrton Senna Vierter, obwohl Sie ihn mit dem BMW-Turbo-Motor eigentlich hätten überholen können. Daraufhin sagte Ecclestone zu Benoit: «Surer ist soeben zurückgetreten, nur weiss er es noch gar nicht.»
Ich hatte bewusst Benzin gespart, um Senna in der letzten Runde mit extra Power überholen zu können. Doch ich hatte so starke Vibrationen, dass ich die Boxentafel nicht lesen konnte. Ich dachte, das Rennen gehe noch eine Runde länger. Als ich auf der Startzielgeraden zum Überholen ansetzte, wurde ich abgewunken. Das war zweifellos mein Fehler.

In Ihrer gesamten Formel-1-Karriere fuhren Sie nie aufs Podest. Woran lags?
Ich hatte sicherlich nie Glück. In Brands Hatch 1985 schied ich auf Platz 2 liegend wegen eines Turboschadens aus. In Monaco 1983 wurde ich, an dritter Stelle liegend, von Derek Warwick abgeschossen. Und in Adelaide 1985 wäre ich aufs Podest gefahren, wenn nicht eine Einspritzpumpe kaputtgegangen wäre.

Lag es nur am fehlenden Glück?
Definitiv nein, ich hätte hinter den Kulissen mehr kämpfen müssen. Ich war schon happy genug, es in die Formel 1 geschafft zu haben, und vertraute dem Team. Mein Teamkollege Thierry Boutsen zum Beispiel freundete sich jeweils mit den Ingenieuren an und bekam so bessere Teile. Hinzu kommt, dass ich durch die Unfälle schon etwas an Biss verlor.

Sind Sie trotzdem zufrieden?
Wenn man es trotz zwei schweren Unfällen schafft, sechs Jahre in der Formel 1 zu bleiben, ist das schon ein Erfolg. Das grösste Kompliment hat mir mal Weltmeister Keke Rosberg gemacht. Er sagte: «Im Regen habe ich nur einen Gegner, das ist der Surer.»

Haben Sie eigentlich gut verdient?
Nein, immer zu wenig. Als Boutsen von Arrows zu Benetton ging, sagte er mir: «Weisst du, wenn du in ein Topteam aufsteigst, kannst du an die Summe, die wir bei Arrows verdient haben, eine Null anhängen.»

Waren die 80er-Jahre in der Formel 1 so wild, wie es heute rückblickend heisst?
Ja, damals konnte man im Gegensatz zu heute mit Risiko noch Zeit gutmachen. Wir haben es auch abseits

Glück und Pech: Surer überlebt mehrere schwere Unfälle, fährt jedoch in der Formel 1 nie aufs Podest.

«Ich war mir immer bewusst, dass es auch mich erwischen konnte»

—

Marc Surer

der Pisten krachen lassen, denn wir wussten: Wenn du crashst, wirst du es vielleicht nicht überleben. Wir waren uns immer bewusst, dass alles irgendwann schnell zu Ende gehen konnte.

Haben Sie damals auch Blödsinn angestellt?
Das kam schon mal vor. Ich kann mich noch an eine Episode in Spa erinnern.

Schiessen Sie los!
Abends nach dem Training wollte ich mit dem Auto die Rennstrecke verlassen. Da kam ein Ordner und sagte mir, ich dürfe hier nicht raus. Er stellte sich einfach vor mein Auto und versperrte mir den Weg. Also fuhr ich leicht nach vorne. Er legte sich dann auf meine Motorhaube und sagte: «Nur über meine Leiche.» Also legte ich den Rückwärtsgang ein, fuhr zurück, und er fiel runter auf den Boden. Dann fuhr ich raus.

Hatte das ganze ein Nachspiel?
Ja, am nächsten Tag kam mein Teamchef und sagte, er habe wegen mir 1000 Dollar Strafe bezahlen müssen. Sonst hätte das Team nicht am Rennen teilnehmen dürfen.

Sie haben zeitgleich auch viele Rennen ausserhalb der Formel 1 bestritten und dabei viele Rennfahrerkollegen verloren. 1981 haben Sie gar beinahe einen Toten überfahren.
Das war ein Horrorerlebnis. 24 Stunden von Le Mans. Auf der langen Hunaudières-Geraden hatte offenbar Jean-Louis Lafosse vor mir mit 300 km/h einen Reifenplatzer und crashte. Ich kam dann angerauscht und sah die riesige Staubwolke. Als ich runterbremste und durch diese durchfuhr, sah ich das Wrack und wie er tot aus dem Fahrzeug raushing, die Füsse noch im Auto. Ich hätte ihn beinahe überfahren. Dieser Anblick ging mir lange nach, denn ich war mir bewusst: Das hätte auch ich sein können.

1985 kam Ihnen der Tod noch näher.
Das 1000-Kilometer-Rennen von Mosport, das ich zusammen mit Manfred Winkelhock bestritt. Ich übergab ihm das Auto, und in der ersten fliegenden Runde crashte er nach einem technischen Defekt und starb.

Surer: «Wir haben es auch abseits der Pisten krachen lassen.»

Die 80er | Marc Surer

Kurz vor dem Unfall 1986: Surer (rechts) mit seinem Rallye-Beifahrer Michel Wyder.

Wie nahe ging Ihnen das?
Sehr nahe, Manfred war mein Freund. Er kam noch schwer verletzt ins Spital. Weil sich vom Team niemand darum kümmerte, lag alles an mir. Ich redete mit den Ärzten, rief seine Frau und seine Familie an. Holte sie dann am Flughafen ab und brachte sie ins Spital. Doch leider überlebte Manfred den Unfall nicht.

Wie gingen Sie mit der Angst vor tödlichen Unfällen um?
Ich war mir immer bewusst, dass es auch mich erwischen konnte. Natürlich hat man immer gehofft, dass es die anderen erwischt. Doch nach Manfreds Unfall machte ich mir ernsthafte Gedanken übers Aufhören. Ich entschied mich dann, es wenige Tage später beim nächsten Formel-1-Rennen in Österreich nochmals zu versuchen. Das Erstaunliche daran: Sobald ich im Fahrzeug sass, konnte ich die Gedanken verdrängen. Deshalb setzte ich meine Karriere fort.

Sind Sie jeweils an die Beerdigungen Ihrer Kollegen gegangen?
Nur bei Manfred, sonst nie. Das war ein bewusster Entscheid. Ich wollte die Fahrer immer so in Erinnerung behalten, wie ich sie gekannt hatte.

Themenwechsel. 1986 titelte der Blick «Zwei Frauen kämpfen um Formel-1-Star Marc Surer!». Was stimmte daran eher: Dass Sie ein Formel-1-Star waren? Oder dass zwei Frauen um Sie kämpften?
(Lacht.) Na ja, das mit den zwei Frauen stimmte.

Waren Sie ein Playboy?
Sagen wir es so: Schöne Frauen haben mich immer fasziniert. Ich habe einfach das Leben genossen und meine Chancen wahrgenommen. Wenn Sie dazu Playboy sagen wollen, lasse ich das gelten.

Sie sind mittlerweile weit über 70. Haben Sie noch Träume?
Ich bin total glücklich, dass ich überlebt habe, und konnte all meine Träume erfüllen. Ich habe eine gute Frau und besitze eine kleine Pferderanch. Ich mache jetzt nur noch, was ich möchte, und geniesse das Leben.

Persönlich

Der Baselbieter Marc Surer (geboren 1951) wurde 1979 Formel-2-Europameister. Zwischen 1979 und 1986 bestritt er 82 Formel-1-GP. Eines seiner besten Rennen fuhr er 1981 in Rio de Janeiro. Von Platz 18 aus fuhr er auf seinem unterlegenen Ensign mit der schnellsten Rennrunde bis auf Platz 4. Nach seiner Rennfahrer-Karriere machte er sich einen Namen als TV-Experte. Seit 2019 berichtet er für SRF von ausgewählten Formel-1-Rennen. Surer ist zum dritten Mal verheiratet und lebt auf einer Pferderanch südlich von Valencia.

Eishockeygoalie

RENATO
TOSIO

«Wenn du den Gestank wahrnimmst, fühlst du dich zu Hause»

Renato Tosio und der SC Bern – das passte perfekt. Renato Tosio und das Golfen – das passte zu Beginn ganz und gar nicht. Heute sieht das anders aus.

Herr Tosio, für viele sind Sie ein Urbündner und eine Berner Legende. In Wirklichkeit sind Sie aber ein St. Galler.
Renato Tosio: Dieses Gespräch fängt ja gut an (lacht). Ich bin ein Puschlaver, weil mein Vater Alfredo von dort kommt.

Sie haben aber Ihre ersten Lebensjahre im sankt-gallischen Wil verbracht.
Ich bin dort zusammen mit einem älteren Bruder und einer älteren Schwester aufgewachsen. Als Nachzügler wurde ich natürlich schon ein bisschen verhätschelt. Wir lebten in einfachen Verhältnissen und wohnten an einer Hauptstrasse. Deshalb spielte ich immer hinter dem Haus an einem Bord.

Wäre aus Ihnen ein Hockeyspieler geworden, wenn Sie die ganze Jugend in Wil verbracht hätten?
Definitiv nein. Als ich acht Jahre alt war, wollte mein Vater zurück ins Bündnerland, am liebsten nach Poschiavo. Doch meine Mutter sagte, weiter als Chur komme sie nicht mit. Mein Vater nahm dann im Globus Chur eine Stelle als Abwart an.

Wie kamen Sie in Chur zum Eishockey?
Es gab eine Wohnung, die eigentlich schon für jemand anderen reserviert war. Die sagten dann ab, und deshalb konnten wir dort an der Ringstrasse einziehen. Diese lag wiederum an einer Hauptstrasse, doch hinter dem Haus war gleich die alte Eisbahn. Irgendwann war ich täglich auf der Eisbahn und konnte mich dort so richtig austoben.

Ihre Karriere hätte aber als Elite-Junior bereits wieder zu Ende sein können.
Es war beim Spiel zwischen Davos und Chur. Fredy Bosch rutschte mir mit seinen Schlittschuhen in den Hals. Ich spürte, dass mir etwas wehtat, drückte instinktiv meinen Kopf seitlich runter und fuhr zur Bank raus. Dort sagte ich dem Betreuer, dass ich Schmerzen hätte und hob den Kopf leicht an. Dann spritzte das Blut fontäncnartig raus.

War es lebensbedrohlich?
Sagen wir es so: Zum Glück war Beat Villiger an diesem Spiel. Er kümmerte sich sogleich um mich und drückte seinen Finger in die Wunde. Es war trotzdem kritisch, aber ohne Beat wäre

«Wenn wir Meister wurden und dann die Zigarren rauchten, musste ich immer stark husten»

es oberkritisch gewesen, denn die Kufen hatten die Hauptschlagader nur um einen Millimeter verfehlt. Schon möglich, dass er mir das Leben gerettet hat. Ich musste danach zehn Tage im Spital bleiben.

Später wurden Sie beim EHC Chur schnell einmal Stammgoalie. Im März 1986 kam es in der NLB zum Aufstiegsspiel zwischen dem SCB und Chur.
Es war das dritte und entscheidende Spiel. Das Unglaubliche daran: Ich war damals in Fribourg mit der Nati im Trainingslager. Am Morgen trainierte ich noch dort, und am Abend fand in der Allmend der Showdown statt. Wir siegten 4:2 und stiegen auf.

Haben Sie diesem Spiel viel zu verdanken?
Ich denke schon, denn an jenem Abend gab ich in Bern meine Visitenkarte ab. Ein Jahr später stieg ich mit Chur wieder ab und wechselte zum SCB.

Sie bestritten mit dem SCB zwischen 1987 und 2001 unglaubliche 655 Spiele in Serie. Wann realisierten Sie eigentlich, was da für eine Serie am Laufen war?
Das dauerte bestimmt über zehn Jahre. Doch irgendwann machten die Journalisten das zum Thema.

Am 26. Oktober 1993 wäre die Serie aber fast gerissen.
Das war knapp. Um 18.08 Uhr kam unsere Tochter Andrina zur Welt. Selbstverständlich war ich bei meiner Frau Nicole im Spital. Wir tranken anschliessend noch einen Kaffee zusammen. Gegen 19.30 Uhr entschieden wir, dass ich doch noch zum Spiel gehen würde. Und so stand ich ohne Aufwärmen um 20 Uhr im Tor.

Wie wild waren eigentlich die 80er- und 90er-Jahre im Schweizer Eishockey?
Da bin ich der Falsche, um diese Frage zu beantworten. Ich war schon immer ein Familienmensch und trank fast keinen Alkohol. Und wenn wir Meister wurden und dann die Zigarren rauchten, musste ich immer stark husten.

Ihre Schramme, die Sie sich einst mit dem SCB in Marrakesch im Trainingslager zuzogen, hatte demnach nichts mit übermässigem Alkohol zu tun?
Nein, wir lagen nach einem anstrengenden Wüstentraining im Bassin des Hotelkomplexes. Irgendwann hiess es: Wer kann zwei Längen tauchen? Ich war der

Fokussiert: SCB-Goalie Renato Tosio 2000.

Tosios legendäres Markenzeichen: sein Spagatsprung.

Erste. Ich dachte schon, jetzt kommt dann bald die Wand. Doch da das Wasser sehr trüb war, sagte ich mir, ein Zug geht noch. Ich knallte dann mit dem Kopf voll in die Wand rein. Das Ergebnis davon: eine riesige Schramme, die genäht werden musste.

Für die Nati bestritten Sie 145 Länderspiele. Doch im April 1998 wurden Sie von Trainer Ralph Krueger rausgeschmissen. Wie kam es dazu?
Da muss ich kurz ausholen. Ich bekam damals eine Anfrage von den Adlern Mannheim. Die wollten mich für die Playoffs verpflichten. Ich frage deshalb Krueger, ob das für ihn okay sei. Er sagte mir, es wäre besser, wenn ich bei den Test-Länderspielen in Kanada dabei wäre. Also sagte ich Mannheim ab. Zwei Tage später unterschrieb dann übrigens Reto Pavoni bei den Adlern …

Wie ging die Story weiter?
Wir verloren alle drei Spiele in Kanada und reisten zurück in die Schweiz. Danach hätten wir am Ostermontag wieder einrücken sollen. Dann kam die Mannschaft zum Spielerrat, dem ich angehörte, und äusserte den Wunsch, lieber erst am Dienstagmorgen einzurücken. Also gingen wir zu Ralph und sagten ihm das.

Wie reagierte er darauf?
Er ist explodiert und hat uns die Leviten gelesen. Danach hat er Fige Hollenstein und Sven Leuenberger gesagt, sie müssten erst gar nicht mehr einrücken. Doch mich liess er am Montagabend antanzen, und am Dienstagmorgen teilte er mir mit, dass er nicht mehr mit mir plane.

Waren Sie sauer?
Sagen wir es so: Mein Liebling war Krueger sicherlich nicht. Doch ich war damals ja schon 34 und versuchte immer, aus jeder Situation etwas Positives rauszunehmen. Das Positive daran: Ich konnte mit meiner Familie früher in die Ferien gehen.

2012 sagten Sie: «Die Manipulation bei der Ausrüstung gehörte dazu.» Erzählen Sie!
Früher gab es ja noch keine Regelungen. So hat sich zum Beispiel Andy Jorns ein Leibchen angezogen, das bis zu den Knien ging, und es dort mit Riemchen an den Schonern festgemacht. Dadurch gab es zwischen den Oberschenkeln kein Loch mehr. Flog ein Puck dorthin, spickte er einfach gleich wieder zurück. Oder Patrick Schöpf soll neue Schoner jeweils mit dem Auto überfahren haben, damit sie breiter wurden.

«Mich würde ein Comeback noch immer reizen»

—

Renato Tosio

Und was machten Sie alles?
Auch ich trug Beinschoner, die unten eigentlich deutlich zu breit waren. Oder stopfte bei den Schultern ein Pölsterchen mehr rein. Das war damals aber keine Manipulation, sondern eine Optimierung der Abwehrfläche. Irgendwann nahm das dann aber solche Ausmasse an, dass Regeln eingeführt wurden.

Sie sind gläubig. Haben Sie gelegentlich im Tor gebetet?
Es kam schon mal vor, dass ich während des Spiels sagte: «Merci, dass der Puck vom Pfosten wieder rausgesprungen und nicht ins Tor gekullert ist.» Als Goalie warst du oft hinten alleine. Dass ich wusste, dass es dort oben jemanden gibt, gab mir immer eine gewisse Sicherheit.

Sie traten 2001 zurück. Doch 2002 sagten Sie: «Ich tendiere zum Comeback.» Wie ernsthaft war diese Absicht?
Ich hatte damals von Lugano ein Angebot und machte mir darüber ernsthaft Gedanken, weil ich das Hockey brutal vermisste. Doch dann dachte ich: Das ist nicht vernünftig, du machst dir vielleicht alles kaputt, was du zuvor 14 Jahre lang aufgebaut hast. Aber wissen Sie was? Mich würde ein Comeback noch immer reizen.

Wirklich?
Mich würde es reizen, ein Jahr lang zu trainieren und dann in einem Spiel mit dem SCB zu schauen, was noch möglich wäre. Ich bin mir aber bewusst, dass das total unvernünftig wäre.

Hexen für die Schweiz: Tosio bestreitet während seiner Karriere 145 Länderspiele.

Fast jeder ehemalige Hockeyspieler sagt, dass er vor allem die Garderobe vermisse. Warum ist das so?
Für einen Aussenstehenden ist das kaum nachvollziehbar. Doch wenn du in die Garderobe reinkommst und den Gestank wahrnimmst, dann fühlst du dich zu Hause. Du hast dort unglaublich viel Zeit verbracht, nach den Sommertrainings, nach Siegen, nach Niederlagen. In der Garderobe musst du dich wohlfühlen. Das war übrigens mit ein Grund, weshalb ich nicht zum ZSC gewechselt bin.

Das müssen Sie jetzt erklären.
Ich hatte einst ein Angebot vom Zett, doch die hatten im Hallenstadion gar keine eigene Garderobe, weil sie dauernd Platz für andere Veranstaltungen machen mussten und ja nicht im Hallenstadion trainierten. Dieser Fakt war auch ein wesentlicher Grund, weshalb ich damals dem ZSC absagte.

Heute sind Sie Geschäftsführer des Golfclubs Domat/Ems. Ihre erste Erfahrung als Golfer soll aber schwierig gewesen sein.
(Lacht.) Das war in der SCB-Zeit in Turku im Trainingslager. Ich schlug an, schoss den Ball in die Fassade eines Restaurants, von wo aus er an meinem Kopf vorbei zurückflog. Der Ball war nachher weiter hinten als vorher.

Der Legende nach soll man Ihnen dann abends den Golfball in einer Pizza eingebacken serviert haben. Zusammen mit einer Rechnung über 450 Franken.
Das weiss ich nicht mehr, kann aber schon sein.

Heute sind Sie auch regelmässig in den Bergen unterwegs. Was gibt Ihnen die Natur?
Mich faszinieren die Natur und die Tiere, deshalb habe ich auch die Jagdprüfung gemacht. Etwas vom Ein-

Schweizermeister! 1992 lässt sich Tosio von den Fans feiern.

drücklichsten war 2015 meine Bergtour über den Biancograt auf den Piz Bernina. Es war aber auch nicht ganz ungefährlich. Als ich wieder unten auf dem Morteratschgletscher ankam, rief ich meine Frau an und sagte: «Sollte ich jemals wieder eine solche Idee haben, dann binde mich zu Hause fest an.» Aber ganz ehrlich: Ich würde es nicht ganz ausschliessen, dass ich so etwas nochmals machen würde.

Sie waren damals mit dem Bergsteiger Norbert «Noppa» Joos unterwegs. Ein Jahr später verunglückte er tödlich.
Und zwar auf der gleichen Route, die wir bestiegen hatten. Ich kannte ihn sehr gut. Sein Tod hat mich extrem durchgeschüttelt und gezeigt, dass von der einen auf die andere Sekunde alles vorbei sein kann. Deshalb sollte man das Leben unbedingt geniessen.

Erfolgsdurst: Tosio an der WM 1991.

Persönlich Der Bündner Renato Tosio (geboren 1964) spielte während seiner Karriere als Eishockeygoalie nur für zwei Klubs: für den EHC Chur und den SC Bern. Mit den Churern stieg er zweimal in die NLA auf, mit den Bernern wurde er viermal Meister. Für die Nati kam er auf 183 Länderspiele (145 im Einsatz, 38 als Ersatz). Sein Markenzeichen? Sein legendärer Spagatsprung. Heute ist er Geschäftsführer des Golfclubs Domat/Ems. Tosio ist verheiratet und Vater dreier Kinder.

Die Freilassung von Nelson Mandela, die deutsche Wiedervereinigung, der Zweite Golfkrieg, der zum weltweiten TV-Ereignis wird, der Untergang der Estonia, die Kriege auf dem Balkan, der Tod von Lady Di und der Absturz von Swissair-Flug 111 im kanadischen Halifax: In den 1990er-Jahren kommt die Welt nicht zur Ruhe.

In der Schweiz gibts mit dem Verfahren um nachrichtenlose, jüdische Vermögen von Schweizer Banken zumindest teilweise Gerechtigkeit für das, was die Banken während und nach dem Zweiten Weltkrieg anrichteten. Beim Zürcher Fraumünster-Postraub erbeuten Kriminelle in nur vier Minuten 53 Millionen Franken. Und mit dem Nein bei der EWR-Abstimmung am 6. Dezember 1992 bewegt sich die Schweiz nicht auf die EU zu, sondern begibt sich auf den bilateralen Weg.

Apropos 6. Dezember 1992: An jenem Tag verpasst der Nobelfussballklub GC den Sprung in die Finalrunde und wird zum Gespött der Schweiz. Nur drei Jahre später sind es aber auch die Zürcher, die sich als erstes Schweizer Team für die Champions League qualifizieren. Ebenfalls ein Tag für die Geschichtsbücher des Schweizer Sports ist der 31. März 1997. An diesem Datum wird Tennisspielerin Martina Hingis die jüngste Weltnummer 1 aller Zeiten.

Der Sport schreibt in den 90ern leider aber auch sehr viele negative Geschichten: Im Rad und in der Leichtathletik wird ohne Ende gedopt, die einstige American-Football-Ikone O.J. Simpson flüchtet nach dem bis heute mysteriösen Tod seiner Ex-Frau quer durch Beverly Hills, zu sehen live im TV. Und am schwarzen Wochenende von Imola 1994 kommen mit Roland Ratzenberger und Ayrton Senna gleich zwei Formel-1-Fahrer ums Leben.

Die 90er

184 Schwinger Jörg Abderhalden

194 Boxer Stefan Angehrn

204 Bobfahrer Reto Götschi

214 Radrennfahrer Rolf Järmann

224 Eishockeytrainer Ralph Krueger

234 Fussball-Schiedsrichter Urs Meier

244 Radrennfahrer Bruno Risi

254 Snowboarder Gian Simmen

264 Skirennfahrer Mike von Grünigen

274 Leichtathletin Anita Weyermann

Schwinger

JÖRG ABDERHALDEN

«Auf einmal hatte ich nur noch Freunde»

Er ist ein Mann mit Ecken und Kanten: Jörg Abderhalden, der erfolgreichste Schwinger aller Zeiten, hat schon immer gesagt, was er denkt. Nicht zur Freude aller.

Herr Abderhalden, sind Sie der Johnny Weissmüller der Schweiz?
Jörg Abderhalden: Wie kommen Sie denn darauf?

Weil Sie für einen Werbespot mal Tarzan gespielt haben.
Stimmt, das habe ich ganz vergessen. Das war so ein typischer Marketing-Furz eines Managers, der das Gefühl hatte, das sei eine lustige Idee. Ich musste halbnackt an einer Liane durchs Bild schwingen. Ich war damals halt noch jung, heute würde ich so etwas definitiv nicht mehr machen.

Apropos jung, wie war der kleine Jörg?
Ein typisches Landei. Wir wuchsen auf einem Bergbauernhof auf, mussten mitanpacken, waren nie richtig in den Ferien und spielten oft draussen in der Natur. Für uns Kinder war das ein Paradies.

Waren Sie schon immer sportlich?
Ja, ich fuhr sehr oft Ski, und später kam dann das Schwingen dazu.

Hätten Sie es auch als Skirennfahrer an die Spitze schaffen können?
Das weiss ich nicht. Irgendwann kam ich ins Kader des Ostschweizer Ski-Verbands, doch weil ich im Schwingen schnell einmal bessere Resultate hatte, entschied ich mich dafür. Mit dem Wissen von heute hätte ich rückblickend versuchen sollen, länger beide Sportarten auszuüben.

Als Schwinger wurden Sie sehr schnell sehr erfolgreich. Bereits als 19-Jähriger waren Sie König.
Ich war damals Schreinerlehrling, wurde am Freitag 19 und holte zwei Tage danach in Bern den Titel. Eigentlich unglaublich, aber das dritte Kranzfest, das ich gewann, war bereits das Eidgenössische.

Mit welchen Erwartungen reisten Sie damals nach Bern?
Ernst genommen hat mich damals noch niemand, und ich hatte zuvor auch noch kaum Kontakt mit den Medien. Wir schliefen in Bern in einer Zivilschutzanlage, die direkt neben dem Wankdorf-Stadion lag, in einem 30er-Schlag.

Die 90er | Jörg Abderhalden

Als ich dann gewann, war plötzlich alles anders. Die Polizei begleitete mich sogar bis zur Dusche, und alle wollten etwas von mir. Auf einmal hatte ich nur noch Freunde.

Heute unvorstellbar, aber damals wahr: Der Schlussgang wurde nicht live am TV gezeigt.
In Belgien fand zeitgleich ein Formel-1-Rennen statt. Weil es dort viele Unfälle gab, dauerte das Rennen länger als geplant, und SRF-Sportchef Urs Leutert entschied, es bis zum Ende zu übertragen und den Schlussgang dadurch nicht live zu bringen. Später gab es dann aber eine Entschuldigung.

Auch Sie sorgten nach Ihrem ersten Königstitel für Schlagzeilen, weil Sie die strengen Werbevorschriften nicht akzeptieren wollten.
Ich habe damals trainiert wie ein Profisportler, habe aber noch als Schreiner gearbeitet. Bei meinen ersten beiden Königstiteln war ich noch zu 100 Prozent berufstätig. Um trotzdem allem gerecht zu werden, hatte der Tag einfach zu wenig Stunden, auch zum Schlafen. Zudem war ich längst eine Person der Öffentlichkeit, mit allen Schattenseiten. Und was bekam ich dafür? Ein paar Kleider von Adidas und ein Auto, das ich gratis fahren durfte. Das war deutlich zu wenig, ich wollte mehr rausholen. Deshalb habe ich als König den Mund aufgemacht und eine Lockerung der strengen Werbevorschriften gefordert.

Besonders legendär war Ihr Spruch «Nur für ein Glöggli gehe ich nicht ans Rigi-Schwinget».
Als Reaktion darauf erhielt ich viele negative Briefe. Das war mir aber egal. Ich wurde ja nicht Schwinger, um geliebt zu werden. Speziell war damals auch, dass mir in Gesprächen viele Schwinger und Funktionäre recht gaben, sie das aber öffentlich nicht zu sagen wagten. Ein Jahr nach meinem Spruch gab es auf der

2007: Abderhalden wird in Aarau zum dritten Mal Schwingerkönig.

Rigi übrigens für den Sieger erstmals einen Lebendpreis.

Haben Sie mal ausgerechnet, wie viele Lebendpreise Sie gewonnen haben?
Das müssen schon so 70 bis 80 gewesen sein. Dazu natürlich unzählige Glocken, Schellen und Truhen.

Als Folge Ihrer Erfolge und Ihrer Forderung nach mehr Geld waren Sie bei den Konservativen aber nicht sehr beliebt. Hat Sie das nie gestört?
Nein, dass mich viele verlieren sehen wollten, war mir egal. Die Zuschauer klatschen so lange, bis du König wirst. Und dann klatschen sie wieder, wenn du besiegt wirst. So einfach ist das. Ich zog daraus auch Kraft. Und ich hatte auch gar keine andere Wahl. Entweder du gehst daran kaputt, oder du sagst dir: Jetzt erst recht, jetzt zeig ich es denen. Aber ja, Erfolg macht einsam.

Dass Sie mit dem Druck umgehen konnten, haben Sie mehrmals eindrucksvoll bewiesen. So zum Beispiel 2007 in Aarau, als Sie zum dritten Mal König wurden.
Als Schwinger musst du alleine abliefern und kannst dich nicht wie ein Fussballer in einem Team verstecken. Als ich damals für den Schlussgang in die Arena einlief, wusste ich, dass der Grossteil der 50 000 Zuschauer gegen mich, den amtierenden König, sein würde. Da hatte ich schon weiche Knie, gleichzeitig stachelte mich das aber auch an. Ich gegen alle – das hatte schon was.

Was beim Blick auf Ihre Karriere auffällt: Gefühlt waren Sie stets entweder verletzt oder siegreich. Dazwischen gab es nicht viel.
Das stimmt. Schon 1997 vor meinen ersten grossen Erfolgen hatte ich mir ein erstes Mal das Kreuzband gerissen. Das zweite Mal dann im Mai 2002, in der Saison des Kilchbergschwinget.

Das Sie dann aber doch gewannen.
Ich dachte mir: Das Kreuzband ist gerissen, mehr kann ja nicht mehr kaputt gehen. Ich konnte vor Kilchberg kaum Wettkämpfe bestreiten. Dass ich dann als erster Schwinger überhaupt das Eidgenössische, Unspunnen und Kilchberg gewinnen konnte, war schon eine grosse Genugtuung.

2009 rissen Sie sich dann zum dritten Mal das Kreuzband.
Zum Glück schaffte ich es aber rechtzeitig ans Eidgenössische 2010 in Frauenfeld.

Stimmt die Legende, dass Sie dort vor dem achten Gang gegen Hans-Peter Pellet bereits wussten, dass Sie danach zurücktreten würden?
Ja, ich habe das aber zuvor niemandem ausser meiner Frau Andrea gesagt. Als ich Pellet schlug, wurde deshalb nur er gefeiert, weil er im Gegensatz zu mir zuvor öffentlich seinen Rücktritt bekannt gegeben hatte. Bei mir wusste das aber niemand.

Dadurch wurden Sie nicht gefeiert, was Ihrer Frau sehr wehgetan haben soll.
Auch das stimmt, aber mir war das völlig egal. Ich hatte damals die Schnauze voll von allem, von den Medien, von den Leuten. Für viele war ich Allgemeingut. Wenn ich mal Nein sagte, hiess es gleich: «Der Abderhalden ist arrogant und meint, er sei was Besseres.» Ich hatte aber während meiner Karriere trotzdem genug Applaus erhalten und wollte deshalb kein «Gschiss» bei meinem Abschied und keinen Riesenrummel. Deshalb gab ich erst ein paar Wochen danach offiziell meinen Rücktritt bekannt.

«Ich wurde nicht Schwinger, um geliebt zu werden»

Hatte die Gegner meistens im Griff: Abderhalden 2004.

«Erfolg macht einsam»

–

Jörg Abderhalden

Grosse Ehre: Abderhalden wird zum Schweizer des Jahres 2007 gekürt.

Offenbar wollte Ihnen aber zwei, drei Jahre später ein Sponsor ein Comeback finanzieren. Wahrheit oder Legende?

Das war so. Der Betrag, den ich dafür bekommen hätte, hätte mich durchaus gereizt, der Rest aber nicht. Ich habe für meinen Rücktritt den perfekten Moment getroffen. Das können nicht viele Einzelsportler von sich behaupten.

Wie blicken Sie heute auf den Schwingsport? Ist er zu gross, zu kommerziell geworden?

Das Schwingen ist nicht schlecht aufgestellt. Man muss aber schauen, dass es am ganzen Drumherum nicht kaputtgeht.

Mittlerweile verdienen Schwinger sehr gutes Geld. Das muss Ihnen doch gefallen, oder?

Im Vergleich zu anderen Sportarten ist das doch noch immer wenig. Ein Schwinger kann während seiner Karriere nicht so viel Geld zurücklegen, dass er danach ein paar Jahre lang nicht mehr arbeiten müsste. Ich finde das auch in Ordnung, aber eigentlich ist es doch verrückt: Trotz der vielen Zuschauer und Sponsoren ist es schwierig, bei einem Eidgenössischen eine schwarze Null zu schreiben. Das hat man zuletzt in Pratteln gesehen.

Eine Möglichkeit wäre, das Verbot von Werbung in der Arena abzuschaffen.

Darüber kann man sich streiten. Man könnte das durchaus lockern und im Gegenzug zum Beispiel den Kampfrichtern, die kaum etwas verdienen, ein bisschen mehr geben. Vielleicht wäre das nötig, denn das Schwingen hat ein Zukunftsproblem.

Wie meinen Sie das?

Wir haben ein grosses Nachwuchsproblem, und uns fehlen die Ehrenamtlichen. Heutzutage lebt man nicht mehr für den Verein. Bei mir früher war das noch anders. Ich ging extrem gerne ins Training, weil ich die Klubkollegen sehen wollte. Das war zu Beginn meiner Karriere genauso wichtig wie meine sportlichen Erfolge. Heute wollen die Jungen zwar gerne Spitzenschwinger sein und viel Geld verdienen, das Vereinsleben aber ist ihnen nicht mehr so wichtig.

Dafür gibt es Mädchen und Frauen, die schwingen. 2007 sagten Sie dazu: «Mache ich Synchronschwimmen? Schwingen ist ein besonders rauer Sport. Ich würde den Sport keiner Frau empfehlen.» Haben Sie mittlerweile Ihre Meinung darüber geändert?

Ich bin kein Verhinderer, aber ich bin noch immer nicht der grösste Fan vom Frauenschwingen. Auch wenn

Ein Mann, der polarisiert: Abderhalden 2010 kurz vor seinem Rücktritt.

man heutzutage so etwas fast nicht mehr laut sagen darf. Ich finde übrigens auch die Diskussion, ob Ehrendamen noch zeitgemäss sind, völlig unsinnig. Für die Frauen ist das eine grosse Ehre. Warum sollte man das abschaffen? Manchmal frage ich mich schon, in was für einer Welt wir mittlerweile leben.

Eine letzte Frage: Wird der nächste Abderhalden ein Ski- statt ein Schwingstar?
Das ist nicht wichtig, aber es stimmt, dass mein Sohn Terry Skirennfahrer ist. Ob er es an die Spitze schaffen wird, ist aber nicht entscheidend. Der Sport ist eine Lebensschule, die einem auch später noch zugutekommt. Auch ich bin übrigens mittlerweile mehr im Ski- als im Schwingsport tätig, denn ich bin Präsident des Ostschweizer Skiverbands.

Persönlich

Jörg Abderhalden (geboren 1979) ist der erfolgreichste Schwinger aller Zeiten. Er wurde dreimal König, gewann Unspunnen und Kilchberg, 51 Kranzfeste und 85 Kränze. 2010 trat er zurück. Heute führt er die AAK Holzmanufaktur (mit 20 Angestellten), ist für SRF als Schwingexperte tätig und seit über fünf Jahren Schiedsrichter in der TV-Sendung «Samschtig-Jass». Abderhalden ist verheiratet mit Andrea (sie ist OK-Präsidentin des Schwägalp-Schwinget). Das Paar hat drei Kinder.

Boxer

STEFAN
ANGEHRN

«Es tut weh, die Sparsäuli der Kinder zu plündern»

Stefan Angehrn ist eine ehrliche Haut. Das beweist der Ex-Boxer auch im Interview. Er spricht ohne Scham über die grössten Niederlagen seines Lebens, in und ausserhalb des Boxrings.

Herr Angehrn, wie fühlt es sich an, im Knast zu sein?
Stefan Angehrn: Du bist auf einmal nicht mehr frei und kannst gar nichts machen. Eine Erfahrung, die ich definitiv nicht gebraucht hätte. Heute aber kann ich darüber lachen.

Das Ganze passierte 2012. Sie wurden beschuldigt, Drahtzieher eines Drogenrings zu sein. Der Vorwurf: Sie sollen 115 Kilogramm Kokain geschmuggelt und in der Schweiz vertrieben haben.
Als ich um 6 Uhr von zehn Polizisten aus dem Bett geklingelt wurde, hatte ich keine Ahnung, was mir vorgeworfen wurde. Ich dachte zuerst, jemand erlaube sich einen Scherz mit mir. Die haben das ganze Haus durchsucht. Auf einmal kam ein Polizist und rief: «Wir haben etwas gefunden!» Er tauchte dann mit einer Büchse gefüllt mit Stevia-Süssstoff auf …

Wie ging es weiter?
Sie steckten mich in eine sehr kleine Zelle. Nur mit einer Unterhose bekleidet, damit ich mir auch ja nichts antun konnte.

Sie mussten eine Nacht im Gefängnis verbringen. Konnten Sie schlafen?
Ich bin da cool und kann eigentlich überall schlafen, auch wenn das Bett jetzt nicht das bequemste war. Lustig war noch folgende Geschichte: Am Abend erhielt ich ein Stück Fleisch mit Gemüse und ein Butterbrot mit Konfitüre. Als ich am nächsten Morgen klingelte, weil ich das Frühstück wollte, hiess es: Ich hätte ja bereits gestern das Butterbrot bekommen. Also blieb mein Magen leer. Zum Glück durfte ich dann noch am gleichen Tag wieder gehen.

Sie wurden damals vom Täter der sogenannten Schenkkreismorde beschuldigt. 2014 wurde das Verfahren gegen Sie eingestellt. Die Vorwürfe waren haltlos. Hatten Sie schon früher mit der Polizei zu tun?
Als Jugendlicher gab es schon mal den einen oder anderen Polizeibesuch, weil wir auch mal etwas mitgehen liessen oder ein bisschen Lärm machten.

Waren Sie ein schwieriger Teenager?
Ich war halt ein Wilder. Bereits mit 16 Jahren zog ich von zu Hause aus.

«Mit 16 zog ich von zu Hause aus. Mir war es dort zu langweilig»

Mir war es dort zu langweilig. Ich wollte immer mehr machen, als nur in einem Schulzimmer zu sitzen und meine Zeit sinnlos zu verblödeln. Ich lebte dann auch ein paar Monate an der Thur in Zelten. Ich war wohl sehr anstrengend für meine Eltern.

Sie haben in Ihrem Buch Ihre Jugend so zusammengefasst: «Ein paar Schlägereien, stramme Besäufnisse, reger Mädchenbesuch.»
Ich wollte immer ein Held sein, etwas Besonderes, ein Starker. Aber ich war zu der Zeit ein Blender. Ich konnte zwar immer supergut reden, es steckte aber nichts dahinter. Stattdessen musste ich immer das letzte Wort haben, wie ein Mädchen. Fürchterlich…

Der Wendepunkt in Ihrem Leben soll der Moment gewesen sein, als Sie von sechs älteren Kerlen zusammengeschlagen wurden.
Das stimmt. Ich lag bereits am Boden, als plötzlich ein Kerl aus der Dunkelheit auftauchte. Er verprügelte und verjagte die Angreifer. Dann sagte er mir: «Du musst was tun, Kleiner! Sonst kriegst du immer wieder auf die Fresse.» Er war damals Schweizer Meister im Boxen und nahm mich am nächsten Tag mit ins Training.

Boxen und Stefan Angehrn – war das Liebe auf den ersten Blick?
Ich war von diesem Sport sofort begeistert. Ich habe dann zweieinhalb Jahre nur trainiert, ohne einen Kampf zu bestreiten.

Von was lebten Sie?
Ich jobbte als Kellner oder Discjockey und arbeitete für die Gipserfirma meines Vaters auf dem Bau. Hinzu kamen zweimal die Woche Boxtraining abends und viermal die Woche Joggen morgens. Deshalb stand ich oft um 5 Uhr in der Früh auf, aber das machte mir nichts aus. Wir sind nicht vermögend aufgewachsen. Ich habe bei meinen Eltern gesehen, dass man «chrampfen» muss, um es zu schaffen.

Sie bestritten 25 Profi-Kämpfe. Dabei sind Sie nie richtig k.o. gegangen. Wie wichtig ist Ihnen das?
Das gefällt mir. Ich mag keine Boxer, die sich schnell aufgeben. Ich bin bis heute statistisch betrachtet neben Fritz Chervet und Frank Erne der erfolgreichste Boxer, den die Schweiz je hatte.

Der Schweizer Boxverband hatte aber keine Freude an Ihnen.
Die «Dubbel» verboten mir, Kämpfe zu bestreiten, da ich in ihren Augen zu wenig gut war. Ich dachte: Wollt ihr mich verarschen? Also kämpfte ich für Luxemburg, weil mir die sympathisch waren.

Sind Sie denn mit Ihrer Karriere zufrieden?
Meine Karriere war geil. Als nicht talentierter Garnichts musst du das erst mal hinkriegen.

Das klang nach Ihrem letzten Kampf 2000 noch anders: «Sportlich waren die zehn Jahre für die Katz.»
Das hatte ich aus den Emotionen heraus gesagt.

Sie gaben damals in der 10. Runde auf und sagten anschliessend: «Wenn man nicht gut genug ist, hat man im Ring nichts zu suchen.»
Ich hatte da schwierige Tage hinter mir. Am Mittwoch vor dem Kampf wurde uns zu Hause plötzlich der Strom abgestellt, und wir brauchten sofort 10 000 Franken, um Schulden zu begleichen. Also musste ich mich ums Geld kümmern, statt mich auf den Kampf vorzubereiten. Zudem war bei meinem Gegner Christophe Girard nicht alles sauber.

Sein letzter (Box-)Kampf: 2000 verliert Angehrn (rechts) gegen Christophe Girard.

Was nicht?
Seine Bedingung für den Kampf war: keine Dopingkontrollen. In den ersten Runden hatte er keine Chance, aber ab der fünften wurde er immer besser. Irgendwann war ich richtig angepisst und sagte zu mir: «Hey, ich habe das alles gar nicht mehr nötig.» Deshalb gab ich auf, was rückblickend ein grosser Fehler war, denn ich war nach Punkten in Runde 10 sogar noch in Führung gelegen.

Warum war das ein «grosser Fehler»?
Offenbar lag im Falle eines Sieges ein unterschriftsreifer Vertrag für einen Rückkampf gegen Torsten May vor, der mir eine halbe Million eingebracht hätte. Doch niemand aus meinem Umfeld hatte mir vor dem Kampf davon erzählt, es sollte wohl eine Überraschung werden. Hätte ich davon gewusst, hätte ich natürlich gegen Girard niemals aufgegeben.

Sie hatten zu diesem Zeitpunkt 434 000 Franken Schulden. Das liebe Geld und Stefan Angehrn – es war immer ein Thema.
Wir waren nie auf Rosen gebettet und hatten nie Luft, auch wenn meine Ex-Frau Renata trotz vier Kindern immer arbeiten ging. Trotzdem blieb ich immer Optimist und werde es auch immer bleiben.

Auch als Sie die Sparsäuli Ihrer Kinder plündern mussten?
Glauben Sie mir: Es tut weh, das zu tun, aber es ging damals nicht anders. Wir brauchten jeden Fünfliber, auch um den Stromkasten zu bedienen, der wegen der Schulden bei uns installiert wurde.

Hat man in solchen Momenten kein schlechtes Gewissen?
Sie haben es ja jeweils wieder zurückbekommen. In diesen Situationen konnte man nicht sentimental sein.

1997: Angehrn jubelt nach seinem Sieg gegen Torsten May.

Wir hielten als Familie immer zusammen, es gab ganz selten Vorwürfe. Aber ja, die Zeit war nicht einfach. Die Kinder wurden in der Schule gehänselt, Leute wechselten die Strassenseite, wenn Renata unterwegs war, und meine Eltern gingen im Nachbarsdorf einkaufen, um Bekannten aus dem Weg zu gehen.

Warum häuften Sie überhaupt solche Schulden an?
Das hatte mehrere Gründe. Für mich zählte ein Handschlag immer. Für andere aber nicht. Ich war sicherlich gelegentlich auch zu naiv und ein dummer Weltverbesserer. Und auch ihr habt einen Teil dazu beigetragen. Wegen dem Blick wurde ich mindestens dreimal nicht Millionär!

Das müssen Sie uns jetzt erklären!
Ihr habt Geschichten über mich gebracht, die nicht in Ordnung waren und die mich viel Geld gekostet haben.

Ein Beispiel bitte für diesen happigen Vorwurf?
Der grösste Tiefschlag war sicherlich die Geschichte über meine Schulden 1999. Vielleicht war das sogar gut gemeint von euch. Aber als ich tags darauf am Blick-Telefon den Lesern zur Verfügung stand, haben die geflucht über mich. Ich solle mich schämen, war noch das Harmloseste, was ich zu hören bekam. Dadurch fiel ich innerhalb eines Tages vom Heldensockel runter, und die Kinder wurden fortan in der Schule gemobbt.

Wir sehen das natürlich anders. Trotzdem sitzen wir hier an einem Tisch.
Das alles ist Schnee von gestern. Wäre ich ein Journalist, hätte ich vielleicht das Gleiche gemacht. Ich möchte mich auch gar nicht beklagen. Ich bin dort, wo ich bin, weil ich das gemacht habe, was ich gemacht habe. Deshalb mache ich anderen auch keine Vorwürfe. Das war früher noch anders, da waren immer die anderen schuld.

2005 sagten Sie: «In einem Jahr bin ich Millionär.» Hat das geklappt?
(Lacht.) Nein, aber ich habe fast keine Schulden mehr. Meine Berater sagten mir immer, ich solle Konkurs anmelden und wieder bei null starten. Doch das wollte ich nicht. Leute, die Geld von mir zugute haben, sollen das auch kriegen.

«Sie steckten mich in eine sehr kleine Zelle. Nur mit einer Unterhose bekleidet»

—

Stefan Angehrn

Ungewöhnlicher Sparring-Partner: Angehrn mit einem Seelöwen 1996.

Möchten Sie noch immer Millionär werden?
Natürlich, das will doch jeder.

Und? Schaffen Sie es?
Ja!

Wieder in einem Jahr?
Nein, so etwas würde ich heute nicht mehr sagen. Früher habe ich halt viel geredet und wenig überlegt. Das ist heute anders.

Sie führen zusammen mit Ihrer Freundin Bettina Swiss Shape, eine Firma für Nahrungsergänzungsmittel. Kritiker sagen, es handle sich im Vertrieb um ein Schneeballsystem.
Das ist Quatsch. Wir machen das seit 20 Jahren, alles ist in Ordnung. Würden die Vorwürfe stimmen, hätten wir nicht schon so lange überlebt. Was wir hier machen, hat Hand und Fuss. Wenn du diese Produkte zu dir nimmst, wirst du gesünder und kannst mindestens zehn Jahre älter werden.

Auch wenn Sie demnach sehr alt werden, schon heute die Frage: Was soll mal auf Ihrem Grabstein stehen?
«I did it my way» oder «Ich bin stolz auf mich».

Angehrn: «Ich wollte immer ein Held sein.»

Persönlich Der Thurgauer Stefan Angehrn (geboren 1964) träumte lange von einem Kampf gegen den deutschen Gentleman-Boxer Henry Maske. Vergeblich. Angehrns wichtigste Fights im Cruisergewicht: 1996 und 1997 gegen Ralf Rocchigiani (zweimal verloren) und 1997 gegen Torsten May (gewonnen). 2000 beendete er seine Karriere – mit einer Niederlage und viel Schulden. Auch danach sorgte Angehrn für Schlagzeilen, ob als umstrittener Promi-Vermittler oder als Autor des Buchs «Plan B: Wie man seine Schulden auf null bringt». Angehrn und seine Ex-Frau Renata haben vier erwachsene Kinder. Mittlerweile ist er siebenfacher Grossvater.

Bobfahrer

RETO
GÖTSCHI

«Ich war ganz unten und musste stempeln gehen»

Rebell, Weltmeister, Arbeitsloser: Reto Götschi hat schon vieles erlebt. Hier spricht er über Bobfahrten unter Alkoholeinfluss, Spionageaktionen und einen Landesverrat.

Herr Götschi, haben Sie Ihre erfolgreiche Karriere als Bobpilot einem Küchendienst während der Rekrutenschule zu verdanken?
Reto Götschi: Ja, das kann man so sagen. Ich hörte damals während der RS in der Küche Radio. Als ein Beitrag über einen Bremsertest des Schweizerischen Bobverbands kam, bei dem sie Nachwuchsanschieber rekrutierten, wurde ich hellhörig und dachte: So bekomme ich sicher einen Tag frei, ich will dort mein Glück versuchen. Doch leider wurde mein Gesuch abgelehnt.

Warum?
Sagen wir es so: Ich war während der RS nicht der Bravste. Deshalb hiess es Nein, und ich konnte erst ein Jahr später zum Bremsertest.

War es Liebe auf den ersten Blick?
Ja, mir hat es sofort Spass gemacht. Beim Test wurde ein Pilot auf mich aufmerksam. Weil bei dem kurzfristig zwei Bremser abgesprungen waren, wurde ich quasi über Nacht Teammitglied. Doch ich war eigentlich noch gar nicht bereit dazu.

Wie meinen Sie das?
Ich habe damals als Maurer auf dem Bau Akkord gearbeitet. Neun Stunden jeden Tag. Ich schlief zu wenig, ass schlecht und habe nicht auf die Erholung geachtet. Doch mein Wille und Einsatz sowie die Leidenschaft waren umso grösser.

Wie wurde aus dem Bremser Götschi der Pilot Götschi?
Nach zwei Jahren als Bremser nahmen wir an der B-Schweizer-Meisterschaft in St. Moritz teil. Da sagte mir mein Pilot Stefan Marty: «Wenn wir gewinnen, musst du am nächsten Tag selber mal als Bobpilot fahren.» So kam es dann auch.

Waren Sie als Pilot sofort schnell?
(Lacht.) Na ja, es gab schon gewisse Anlaufschwierigkeiten. Ich kaufte mir dann einen eigenen Bob und bildete zusammen mit meinem jüngeren Bruder Roger ein Team. Als wir in Königssee trainierten, stürzten wir bei sieben Fahrten gleich fünfmal. Dabei brach ich mir das Schlüsselbein. Doch spätestens dort war mir klar: Ich bin fürs Bobfahren geboren. Deshalb gab ich nicht auf, kämpfte weiter und schaute, dass ich möglichst

schnell wieder gesund wurde, damit ich wieder Bob fahren konnte.

Das Bobteam Götschi/Götschi gab es aber nicht allzu lange.
Ich wollte gewinnen. Als ich spürte, dass mein Bruder nicht gut genug war, entschied ich, ihn auszuwechseln. Das war zwar brutal, doch für den Erfolg kannst du keine Kompromisse eingehen.

Ein Plan, der aufging. 1994 wären Sie als 28-Jähriger, für einen Bobfahrer noch sehr jung, beinahe Zweierbob-Olympiasieger geworden.
Ich reiste ohne Druck nach Lillehammer. Nach drei Läufen führte ich vor dem grossen Gustav Weder. Da kam der Trainer zu mir und sagte: «Riskiere im vierten Lauf nicht zu viel. Wenn du runterkommst, hast du eine Medaille.» Das war falsch. Zusammen mit meinem Bremser Guido Acklin entschieden wir, früher in den Bob einzusteigen. Dadurch fehlte uns das Tempo, und im unteren Teil machte ich auch noch einen Fehler. Deshalb holten wir nur Silber, was mich fürchterlich aufregte. Ich war richtig sauer auf mich, weil ich nicht Vollgas gegeben hatte, was ich sonst immer machte.

Wenige Tage später waren Sie noch hässiger.
Für den Vierer musste ich eine interne Quali fahren. Da Weder schon qualifiziert war, wollte ich seine Kufen haben, aber er gab sie mir nicht, obwohl wir im gleichen Bobklub waren. Ich hatte dann mit meinem Material keine Chance und verpasste so den Vierer-Wettbewerb. Als im Ziel unten Heinz Pütz mit dem Mikrofon auf mich wartete, sagte ich vor laufenden Kameras: «Ich habe es satt, ständig von allen Seiten verarscht zu werden. Jetzt mache ich eine Pause und starte vielleicht erst in zwei Jahren wieder – für Liechtenstein.»

Drei Jahre später holen Sie sich aber Ihren grossen Titel: In St. Moritz wurden Sie Zweierbob-Weltmeister. Für die Schweiz …
Wenige Wochen zuvor fand dort die SM statt. Mir fiel dabei auf, dass im unteren Teil der Nachwuchspilot Jean-Michel Grept schneller war. Da er die gleiche Linie wie ich fuhr, wusste ich, dass es am Bob liegen musste. Also ging ich zu ihm und sagte, dass ich seinen Bob mieten wolle. Er sagte mir, dass ich ihn für 10 000 Franken für eine Woche haben könne.

Was antworteten Sie ihm?
Ich sagte ihm, dass ich ihn nicht kaufen, sondern nur mieten wolle. Doch er ging mit dem Preis nicht runter. Obwohl ich kein Geld hatte, willigte ich ein – und zwar aus zwei Gründen.

Welche waren das?
Erstens wusste ich ja, dass der Bob schnell war, und zweitens, was fast noch wichtiger war: Wenn ich seinen Schlitten hatte, konnte ihn kein anderer haben. Ob ich ihn dann gefahren wäre, war eigentlich egal.

Sie wurden dann aber mit diesem Bob Weltmeister.
Nach den ersten beiden Läufen führten wir schon klar. Am Samstagabend kam deshalb der Präsident meines

Mit Haut und Haaren für die Schweiz im Einsatz: Götschi 1998.

In der Spur: Götschi 2001 in Park City.

Fanklubs auf mich zu und fragte mich, ob wir schon Weltmeister-Shirts drucken könnten. Ich sagte Ja, und so verkauften wir am Sonntag nach meinem WM-Titel unglaublich viele Shirts, was ein gutes Geschäft war.

Doch nun hatten Sie ein Problem: Nach einer Woche mussten Sie den Bob wieder an Grept zurückgeben.
Ich ging deshalb wieder zu ihm und sagte ihm, dass ich seinen Bob nun kaufen wolle. Er verlangte 30 000 Franken. Als ich ihm erklärte, dass ich ja schon 10 000 Franken Miete bezahlt hätte, meinte er nur: «Wenn du ihn nicht für 30 000 Franken kaufen willst, kriegt ihn ein anderes Team.» Also gab ich ihm zähneknirschend die 30 000 Franken.

Nach der Zweier-WM fand aber erst noch die Vierer-WM statt.
Mein Ziel war klar: Ich wollte Doppel-Weltmeister werden, doch die Woche fing schwierig an.

Warum?
Nach dem Zweier-WM-Titel feierten wir so richtig. Als wir am nächsten Tag die ersten Vierer-Trainings fuhren, hatte ich noch Restalkohol im Blut. Ich kam deshalb immer zu spät aus den Kurven raus, und wir kassierten viele Schläge. Ich war nicht fähig, den Schlitten zu lenken. Als wir unten ankamen, sagte meine Crew: «Mit dir fahren wir nicht mehr.»

Der 2. Februar 1997 ging dann als historischer Tag in die Schweizer Sport-Geschichte ein.
Wir feierten einen Dreifachsieg, und ich war tatsächlich Doppel-Weltmeister. Dachte ich zumindest. Doch nach der Siegerehrung hiess es irgendwann, es sei

> «Wir hätten die Goldmedaillen wieder abgeben müssen, ich habe sie aber einfach behalten»

ein Protest gegen die Schweizer eingelegt worden. Später kam raus, dass bei allen Schweizern bei den Achsen verschraubte Teile verwendet worden waren, was nicht legal war. Deshalb wurden alle disqualifiziert, obwohl wir definitiv nicht bescheissen wollten. Danach hätten wir eigentlich unsere Goldmedaillen wieder abgeben müssen, ich habe sie aber einfach behalten.

Wissen Sie heute, wer Protest eingelegt hatte?
Zu 100 Prozent nicht, aber ich bin davon überzeugt, dass ein Schweizer Trainer, der für eine andere Nation tätig war, die Jury sanft darauf hingewiesen hatte…

Apropos Landesverrat: In Nagano 1998 gab es mal wieder Ärger mit den Kufen, weil der Deutsche Rudi Lochner seine Ihnen gab und nicht seinen Landsleuten.
Rudi war kurz zuvor zurückgetreten. Er war wie ich ein Rebell und wollte die Kufen lieber mir geben als einem Deutschen.

Wie kam so ein Deal zustande?
Ich traf mich abends mit ihm, und wir tranken bis um 2 Uhr in der Nacht sehr viel Bier, bis der Deal endlich besiegelt war. Ich musste ihm damals 30 000 Franken bezahlen. Als die Deutschen das mitkriegten, «täubelten» sie wie kleine Kinder. Wissen Sie, was dabei das Verrückte war?

Nein.
Die Kufen gehörten eigentlich gar nicht Rudi, sondern dem deutschen Staat. Er sagte deshalb, die Kufen seien ihm abhandengekommen.

Vier Jahre später in Salt Lake City wollten Sie wiederum Ihre Kufen nicht den Schweizern geben, sondern den Kanadiern. Warum?
Kanada ist doch ein schönes Land… Als ich sie den Kanadiern anbot, bekamen die Schweizer das mit, und der Bobverband wollte mich deshalb ausschliessen. Also rief ich meinen Hauptsponsor an und sagte ihm: «Ich bin im Seich, du musst mir helfen.» Wir setzten dann einen rückdatierten Vertrag auf, in dem stand, dass die Kufen ihm und gar nicht mir gehörten. Als der Verband die Kufen wollte, konnte ich ihnen sagen: «Die gehören gar nicht mir. Das müsst ihr mit meinem Hauptsponsor regeln.» Dadurch konnte ich die Kufen doch den Kanadiern ausleihen.

Was beim Blick auf Ihre Karriere auffällt: Es gab immer mal wieder Zoff. Warum ist das im Bobsport so?
Als Bobpilot führst du ein eigenes Unternehmen. Zu Spitzenzeiten hatte ich ein Budget von 400 000 Franken. Damit musste ich aber auch meine Bremser und meinen Staff bezahlen. Wenn es dann um die Vermarktung ging, fingen die Probleme an. Der nationale und der internationale Verband wollten die besten Werbeplätze auf dem Bob, gleichzeitig wolltest du die aber selber vermarkten, um wieder Geld reinzukriegen. Deshalb hast du deinen ganzen Körper vermarktet, so auch deinen Po, denn darauf schauen beim Anschieben schliesslich alle. Dieser Zoff ums Geld war ein ständiger Kampf, der unweigerlich zu Streit führte.

Sie waren auch ein Tüftler, der nichts dem Zufall überliess.
Im Bobsport gehts um Hundertstelsekunden, aber manchmal reicht ein Tausendstel aus, dass die Hundertstelsekunde rüberspringt. Deshalb haben wir immer und immer wieder experimentiert. Einmal dachten wir, wir füllen den ganzen Rahmen mit Bleikügelchen, damit der Schlitten ruhiger fährt. Doch das war leider ein völliger Rohrkrepierer. Deshalb mussten wir danach alle Bleikügelchen wieder rausnehmen. Noch Monate später fanden wir immer wieder welche.

Gab es damals auch Spionage?
Sagen wir es so: Wenn von den Deutschen ein Schlitten in einer Scheune deponiert und die Tür nicht richtig zu war, habe ich das schon als Einladung interpretiert. Wir haben deshalb unsere eigenen Kufen immer mit aufs Zimmer genommen und unters Bett gelegt.

Und wie sah es mit Sabotage aus?
Das war im Gegensatz zu früher kein Thema mehr. Ich kenne aber einen Fall, in dem der Pilot den Bremskasten abgeklebt und darin kleine Schrauben deponiert hatte. Wenn der im Ziel bremste, fielen die Schrauben in die Auslaufzone, und der nächste Pilot, der im Ziel ankam, fuhr drüber, zerkratzte sich so die Kufen und konnte danach bis zum nächsten Lauf nichts mehr dagegen unternehmen.

2002 beendeten Sie Ihre Karriere. Was machten Sie danach?
Vieles. Ich hatte auch gar keine Wahl, denn nach meinem Karriereende hatte ich keinen Rappen auf der

Von ganz oben nach ganz unten: das Leben von Götschi.

«Das Leben machte damals einfach keinen Sinn mehr für mich»

—

Reto Götschi

Seite. Ich arbeitete unter anderem für die Schweizer Sporthilfe und als Brunnenmeister.

2010 kehrten Sie als Geschäftsführer von Swiss Sliding in den Bobsport zurück. 2015 wurden Sie dort entlassen.
Danach fiel ich in ein tiefes Loch. Ich war ganz unten und musste während eineinhalb Jahren stempeln gehen.

Wie schwer fiel Ihnen das?
Nüchtern betrachtet hatte ich kein Problem damit, schliesslich hatte ich auch während über 20 Jahren Geld in die Arbeitslosenkasse eingezahlt. Doch da in der Zeit auch meine Ehe in die Brüche ging, schlitterte ich in eine tiefe Lebenskrise. Ich wusste jeweils Ende des Monats nicht mehr, wie ich die Rechnungen bezahlen konnte, und ass nur noch Cervelats, weil ich pleite war.

Dachten Sie sich manchmal: Ich setze meinem Leben ein Ende?
Ja, ich hatte Selbstmordgedanken, aber keine konkreten. Das Leben machte damals einfach keinen Sinn mehr für mich. Doch dann sagte ich mir: Für mich wäre ein Selbstmord vielleicht gut, aber nicht für meine Kinder, meine Ex-Frau, meine Freunde. Irgendwann kapierte ich, dass ich mit Freunden offen über meine Probleme reden musste. Das half mir.

Wie fanden Sie den Weg zurück ins Berufsleben?
Dank eines RS-Kumpels, der eine Pneugarage hat. Ich half ihm dann beim Winterreifenaufziehen. Und wie es sich für einen Ex-Sportler gehört, weckte das den Ehrgeiz in mir. Wir schafften bis zu 36 Autos am Tag, und unser Rekord lag bei 12 Minuten. Sie sehen: einmal Sportler, immer Sportler.

Persönlich Der Zürcher Reto Götschi (geboren 1965) gewann 1994 Olympia-Silber im Zweierbob und wurde 1997 im kleinen Schlitten Weltmeister. Insgesamt gewann er 11 SM-Titel. 1997 wurde sein Viererbob zum Schweizer Team des Jahres gewählt. 2002 beendete der zweifache Vater seine Karriere. Heute ist er Besitzer der Quarzsand-Firma Urs Lanz AG. «Die Firma läuft super, und mir geht es hervorragend», so Götschi.

Radrennfahrer

ROLF JÄRMANN

Järmann damals: 1999.

«Wäre ich intelligenter gewesen, hätte ich mehr gedopt»

Tabuthema Doping? Nicht für Rolf Järmann. Er erzählt offen über die Epo-Ära des Radsports, gekaufte Siege und Schauspieleinlagen.

Herr Järmann, essen Sie heute noch Spaghetti?
Rolf Järmann: Ja, warum fragen Sie?

Sie haben mal ausgerechnet, dass Sie in einem Jahr fünf Kilometer Spaghetti gegessen haben.
Das stimmt, als Radprofi ass ich fast jeden Tag Spaghetti.

Kommen wir vom legalen zum illegalen Doping. Bei welchen Ihrer Erfolge halfen Sie mit Epo nach: Etappensieg an der Tour de France 1992?
Nein.

Sieg Amstel Gold Race 1993?
Jein, nur ein bisschen.

Gesamtzweiter Tour de Suisse 1993?
Nein, denn dort fuhr ich eigentlich gar nicht aufs Gesamtklassement.

Sieg Amstel Gold Race 1998?
Ja.

Auf den ersten Blick sieht es danach aus, dass man auch ohne Doping siegen konnte.
Anfang der 90er war das noch so, da Epo noch nicht gross verbreitet war. Ende der 90er aber wäre es fast nicht mehr möglich gewesen, ohne Epo Rennen zu gewinnen.

Wann wurde Ihnen erstmals Epo angeboten?
Das war 1992, als ich für ein italienisches Team fuhr. Zuvor startete ich für Schweizer Mannschaften. Dort hattest du schon ein schlechtes Gewissen, wenn du eine Vitamintablette genommen hast. Als ich 1992 die Etappe an der Tour de France gewonnen hatte, kam am Abend der Teamarzt zu mir und sagte: «Schau, Rolf, wir haben hier etwas, das dich noch schneller macht.»

Wie reagierten Sie?
Ich sagte, ich bräuchte das nicht. Danach wurde ich immer wieder ein bisschen bearbeitet. Im Team redete man offen darüber, und jeder wusste, wer was nahm. Epo war zwar verboten, man konnte es aber noch nicht nachweisen.

Irgendwann sagten Sie nicht mehr Nein.

Ich dachte, dass alle es nehmen, und hatte gleichzeitig auch eine erfolglose Phase hinter mir. Dann kam der Sportliche Direktor und sagte: «Wir sollten langsam Erfolg haben, sonst erhältst du im Herbst keinen neuen Vertrag mehr.» Deshalb sagte ich irgendwann Ja.

Und dann spritzten Sie sich das erste Mal Epo?
Nein (lacht). Ich zahlte 1500 Franken fürs Epo und warf es zu Hause in den Abfall, weil ich beweisen wollte, dass es auch ohne Epo ging. Der Teamarzt merkte das natürlich, weil sich mein Blutbild nicht verändert hatte. Also sagte ich dann doch Ja und liess es mir von ihm spritzen, da ich selber Angst vor Spritzen hatte.

Hatten Sie ein schlechtes Gewissen?
Nicht unbedingt, ich sagte mir: Jetzt machst du halt das Gleiche wie alle anderen auch und hast endlich keinen Nachteil mehr. Nachdem ich angefangen hatte, Epo zu nehmen, war ich auch gleich wieder erfolgreich.

Sie hatten auch eine Familie zu ernähren. Dopten Sie aus finanziellen Gründen?
Hätte ich nicht gedopt, hätte ich kein Rennen mehr gewonnen und wäre dadurch irgendwann auf der Strasse gestanden. Natürlich war ich unter Druck, es zu nehmen, ohne dass jemand gesagt hätte: Du musst.

Was hat Sie das Epo gekostet?
Nicht sehr viel, vielleicht 1500 bis 2000 Franken für eine dreiwöchige Kur. Ich habe jeweils nur einmal pro Jahr eine solche Kur gemacht, sonst war ich sauber. Wäre ich intelligenter gewesen, hätte ich mehr gedopt. Ich habe aber nur das gemacht, was ich mit gutem Gewissen vertreten konnte.

Woher bekamen Sie das Epo?
Ich hatte damals schon einen Computer und fälschte damit die Rezepte. Ich wollte das Epo nie übers Team beziehen, da ich ahnte: Irgendwann gibt es einen

Attacke: 1998 gewinnt Järmann das Amstel Gold Race.

«Chlapf», und alles fliegt auf. Dann wäre mein Name nirgendwo auf einer Liste gestanden. Deshalb ging ich mit dem Rezept jeweils in eine Apotheke.

Wie war das?
Ich kann mich noch gut ans erste Mal erinnern. Ich ging extra um 8 Uhr in die Apotheke, da es zu dieser Uhrzeit noch wenig Leute hatte, und hoffte, dass mich niemand erkennen würde. Nachdem ich das Epo erhalten hatte, sagte die Apothekerin zum Abschied: «Der Sport ist auch nicht mehr so günstig wie auch schon.» Danach bin ich nie mehr in diesen Laden gegangen.

Wusste Ihre Frau Bescheid?
Nein, als gelernte Krankenschwester wäre sie garantiert dagegen gewesen. Wenn ich mir das Epo selber spritzen musste, tat ich dies im Keller oder wenn sie nicht zu Hause war.

Hatten Sie nie Angst vor den Kontrollen?
(Lacht.) Nur einmal, und da war ich sauber.

Warum?
Das war vor der Strassen-WM 1998 in Valkenburg. Ich hatte dort am Donnerstag vor dem Rennen viel trainiert und zu wenig getrunken. Dadurch stieg mein Hämatokritwert an.

«Hämatokritwert» müssen Sie erklären.
Das ist der Anteil roter Blutkörperchen im Blut. Mitte der 90er-Jahre hatte man sich darauf geeinigt, dass ein Hämatokritwert über 50 eine Sperre von zwei Wochen nach sich ziehen würde, da auch Epo diesen Wert in die Höhe schnellen lässt. Ich hatte damals eine eigene Zentrifuge, mit der ich diesen Wert selber messen konnte. An jenem Tag wurde ich morgens um 6 Uhr geweckt, Dopingkontrolle.

Was passierte dann?
Mir wurde Blut abgenommen. Als die Kontrolleure wieder gingen, dachte ich, jetzt teste ich mein Blut mit meiner Zentrifuge selber, dann kann ich sie mit der offiziellen Probe vergleichen. Als meine Zentrifuge einen Wert von 52 anzeigte, war ich entsetzt. Ich wechselte die Batterien aus und testete nochmals. Und wieder zeigte sie 52 Prozent an.

Gerieten Sie in Panik?
Ich stieg fürs Training aufs Rad und dachte: Wenn ich zurückkomme, wird das ganze Hotel voller Journalisten sein. Ich entschied mich dann, alles zuzugeben und zu sagen, dass ich gedopt hatte, obwohl ich ja zu diesem Zeitpunkt sauber war. Ich wollte meine Glaubwürdigkeit behalten. Hätte ich gesagt, dass ich sauber sei, hätte mir niemand geglaubt. Doch als ich zurückkam, war kein Journalist anwesend. Dann erfuhr ich, dass mein Wert bei 49,8 Prozent lag.

An der Tour de France 1998 kam es zum Festina-Skandal. Wie froh waren Sie, dass damals vieles aufflog?
Ich dachte: Jetzt wird alles besser und sauberer, und meine Chance, Rennen zu gewinnen, erhöht sich. Ich warf deshalb die Zentrifuge und alles in einen Abfallsack und entsorgte ihn, denn ich hatte riesige Angst vor der Polizei.

Es kam anders.
Tour de Suisse 1999, Etappe nach Lausanne. Ich war in Form, und das Profil war genau auf meine Fähigkeiten zugeschnitten. Drei Kilometer vor dem Ziel dachte ich: Jetzt greife ich an. Stattdessen erhöhten 30 andere Fahrer das Tempo und hängten mich brutal ab. Da wusste ich, dass noch immer gedopt wurde. Auf diesen drei Kilometern bis ins Ziel entschied ich aufzuhören, denn ich wollte nicht mehr dopen.

> «Ich zahlte 1500 Franken fürs Epo und warf es zu Hause in den Abfall, weil ich beweisen wollte, dass es auch ohne Epo geht»

Normalerweise wäre Ihre Geschichte jetzt zu Ende. Sie wurden nie überführt und hätten bis heute erzählen können, dass Sie stets sauber waren.
2000 schrieb ein NZZ-Journalist ein Buch über den Radsport und das Thema Doping. Er fragte mich, ob ich anonym die Sicht des Fahrers schildern würde. Ich sagte zu und erzählte alles.

Was passierte dann?
Als ein Vorabdruck des Buchs in der NZZ erschien, rief mich Ihr Blick-Kollege Hans-Peter Hildbrand an und sagte: «Rolf, das kannst nur du sein. Wir müssen jetzt die grossen Buchstaben rausholen.» Ich antwortete: «Jetzt wartest du zwei Stunden, dann hast du eine Kolumne von mir, in der ich alles zugebe und reinen Tisch mache.»

Wann informierten Sie Ihre Frau?
Erst, als ich die Kolumne schon abgeschickt hatte. In dem Moment ging es mir nicht sehr gut. Ich war mir bewusst, dass es am nächsten Tag die ganze Welt wissen würde.

Und wie schlimm war der Tag, als der Blick mit Ihrer Doping-Geschichte erschien?
Ich sass zittrig zu Hause und befürchtete, dass nun unzählige Journalisten anrufen würden. Doch es rief nur einer vom Schweizer Fernsehen an. Alle anderen schrieben einfach dem Blick ab.

Sie sind seitdem einer der wenigen Radprofis, der offen über Doping reden. Warum machen das die anderen nicht?
Ich weiss es nicht. Für mich war es eine Erlösung. Vorher musste ich immer genau überlegen, was ich sagte und was nicht. Ab dem Moment meiner Dopingbeichte wurde mein Leben bedeutend einfacher.

In der Szene aber galten Sie als Nestbeschmutzer, obwohl Sie nie andere Namen nannten.
Nach meinem Karriereende hatte ich mit einem Job im Radsport geliebäugelt. Das hatte sich dann natürlich erledigt. Es gibt bis heute Profis von damals, die nicht mehr mit mir reden. Das kann ich nicht wirklich verstehen. Ich habe niemanden in die Pfanne gehauen, sondern nur meine Geschichte erzählt.

Bereuen Sie es, gedopt zu haben?
Nein, dazumal hätte ich es bereut, wenn ich nicht gedopt hätte. Ich habe andere Betrüger betrogen. Die Gelackmeierten waren nur die, die nichts nahmen. Um die tut es mir leid, aber das waren nicht viele. Die Zuschauer erwarteten Spektakel, also boten wir ihnen Spektakel. Heute bin ich aber nicht mehr ganz überzeugt, ob das die richtige Einstellung war.

Sie sprachen auch immer über andere Themen Klartext, unter anderem in Ihrer anonymen Kolumne «Felgen-Fritz», die während Ihrer Aktivzeit im Blick erschien.
Ich habe damals einfach erzählt, was im Feld so alles passierte. Am Anfang haben viele gerätselt, wer dahintersteckte. Doch da ich einer der wenigen im Feld war, die schon einen Computer hatten, ahnten bald einige, dass ich es war.

Sie erzählten auch offen über das Thema gekaufte Siege im Radsport. Wie oft waren Sie selber involviert?
Einige Male, so zum Beispiel bei meinem Sieg am Amstel Gold Race 1998. Ich lag damals mit dem Holländer Maarten den Bakker in einer Zweiergruppe an der Spitze. Etwa zehn Kilometer vor dem Ziel sagte er bei einer Ablösung, er bezahle mir 100 000 Franken, wenn ich ihn gewinnen liesse.

Ein verlockendes Angebot.
Als er mir das anbot, wusste ich, dass er müde war und deshalb um seinen Sieg fürchtete. Ich überlegte kurz und sagte ihm bei der nächsten Ablösung Nein. Rückblickend vielleicht ein idiotischer Entscheid, aber mir war in dem Moment der Sieg wichtiger als das Geld.

Haben Sie selber auch mal ein Rennen gekauft?
Ja, Schweizer Meisterschaft 1995 in Arbon. Das war mein Heimrennen, und ich war auch im OK tätig. Wir lagen zu viert vorne, ich, Pascal Richard, Laurent Dufaux und Felice Puttini. Ich wusste, Richard würde mir helfen, weil er in meinem Team war. Also bot ich Puttini 10 000 Franken, um nur noch auf Dufaux schauen zu müssen.

10 000 Franken für einen SM-Titel?
Ja, das war es mir wert. Doch Puttini hielt sich leider nicht an unsere Abmachung, deshalb wurde ich hinter ihm und Richard nur Dritter. Auf dem Podest machte ich dann einen «Riesen-Lätsch». In der Garderobe habe ich den Puttini danach so zusammengeschissen, dass

«Ab dem Moment meiner Doping-Beichte wurde mein Leben bedeutend einfacher»

—

Rolf Järmann

1993: Järmann gewinnt in Isone die 7. Etappe der Tour de Suisse.

ich mich selbst nicht mehr kannte. Aber wissen Sie, was mich am meisten geärgert hat?

Nein.
Hätte ich ihm kein Geld geboten, hätte ich wahrscheinlich gewonnen, weil ich der Stärkste war. Doch dadurch wog ich mich in falscher Sicherheit. Das ist die Niederlage, die mich bis heute am meisten schmerzt.

Wie sieht Ihr Leben heute aus?
Schön, doch nach meiner Karriere hatte ich eine schwere Zeit. Plötzlich brach der Radsport weg, und dann ging auch noch meine Ehe in die Brüche. Ich zog mit 38 wieder bei meinen Eltern ein, weil ich mir keine Wohnung mehr leisten konnte. In solchen Momenten habe ich mich schon gefragt, ob ich alles richtig gemacht hatte. Doch dann konnte ich meine zweite Leidenschaft nach dem Radsport, die Informatik, zum Beruf machen.

Wie blicken Sie heute auf den Radsport?
Mich ärgert vor allem der Funk. Ohne ihn wäre der Radsport so viel spannender. Eine Aktion, wie ich sie 1990 an der Tour de Suisse gemacht habe, wäre heute nicht mehr möglich.

Was war da?
Es war die Etappe vom Tessin auf die Lenzerheide. Ich ging irgendwann zum Mannschaftswagen und sagte: «Wenn ich am Lukmanier abgehängt werde, macht euch keine Sorgen, ich werde heute gewinnen.» Ich liess mich dann abhängen und tat so, als ob ich es mit letzter Kraft auf den Pass und wieder in die Spitzengruppe geschafft hätte. Der legendäre Tour-Direktor Sepp Vögeli sprach mir noch Trost zu: «Herr Järmann, beissen Sie durch.»

Was passierte dann?
Ich spielte den sterbenden Schwan und erhielt von den anderen Fahrern sogar eine Cola, um wieder ein bisschen zu Kräften zu kommen. Wenn ich dann meine Ablösung fuhr, drosselte ich das Tempo bewusst um etwa 1 km/h. Da sagten sie irgendwann: «Das macht keinen Sinn mehr mit dir. Du musst keine Ablösungen mehr fahren.» Als dann der Anstieg auf die Lenzerheide losging, attackierte ich und gewann souverän die Etappe.

Hat man in solchen Situationen ein schlechtes Gewissen?
Nein, ich habe sie nicht verarscht, sie liessen sich verarschen. Zu meiner Zeit konnte man eben auch noch gewinnen, wenn man nicht der Stärkste war, sondern der Cleverste.

Die entscheidende Frage zum Schluss: Ist der Radsport heute sauber?
Meiner Meinung nach sind heutzutage die wenigsten Sportarten ganz sauber. Aber der Radsport ist bestimmt viel sauberer als zu meiner Zeit.

Persönlich

Der Thurgauer Rolf Järmann (geboren 1966) stand zwar in den 90ern häufig im Schatten von Zülle, Rominger, Camenzind und Co., konnte aber einige Erfolge feiern: zwei Siege beim Amstel Gold Race, Etappensiege an der Tour de France, der Tour de Suisse, am Giro d'Italia und den Gesamtsieg am Tirreno–Adriatico. Als er 1991 das erste Mal zur Frankreich-Rundfahrt startete, fuhr er gleich für drei Tage ins Bergpreistrikot. Heute ist er Geschäftsführer von Wohnmobilland Schweiz und lebt mit seiner zweiten Frau Anita in Sevelen SG.

Eishockeytrainer

RALPH KRUEGER

«Ich hatte ein Burn-out und war wahnsinnig leer»

Wer Ralph Krueger verstehen will, muss mit ihm über seine Kindheit sprechen. Dort legte er den Grundstein für seine spätere Karriere als erfolgreicher Trainer der Schweizer Eishockey-Nati.

Herr Krueger, unser Gespräch findet in Davos statt. Können Sie sich noch an Ihren ersten Besuch hier erinnern?
Ralph Krueger: Ich kam 1979 als Spieler der Düsseldorfer EG für den Spengler Cup das erste Mal nach Davos und wäre hier fast gestorben.

Was ist genau passiert?
Ich zog mir in einem Spiel eine starke Gehirnerschütterung zu. Im Krankenhaus aber sagten sie mir, alles sei okay, und schickten mich zurück ins Spielerhotel. Am nächsten Morgen wurde mir beim Frühstück plötzlich übel, und ich dachte, es sei besser, ins Zimmer zu gehen. Auf dem Weg dorthin brach ich zusammen, stürzte die Treppe runter und brach mir dabei den Schädel.

Wie lebensbedrohlich war es?
Sehr, ich hätte sterben können und war lange bewusstlos. Während Stunden war nicht klar, ob ich überleben würde. Ich lag dann während dreier Wochen im Davoser Spital auf dem Rücken. Als ich wieder zu mir kam, blickte ich aus dem Fenster und sah als Erstes die Landwasser und die Skifahrer.

Heute bezeichnen Sie Davos als Ihre Heimat.
Ich glaube nicht an Zufälle. Es war Schicksal, dass dieser schlimme Unfall ausgerechnet in Davos passiert ist und dass sich dann Jahrzehnte später dieser Kreis geschlossen hat und ich hier so glücklich wurde.

Ich würde mit Ihnen gerne zuerst über Ihre Kindheit sprechen. Wie sind Sie aufgewachsen?
Meine Eltern sind Deutsche. Meine Mutter Eva Margret war Schauspielerin in Hamburg und mein Vater Karl-Hugo Arzt.

Hat er den Zweiten Weltkrieg miterlebt?
Ja, er war als Arzt zwischen 1942 und 1945 im Krieg, an der Front in Belgien, aber auch in Russland und Berlin.

Hat er mit Ihnen über diese Zeit geredet?
Früher gar nie, doch je älter er wurde, desto mehr hat er davon erzählt. Ich war einmal sogar mit ihm in Belgien an dem Ort, an dem er nach einem Bombenanschlag Leute rausgeholt und versorgt hat.

«Ich hätte in Davos sterben können und war lange bewusstlos»

Nach dem Zweiten Weltkrieg wanderten Ihre noch kinderlosen Eltern nach Kanada aus. Warum?
Hamburg war damals komplett zerbombt. Sie wollten sich und ihren Kindern ein besseres Leben ermöglichen. Deshalb bestiegen sie nur mit einem Koffer in der Hand ein Schiff und fuhren nach Montreal. Ohne zu wissen, was sie dort erwarten würde.

Sie kamen 1959 in Winnipeg zur Welt. Bereits als Neunjähriger wurden Sie auf ein englisches Internat geschickt. Wie schlimm war das?
Das hat mich schon sehr beeinflusst. Bereits als Neunjähriger musste ich jeden Tag einen Schlips tragen. Du hast im Internat nur überlebt, wenn du kämpferisch und stark warst, denn es ging Tag für Tag darum, dich dem Wettbewerb zu stellen. Selbst das Decken der Tische war eine Challenge.

Was haben Sie dabei gelernt?
Dass die Schwachen es schwer haben. Mir hat dieser Wettbewerbsgedanke gefallen. Meine Leidenschaft fürs Führen ist damals entstanden. Als sogenannter Head Boy trug ich im Internat Verantwortung und lernte, ein Leader zu sein.

Gab es damals von den Lehrern noch Schläge?
Der Headmaster hatte noch einen Lederschuh. Wer nicht parierte, wurde damit geschlagen, ich zum Glück aber nie.

Wie streng war zu Hause Ihr Vater?
Er war streng, aber nicht zu streng. Er wollte, dass ich Akademiker würde. Doch 1977 lernte ich in Kanada durch Zufall einen Spieler des Duisburger SV kennen. Er sagte mir: «Komm nach Deutschland und spiel bei uns. Du kriegst 1000 D-Mark pro Monat, einen VW Käfer und eine Wohnung.»

Wie reagierte Ihr Vater?
Er dachte, ich würde ein Jahr Hockey spielen, danach zurückkehren und anfangen zu studieren.

Es kam anders.
Ja, aber nach einem Jahr kam ich tatsächlich wieder nach Hause und spielte in der kanadischen Juniorenliga. Mein Ziel war noch immer die NHL. Dann aber erhielt ich einen Anruf von Bryan Lefley, der damals schon für die Düsseldorfer EG spielte.

Was wollte er?
Er rief mich im Auftrag des Präsidenten an und sagte mir, ich solle doch zur DEG kommen, was ich auch machte.

Sie spielten dann während Jahren in Deutschland und nahmen für das Land Ihrer Eltern auch an Weltmeisterschaften teil. Wie gut waren Sie?
Ich war nicht der beste Schlittschuhläufer, konnte aber Tore schiessen und hatte gute Hände. Rückblickend würde ich sagen, dass ich unter den damaligen Umständen fast 100 Prozent meines Potenzials ausgeschöpft habe.

Verdienten Sie gut?
Was heisst gut? Sicher weniger als 100 000 D-Mark. Man wusste also, dass man nach der Spielerkarriere weiterarbeiten musste. Ich habe deshalb schon früh begonnen, mich weiterzubilden.

Was haben Sie gemacht?
Vieles. Ich habe zum Beispiel zeitweise nebenbei ohne Lohn in einem Hotel in Düsseldorf gearbeitet und bin alle Abteilungen durchgegangen. Front Desk, Housekeeping, einfach alles. Ich wollte verstehen, wie so ein Hotel funktioniert.

Sie haben in einem Interview mal gesagt: «Ich hatte bereits mit 25 Jahren keinen Spass mehr als Spieler gehabt.»

Das hatte mehrere Gründe. Ich hatte immer mal wieder Probleme mit meinem Rücken, und ausserdem wurde meine Mutter schwer krank.

Was hatte sie?
Einen Gehirntumor. Ich war damals das erste Mal mit dem Tod konfrontiert. Das war ein wichtiger, schmerzhafter Schritt in meinem Leben. Obwohl es ihr immer schlechter ging, hat sie gekämpft, nie gejammert und sich noch immer um ihre Kinder gekümmert. Sie war immer eine Geberin, nie eine Nehmerin. Beeindruckend. Sie ist dann mit 63 gestorben.

1991 beendeten Sie als Spielertrainer in Duisburg Ihre Karriere.
Ich kehrte danach mal wieder nach Nordamerika zurück, übernahm mit Partnern in Texas ein typisches Autobahnhotel mit 100 Zimmern, wo du für 39,99 US-Dollar übernachten konntest. Doch dann bekam ich Probleme mit meinem Visum und dachte, vielleicht sollte ich es doch mal als Eishockeytrainer versuchen.

Wie wird man einfach so Eishockeytrainer?
Zuerst war ich mit einigen Spielervermittlern in Kontakt. Doch die sagten mir alle, ich sei zu jung, um einen Trainerjob zu kriegen. Also rief ich meinen Freund Bryan Lefley an, der in Ambri als Headcoach arbeitete, und bat ihn, sich mal umzuhören, wo ein Trainer gesucht wurde. Er empfahl mir dann Bozen oder Feldkirch. Deshalb flog ich von Übersee nach Frankfurt, nahm mir ein Mietauto und fuhr nach Bozen, wo das Team am Abend gegen Feldkirch spielte. Danach suchte ich mir die Adresse des Feldkirchner Präsidenten raus, fuhr am nächsten Tag dorthin und sagte ihm: «Ich möchte euch trainieren.» Er erklärte mir, sie hätten aber kaum Geld. Ich wiederum: «Kein Problem!» Und schon war ich Trainer.

Bekamen Sie wirklich kaum Geld?
Das war im November. Und ich erhielt für den Rest der Saison 25 000 US-Dollar.

Fand Ihre Frau das auch gut?
Na ja, zuerst verstand sie es schon nicht ganz, aber auch sie hatte gespürt, dass wir in Texas irgendwie nicht reinpassten, und hatte Sehnsucht nach Europa. Ich wollte damals einfach direkt in der höchsten Liga beginnen, weil du dann schon mal einen Fuss im Spitzeneishockey drin hast. Ich ging damit ein grosses Risiko ein.

«Ich war nicht der beste Schlittschuhläufer», sagt Krueger über seine Zeit als Spieler.

Hoch hinaus: Als Nati-Trainer führt Krueger die Schweiz an die Weltspitze.

Ihr Plan ging auf. Mit Feldkirch wurden Sie mehrfacher Meister und gewannen die European Hockey League. 1997 wurden Sie dann Schweizer Nati-Trainer. Zehn Tage vor Ihrer Schweiz-Premiere starb Ihr Freund Bryan Lefley.
Er war damals mit Abstand mein bester Freund auf dieser Erde. Er hatte sich so gefreut, als ich Nati-Trainer wurde, und mir sogar einen Brief geschrieben. «Lieber Freund, das Herz der Schweizer Nationalmannschaft muss so gross sein wie deine Nase», schrieb er mir.

Wann haben Sie ihn zum letzten Mal gesehen?
Am Tag des Unfalls. Nach dem Meistertitel mit dem SC Bern 1997 lebte er noch in Bern, übernahm aber die italienische Nationalmannschaft. Er kam nach Feldkirch, um sich das Training anzuschauen, und ass danach noch mit mir und meiner Frau zu Mittag. Dann zeigte er mir seinen neuen Mercedes und fuhr um 14.30 Uhr zum Spiel nach Bozen. Als er nach Schlusspfiff nach Hause fahren wollte, ist er wohl am Steuer eingeschlafen und unter einen Lastwagen gekommen.

Wie gingen Sie mit seinem Tod um?
Zwei Tage später hielt ich beim Spiel Bern – Fribourg auf dem Eis eine Rede. Es war die schwierigste Rede meines Lebens. Ich kriege gleich wieder Gänsehaut, wenn ich daran zurückdenke.

Zeit zu trauern hatten Sie keine, weil ja dann Ihr Job als Nati-Trainer losging.
Weil ich gleichzeitig auch noch Feldkirch-Trainer war, verdrängte ich alles. Es war dann eine Wahnsinnssaison. Mit Feldkirch gewannen wir die European Hockey League und den Meistertitel, und mit der Schweiz kamen wir an der Heim-WM auf Rang 4. Doch ich habe irgendwann gespürt, dass ich angeschlagen war, und nach der WM war ich völlig ausgebrannt und wäre mehrere Male beinahe zusammengebrochen.

Sprachen Sie mit jemandem darüber?
Nein, ich wollte meiner Frau keine Angst einjagen, und ich wollte auch nicht, dass die Schweiz vor der Heim-WM erfährt, wie schlecht es mir ging.

Hatten Sie rückblickend betrachtet eine Depression?
Nein, ich hatte ganz klar ein Burn-out und war wahnsinnig leer. Das war nicht gesund, was ich damals gemacht habe. Nach der WM reiste ich nach Nordamerika und sass tagelang am See, ohne mit jemandem zu kommunizieren.

«Ich habe mich selbst geheilt»

—

Ralph Krueger

Wie fanden Sie aus dem Loch?
Ich habe mich selbst geheilt, durch die Familie und die Natur und indem ich die richtige Balance fand.

Sie waren zwischen 1997 und 2010 Nati-Trainer. Legendär war vor allem Ihr SMS «Glaube an das Unmögliche, und das Unmögliche wird möglich», das Sie an der WM 2000 jedem Spieler schickten. Wie kam es dazu?
Wir hatten gegen Frankreich 2:4 verloren und waren nun vor dem Spiel gegen Gastgeber Russland so richtig unter Druck. Ich fragte mich: Wie kann ich noch ein Prozent mehr Energie aus den Spielern herauskitzeln, damit wir nicht in die Abstiegsrunde fallen? Dann kam mir die Idee mit dem SMS. Doch das war aufwendig.

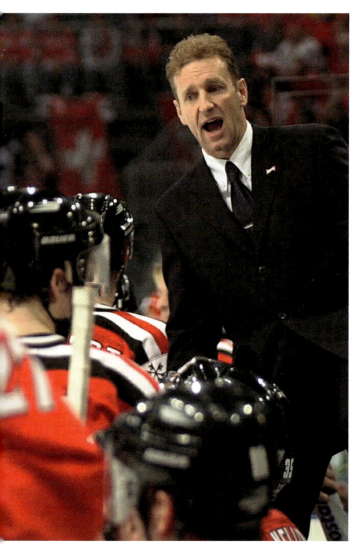

13 Jahre lang ist Krueger Schweizer Nati-Trainer.

Warum?
Das war noch eine andere Zeit. Ich musste jedem Spieler und Staff-Mitglied das SMS einzeln schreiben und abschicken. Das konnte man damals nicht einfach kopieren oder an alle gleichzeitig abschicken. Das Lustige war übrigens, dass Mathias Seger noch gar kein Handy hatte und ich seine Nachricht an seinen Zimmernachbarn Mark Streit schicken musste.

Wie reagierten die Spieler auf Ihr SMS?
Sie waren quasi positiv geschockt, weil das damals etwas Neues war. Ich bin fest davon überzeugt, dass dieses SMS im Unterbewusstsein gewirkt hat.

Der Erfolg gab Ihnen recht: Die Schweiz schlug Russland sensationell 3:2.
Das war der Anfang von vielem. Ich habe gemerkt, was Worte auslösen können. Als ich aus Sankt Petersburg heimkehrte, fing ich an, mein Buch «Teamlife», das später zum Bestseller wurde, zu schreiben.

Was man sich rückblickend fragen könnte: Waren Sie ein paar Jahre zu lange Nati-Trainer?
Auf gar keinen Fall! Vancouver 2010 war ein absolutes Highlight. Während meiner Zeit qualifizierte sich das Team elfmal für den Viertelfinal. Das war ein wichtiges Fundament für das Schweizer Eishockey. Ausserdem öffneten wir in der Zeit für viele Schweizer Spieler die Türe zur NHL.

Manch einer hatte aber irgendwann schon ein bisschen genug vom Optimisten Ralph Krueger, oder?
Das kann schon sein, aber ich war nie ein Daueroptimist, sondern wollte mit meiner Art immer positive Gedanken auslösen und Prozesse in Gang setzen. Heute mache ich manchmal selber Witze über mich und sage: Jetzt kommt wieder der Krueger mit diesem «positive thinking North American shit».

Welchen Anteil haben Sie an den Silbermedaillen, die die Schweiz 2013 und 2018 gewann?
Das sollen andere beurteilen. Ich aber kann sagen, dass die Entwicklung des Schweizer Eishockeys mein Hauptlebenswerk war und sein wird. Leider konnten wir damals den nächsten Schritt, hin zu den Medaillen, noch nicht machen. Als wir aber 2013 in Schweden die Silbermedaille gewannen, sass ich hoch oben im Stadion in der letzten Reihe und fieberte mit.

Sie waren danach zweimal in der NHL als Headcoach tätig. Mit mässigem Erfolg.
Rückblickend betrachtet bin ich zu spät in die NHL eingestiegen, als dass es eine Lebensaufgabe hätte werden können. Trotzdem bin ich stolz darauf. Dass ich die NHL als Trainer erleben durfte, ist ein Geschenk und eine Erfahrung, die ich nicht missen möchte.

2014 sorgten Sie für eine grosse Überraschung: Sie wurden Vorstandsvorsitzender des FC Southampton. Wenige Jahre zuvor hatten Sie mal in einem Interview gesagt, dass Sie von Fussball keine Ahnung hätten.
Das stimmt auch. Das Erstaunliche an meinem Fussball-Engagement war, dass es mit der Besitzerin Katharina Liebherr eine Frau brauchte, die dieses Wagnis einging. Ich habe dann schnell gemerkt, dass es auch im Fussball nur um die Menschen geht.

Wie meinen Sie das?
In der Premier League ist unglaublich viel Geld vorhanden. Du kaufst für Wahnsinnssummen Spieler wie einen Van Dijk oder einen Mané, du reist für PR-Spiele schnell nach China, du arbeitest mit namhaften Trainern wie Pochettino, Koeman oder Hasenhüttl zusammen. Aber in Wirklichkeit machen die Menschen und nicht das Geld den Unterschied aus, und es geht darum, wie du sie führst und welche Kultur du im Klub etablieren kannst. Völlig egal, ob das im Fussball oder im Eishockey ist. Irgendwann wurde ich mal gefragt, was mich an meinem ersten Job im Fussball überrascht hätte. Ich antwortete: «Dass es keine Überraschung gab.»

Persönlich

Der gebürtige Kanadier Ralph Krueger (geboren 1959) war als Spieler vorwiegend in Deutschland tätig, der Trainer Ralph Krueger in Österreich, der Schweiz und in Nordamerika. Zwischen 1997 und 2010 war er Nati-Trainer, 2012/13 (Edmonton) und 2019–2021 (Buffalo) war er als NHL-Headcoach tätig. 2014 wagte er als Vorstandsvorsitzender des FC Southampton den Sprung ins Fussballbusiness. 2019 gab er das Amt wieder ab. Im gleichen Jahr erhielt Krueger den Schweizer Pass. Seit November 2023 ist er Aufsichtsratsvorsitzender bei Austria Wien. Krueger ist verheiratet mit Glenda. Das Paar hat zwei Kinder.

Fussball-Schiedsrichter

URS

MEIER

«Die wollten dich mit Frauen anfüttern»

Horrorfahrten mit Polizisten, Streitereien mit Spielern und Bestechungsversuche mit Frauen: Urs Meier hat als Fussball-Schiedsrichter Verrücktes erlebt.

Herr Meier, wann waren Sie das letzte Mal in England?
Urs Meier: Das muss vor über zehn Jahren gewesen sein. Ich war damals mit meiner Familie für ein Wochenende in London.

Und wie wars?
Alles bestens, wir logierten in einem guten Hotel. Beim Auschecken sagte der Rezeptionist nur: «Herr Meier, wir haben Sie schon erkannt!»

2004 wurden Sie zum Hassobjekt jedes englischen Fussballfans. Damals annullierten Sie im EM-Viertelfinal in der 89. Minute den vermeintlichen Siegestreffer Englands gegen Portugal. Welche Erinnerungen haben Sie an diese Szene?
Du musst auch mal was pfeifen, was du nicht gesehen hast. So war es damals.

Sie haben das Foulspiel von John Terry an Portugals Goalie Ricardo gar nicht gesehen?
Nein! Ich hatte keine Ahnung, spürte aber, dass das Bild von der ganzen Situation nicht stimmig war. Der Arm des Goalies war nicht dort, wo er eigentlich hätte sein sollen. Mein Bauch sagte deshalb sofort: Foul! Das war der Grund, warum ich gepfiffen hatte.

Wie gings weiter?
Vor der Verlängerung kam Englands Trainer Sven-Göran Eriksson auf mich zu und sagte: «Ich habe die Szene im TV gesehen. Es war ein Fehlentscheid. Sie haben jetzt noch zweimal 15 Minuten Zeit, das wiedergutzumachen.»

Was ging Ihnen in diesem Moment durch den Kopf?
Das war natürlich eine Scheisssituation. Zehn Minuten nach dem Schlusspfiff und dem Out Englands rief mich meine damalige Freundin Nicole Petignat an und sagte mir, ich hätte richtig entschieden. Da fiel mir ein grosser Stein vom Herzen, und für mich war klar: Jetzt bekomme ich den Final!

Es kam völlig anders. Wann realisierten Sie, dass die Engländer trotz Ihres richtigen Entscheids schäumten?
Am nächsten Morgen ging ich im Hotel zum Frühstück. Normalerweise lagen

> «Ich war etwa sieben Tage in Soulce im Jura und durfte nicht einmal meiner Familie sagen, wo genau ich war»

dort immer alle internationalen Zeitungen auf. An dem Tag aber nicht. Also fragte ich, warum dies so sei. Zuerst antworteten sie mir, dass diese heute nicht gekommen seien. Als ich nachbohrte, meinten sie nur, es sei besser, wenn ich die Zeitungen heute nicht lesen würde.

Was machten Sie dann?
Ich ging ins Internet und hatte 16 000 neue Mails im Posteingang. Dann schaute ich auf der Homepage von «The Sun» nach. Dort stand gross «Swiss banker!», was ich nicht so richtig verstand. Also fragte ich meinen englischen Schiedsrichterkollegen. Der meinte, es gäbe drei verschiedene Bedeutungen. Erstens: ein seriöser Banker. Zweitens: einer, der Geld nimmt. Und drittens: «Swiss wanker», auf Deutsch Schweizer Wichser.

Es war die dritte Bedeutung gemeint.
Leider ja. Da habe ich gemerkt, welche Dimensionen das annahm. Die Schweizer Polizei sagte mir dann, es sei besser, wenn ich in Portugal bleiben würde, da man in der Schweiz nicht für meine Sicherheit garantieren könne.

Sie kehrten trotzdem zurück und tauchten unter. Wo?
Ich war etwa sieben Tage in Soulce im Jura und durfte nicht einmal meiner Familie sagen, wo genau ich war.

Hatten Sie Angst?
Ja, es brauchte ja nur einen, der durchdrehte.

Englische Reporter reisten damals nach Würenlos und belagerten Ihr Geschäft und Ihre Familie.
Mein Sohn Cyrill wurde gar auf dem Schulweg abgepasst. Sie boten ihm Geld, Trikots und Besuche von Fussballspielen, wenn er etwas über mich erzählen würde.

Hat sich der englische Fussballverband mal bei Ihnen entschuldigt?
Die FA lud mich später zu einem Cup-Final nach Cardiff ein, wo ich der Gast des Präsidenten war, doch eine Entschuldigung kam nie. Trotzdem ziehe ich den Hut vor diesem Schritt der Engländer. Doch sind wir mal ehrlich: Diese Aktion hat mir rückblickend geholfen, die Revolverblätter haben meine Popularität enorm gesteigert. Wäre das alles nicht passiert, hätte es mein späteres Engagement beim ZDF vielleicht nie gegeben.

Bereits ein Jahr zuvor waren Sie heftigen Attacken ausgesetzt. Damals pfiffen Sie im entscheidenden EM-Quali-Spiel einen Penalty gegen Rumänien und für Dänemark.
Danach protestierten 5000 Fans vor der Schweizer Botschaft in Bukarest. Das war das erste Mal, dass ich von mir aus selber die Polizei anrief. Doch die meinten nur, sie könnten nicht für meine Sicherheit sorgen.

Damals sollen sogar sieben rumänische Hexen Sie mit einem Fluch belegt haben. Haben Sie davon etwas gespürt?
(Lacht.) Nein, aber vielleicht passierte ja deshalb ein Jahr später das mit den Engländern…

Dass aus Ihnen ein Weltklasse-Schiedsrichter werden würde, war lange nicht vorhersehbar. Stimmt die Anekdote, dass Ihr Vater Ihnen das Fussballspielen verboten hatte?
Ja, er sagte immer: «Fussball ist für Doofe.» Deshalb durfte ich nicht in den FC, sondern ging in den Turnverein Würenlos. Erst viel später wurde ich Fussballer.

War er später dann doch noch stolz auf Sie?
Nein, wir hatten nie ein sehr gutes Verhältnis zueinander. Es wäre schön

Tatort Fussballplatz: Nach dem EM-Spiel zwischen England und Portugal 2004 wird Meier zum Hassobjekt.

gewesen, wenn er sich später mal ein Spiel von mir angeschaut hätte. Das war aber nie der Fall.

Aus dem Fussballer Meier wurde später der Schiedsrichter Meier. «Schiedsrichter wird man, weil man kein guter Fussballer war», hat Jürgen Klopp einst gesagt. Hat er recht?

Ja und nein, die Schiedsrichter Serge Muhmenthaler und André Daina zum Beispiel waren zuvor gute Fussballer. Die hatten den grossen Vorteil, dass sie gespürt haben, worum es ging. Ich hingegen musste mir das alles aneignen. Ich habe deshalb viele Spiele analysiert. Wichtig ist für einen Schiedsrichter vor allem, dass er mal selber gespielt hat, egal auf welchem Niveau. Dann weiss er, wo's den Spielern körperlich und seelisch wehtut und wie man sie als Schiedsrichter schützen kann.

Als Schiedsrichter ist man für Recht und Ordnung verantwortlich. Haben Sie schon mal was Illegales angestellt?

Als Teenager war ich in einer Gang. Da wurden auch Töffli geklaut, die richtig ausgeschlachtet wurden. Und alles wurde in einem Schopf aufgehängt. Tanks, Gabeln, Zylinder – dort konnte man dann alles kaufen. Zum Glück haben meine Eltern das nie rausgekriegt. Nachdem auch ich eines klauen musste, hatte ich aber ein so schlechtes Gewissen, dass ich über Wochen hinweg nicht mehr schlafen konnte.

Sie haben in Ihrer Karriere 883 Spiele gepfiffen. Wer war der schwierigste Spieler?

Hoch oben auf der Liste steht Georges Bregy. Der kam dauernd zu mir. Es war in jedem Spiel das Gleiche. Die ersten Minuten hat er mich immer gelobt. Dann begann er mich leicht zu kritisieren, und irgendwann hat er nur noch gemotzt.

Machte er auch Sprüche?
Ja, einmal hat er mir zur Osterzeit gesagt: «Du pfeifst wie ein Osterhase.»

Gaben Sie ihm dafür die Gelbe Karte?
Natürlich nicht, mich hat es fast «verjagt», ich musste nur noch lachen.

Mit welchem Spieler hatten Sie immer Ärger?
Mit Sébastien Fournier. In jedem Spiel! Es gab wohl keine Partie, in der ich ihm nicht die Gelbe zeigen musste. Meist kam er aufs Spielfeld und sagte: «Aha, Urs Meier, GC-Fan, Blau-Weiss, alles klar!» Dann machte er ein Foul, verwarf die Hände, und ich musste ihm schon wieder eine Gelbe Karte zeigen. Da sagte er wieder: «Klar, ist ja wieder mal typisch.» Das hat sich immer wiederholt, bis zum Spiel Servette – Basel 2000.

Was passierte da?
Ich wurde kurz vorher an der EM vorzeitig nach Hause geschickt. Da kam er wieder auf mich zu und sagte: «Die Uefa hat richtig entschieden.» Da faltete ich ihn so richtig zusammen. «Weisst du was, Fournier? Ich war an der WM, ich war an der EM, und ich habe Champions-League-Halbfinals gepfiffen. All das wirst du nie erreichen, weil du nicht auf meinem Niveau bist!»

Wie hat er reagiert?
Er hat sich kurz geschüttelt und war ab dem Moment der netteste Mensch. Ich musste ihn zwar in diesem Spiel noch vom Platz stellen, hatte danach aber nie mehr Diskussionen mit ihm.

Auch Ihr Verhältnis zu Luis Figo soll speziell gewesen sein.
Ich war eigentlich immer ein grosser Fan von ihm. Doch er gab mir immer das Gefühl, ich sei der letzte Mensch auf Erden. Egal, ob ich für ihn oder gegen ihn gepfiffen hatte. 2008 fuhr ich mit meiner heutigen Frau Andrea an die EM in Basel zum Portugal-Spiel. Auf dem Weg dorthin erzählte ich ihr meine Geschichte mit Figo. Als wir dann im VIP-Raum ankamen, sah ich am anderen Ende des Raumes Figo. Was dann passierte, war unglaublich. Er entdeckte mich, lief durch alle durch, umarmte mich und sagte: «Du warst schon immer mein Lieblingsschiedsrichter.» Ich war nur noch baff.

Legendär: Die Gelbe Karte, die Meier 2002 Michael Ballack zeigt, ist heute im Museum.

«Ich habe mich später bei meinen Kindern dafür entschuldigt, dass ich so wenig Zeit mit ihnen verbracht habe»

—

Urs Meier

Gestählt durch 883 Spiele: Schiedsrichter Meier.

Welches war der grösste Fehlentscheid Ihrer Karriere?
Ganz klar Basel – GC 2002. Es ging in dem Spiel darum, wer Herbstmeister wird. Als Murat Yakin im Strafraum grätschte, gab ich Gelb und pfiff Penalty. Zuerst wollte ich eigentlich nicht pfeifen, doch dann sah ich, dass der Ball hinter Yakin lag. Also habe ich gedacht, dass er den Ball nicht berührt hatte. Ich hatte leider nicht gesehen, dass Yakin den Ball doch getroffen hatte. Ein Riesenfehlentscheid, sogar meine Grossmutter hätte das gesehen. Das hat mich danach noch sehr lange beschäftigt.

Eine Gelbe Karte von Ihnen hat vor allem Fussball-Deutschland sehr lange beschäftigt. WM-Halbfinal 2002. Sie zeigten Michael Ballack die Gelbe. Deshalb war er dann im Final gesperrt.
Natürlich wusste ich vor dem Spiel, dass er bereits ein Sternchen hatte. Grundsätzlich habe ich in solchen Partien die Messlatte für eine Karte höher angesetzt. Doch das Foul von Ballack war eindeutig.

Haben Sie die Gelbe Karte noch?
Nein, ich bin kein Sammler. Nach der WM fragte mich ein Süddeutscher, der in Würenlos gearbeitet hatte, ob ich sie ihm schenken würde, was ich dann auch tat.

Heute ist diese Karte im Deutschen Fussballmuseum ausgestellt. Wie kam es dazu?
Jahre später rief mich jemand vom Museum an und fragte, wo die Karte jetzt sei. Also rief ich bei der Firma des Süddeutschen an. Das Spezielle daran: Der Chef der Firma und sein Angestellter, dem ich die Karte geschenkt hatte, hatten offenbar ein Problem miteinander. Dank meines Anrufs kamen die beiden wieder ins Gespräch und konnten ihr Problem doch noch lösen. Sie sehen: Meine Gelbe Karte an Ballack war doch noch für was gut. Der Angestellte überreichte sie dann schliesslich dem Museum.

Ein anderes Problem gab es bis 1997. Davor betreuten die Heimklubs die Schiedsrichter. Gab es Bestechungsversuche?
Sagen wir es so: Bei Spielen in Osteuropa kam es schon mal vor, dass beim Essen scheinbar zufällig attraktive Frauen an den Tisch gebeten wurden. In solchen Situationen musstest du dich aktiv verweigern.

Ist Ihnen das immer gelungen?
Ja, wäre ich darauf eingegangen, wäre meine Karriere so kurz gewesen wie die Röcke dieser Frauen. Es war wie früher beim Fischen. Dort konnte man immer an die gleiche Stelle gehen und die Fische anfüttern. Irgendwann kamen die von alleine. So war es auch in solchen Situationen. Mit den Frauen wollten die dich anfüttern. Wäre ich darauf eingegangen, wären sie beim nächsten Mal einen Schritt weiter gegangen. Deshalb habe ich von Anfang an bei allen Geschenken und Angeboten Nein gesagt. Gott sei Dank haben die Fifa und die Uefa dann den Riegel geschoben, und seither ist dieses Thema erledigt.

Apropos Frauen, 2000 titelte Blick: «Urs Meier: Ich liebe zwei Frauen!» Die legendäre Marta Emmenegger schrieb damals: «Das kann nicht gut gehen.» Hatte sie recht?
(Lacht.) Natürlich, Marta hatte doch immer recht.

2013 wurden Sie nochmals Vater. Wie ist das mit 54?
Toll! Als meine ersten beiden Kinder aufwuchsen, war ich im Leben wegen meines Berufs sinnbildlich auf der Überholspur unterwegs und die Familie an der Raststätte. Ich fuhr dann jeweils nur kurz zur Raststätte rein, sagte Hallo, und weiter ging das Leben auf der Überholspur.

Bereuen Sie das?
Es war der Preis, den du bezahlst für ein solches Leben. Ich habe mich später bei meinen Kindern dafür entschuldigt, dass ich so wenig Zeit mit ihnen verbracht habe.

Wie ist es heute?
Ganz anders. Ich habe nicht mehr das Gefühl, dass ich auf der Überholspur fahren muss. Ich bin deutlich gelassener und habe es noch keine Sekunde bereut, mit 54 nochmals Vater zu werden.

Wenn wir schon beim Thema Überholspur sind. Sie haben mal gesagt, dass das Gefährlichste an Ihrem Job die Fahrten vom Hotel ins Stadion waren.
Das war unglaublich, vor allem in Italien. Das erste Mal mitfahren durfte ich bei einem Spiel Inter – Bayern. Bruno Galler war damals der Schiedsrichter und ich ein Gast. Die Polizeieskorte kam zum Hotel, und los ging die wilde Fahrt. Die fuhren mit 100 km/h durch die Stadt, über Kreuzungen, über rote Ampeln, und bei Stau gings auf die Gegenspur. Der Wahnsinn! Ich war jeweils froh, wenn ich überlebte und heil beim Stadion ankam.

Wieso war das so?
Ich habe denen mal vorgeschlagen, sie könnten ja jeweils eine Viertelstunde früher zum Hotel kommen und es gemächlicher angehen lassen. Die Polizisten lachten nur, das wollten die nicht. Für die war das eine Challenge. Die haben immer wieder versucht, ihre Rekordzeit vom letzten Mal um ein paar Sekunden zu unterbieten.

Ging das auch mal schief?
Einmal sass ich in einem Minibus schräg auf der Sitzbank. Als die mit 100 über eine Bodenwelle fuhren, hats mir voll eine reingehauen. Ich musste dann das ganze Spiel mit einer Nackenstarre pfeifen.

Persönlich Der Aargauer Urs Meier (geboren 1959) pfiff zwischen 1977 und 2004 insgesamt 883 Fussballspiele, darunter WM- und EM-Halbfinals, 2002 den Champions-League-Final oder das politisch brisante WM-Spiel 1998 zwischen den USA und dem Iran. Nach seiner Schiri-Karriere arbeitete er an der Seite von Jürgen Klopp für das ZDF. Heute ist er bei Blue, DAZN und Blick als TV-Experte zu sehen und bietet Referate und Schulungen an. Meier hat drei Kinder, zwei erwachsene aus seiner ersten Ehe und eine Tochter mit seiner zweiten Ehefrau Andrea. Die Familie lebt in Andalusien (Spanien).

Radrennfahrer

BRUNO
RISI

«Der Arzt wollte mir Epo spritzen»

Willkommen in der Welt der legendären Sechstagerennen. Sportler und Entertainer Bruno Risi über Raucherlungen, einen Faustkampf, wunde Füdli, Groupies und gedopte Widersacher.

Herr Risi, haben Sie Ihre richtigen Flitterwochen mittlerweile endlich nachgeholt?
Bruno Risi: (Lacht.) Nein, bis heute nicht.

Sie haben 2001 mitten in der Sechstagerennen-Saison geheiratet. Damals erklärten Sie: «Unsere Flitterwochen dauern einen Tag. Und diesen verbringen wir an der Olma.» Wie wars?
Das war ein toller Tag. Säulirennen, etwas trinken – wir haben an der Olma alles gemacht, was dazugehört. Sie sehen, unser Flittertag war wunderbar.

Sie hatten damals offenbar nur Ihren Sport im Kopf. Als Jugendlicher soll das noch anders gewesen sein. Ihr späterer Erfolgspartner Kurt Betschart sagt heute über Sie: «Bruno war richtig faul. Unglaublich, dass so einer später siebenfacher Weltmeister werden konnte!»
Kurt hat recht. Einmal fand die Kantonalmeisterschaft statt. Als ich morgens aufstand und rausschaute, sah ich, dass es Bindfäden regnete. Also legte ich mich einfach wieder ins Bett. Als dann Kurt bei mir klingelte und mich abholen wollte, sagte ich ihm, dass ich heute keine Lust hätte. Ausserdem war ich zu der Zeit ein Sturzenegger, ich fiel fast bei jedem Training aufs Maul.

Warum?
Ich war ein Luftibus, habe gerne in der Gegend rumgeschaut und bin deshalb regelmässig dem Vordermann ins Hinterrad gefahren. Einmal hat es mich besonders heftig erwischt.

Was war passiert?
Das war nach einem Rennen in Schattdorf, in dem ich selbstverständlich auch gestürzt war und es mir eine Speiche rausgeschlagen hatte. Ich fuhr danach gemeinsam mit Kurt mit dem Rad nach Hause. Natürlich ohne Helm. Dabei versuchte ich während des Fahrens, die Speiche wieder reinzudrücken. Da nahm es mir die Hand rein. Ich machte einen Vorwärtssalto und landete voll auf dem Kopf. Ich war bewusstlos, Feierabend. Kurt dachte sogar, ich sei tot. Ich zog mir beim Sturz eine schwere Gehirnerschütterung zu.

Später wurden Sie und Betschart das Traumpaar des Sechstagerennens. Was hat Sie an dieser Disziplin so fasziniert?

Du fährst in erster Linie für ein Publikum. Dabei bist du nicht nur Sportler, sondern auch Entertainer, denn du hast gegenüber dem Veranstalter eine Verpflichtung, dass du das Publikum unterhältst und dessen Herzen gewinnst.

Manche behaupten, die Teams hätten sich oft untereinander abgesprochen und schon vorher entschieden, wer gewinnen würde.

Das stimmt nicht. Klar fuhr man gewisse Rennen so, dass auch die kleineren Teams Prämien gewinnen konnten. Oder man hat sich mit anderen Teams mal verbrüdert, um gemeinsam gegen die Deutschen zu fahren. Doch in den wichtigen Rennen, zum Beispiel in einer Américaine, wurde immer alles gegeben.

Während Ihrer Zeit waren Sechstagerennen noch äusserst populär. Warum?

Das Ganze war eine grosse Chilbi, mit viel Sauferei. Nur so konnte der Veranstalter eine Wertschöpfung generieren. In Zürich hatte es jeweils sogar einen Strip-Schuppen. Und etwas darf man nicht vergessen.

Was?

In der Zeit gab es in Zürich noch eine Polizeistunde. Deshalb kamen alle ins Hallenstadion, weil man nur dort bis 4 Uhr weitersaufen konnte. Zur Unterhaltung der Besoffenen liess uns darum der legendäre Sepp Vögeli auch mitten in der Nacht noch fahren.

Damals durfte in den Hallen auch noch geraucht werden. Wie schlimm war das?

Wir hatten Raucherlungen – ohne zu rauchen. Manchmal hast du von der Zielgeraden nicht mehr rüber bis

Legendäres Erfolgsduo: Risi (links) und Kurt Betschart 1991 in Zürich.

zur Gegengeraden gesehen. In Gent zum Beispiel sassen in der ersten Reihe immer Männer mit ihren dicken Stumpen. Die haben dir jeweils extra den Qualm ins Gesicht gepustet, wenn du vorbeigefahren bist. Meine Lungen haben manchmal richtig gebrannt. Doch das gehörte einfach dazu.

Wie auch ein wundes Füdli. Wie kämpften Sie dagegen an?
Wir haben jeweils so viel Fett ans Füdli geschmiert, dass es unten bei den Hosen wieder rauslief. Bei mir gings noch, aber Kurt hat darunter sehr gelitten. Er hat sogar Schweinsplätzli in die Hosen reingenäht. Doch nichts half. Das hat ihm die Karriere um einige Jahre verkürzt.

An den Rennen hatte jedes Team eine kleine Koje. Was war da alles drin?
Ein Kessel, wenn man mal aufs Klo musste. Dazu Fette, Massagemittel und ein Becken, um sich zwischen den Rennen zu waschen.

Der eine oder andere Fahrer soll während der Sechstagerennen auch mal Sex in der Koje gehabt haben. Sie auch?
Definitiv nein! Aber ja, damals gab es noch richtige Groupies.

Wo besonders?
In Kopenhagen, die standen reihenweise in der Lobby und warteten auf die Fahrer. Der deutsche Rennfahrer Gerd Dörich sagte mal, als er das Hotel betrat: «Die Blaskapelle ist auch wieder da.» Viele Fahrer haben dieses Rockstar-Sein halt genossen, doch ich habe mich immer auf den Sport fokussiert.

Gefeiert haben aber auch Sie. Sind Sie mal betrunken ein Rennen gefahren?
Vielleicht mal die letzten Runden, weil man kurz vor Schluss noch ein Bier getrunken und einen Schnupf hochgezogen hat. Betrunken ist aber das falsche Wort, ich hatte vielleicht leicht einen sitzen.

Sie sollen aber schon ein Festbruder gewesen sein…
Aber meistens erst, wenn das Rennen vorbei war. Ich kann mich an das Sechstagerennen von Köln erinnern. Weil sich Kurt verletzte, dachte ich, das Rennen sei auch für mich vorbei. Ausserdem war es der Silvesterabend. Deshalb ging ich richtig feiern, gab Gas und fiel erst gegen 8 Uhr betrunken ins Bett. Am Nachmittag hiess es auf einmal, ich bekäme einen neuen Partner und müsse weiterfahren. Das war richtig hart, ich war tatsächlich noch nicht nüchtern.

Einmal haben Sie wegen einer Feier gar Ihren Auftritt im «Sportpanorama» verpasst.
Ich war nach unserem Sieg in Zürich zu lange im Ausgang und hatte keine Hausschlüssel dabei. Deshalb konnte ich mich nicht umziehen und nicht duschen. Also sagte ich Kurt, dass er alleine gehen müsse. In der Sendung erklärte er dann, dass ich kurzfristig krank geworden sei.

Brauchten Sie das Feiern, um abschalten zu können?
Ich bin als Sohn eines Wirtepaars in der Beiz aufgewachsen und ein Lebemensch. Wenn ein Rennen gut lief, fand danach irgendwo ein Fest statt. Dort konnte ich nach einer Stange nicht sagen: «Fertig, ich gehe jetzt schlafen.» Aber ganz wichtig: Ich habe am Tag danach nie blaugemacht und quälte mich dann in langen und harten Trainings. Ich habe es aber auch mal anders versucht.

Wann war das?
Vor den Olympischen Spielen 1996 in Atlanta. Ich hatte da ein halbes Jahr so seriös gelebt wie noch nie. Keinen Schluck Alkohol, alles minutiös verplant. Ich war dadurch zwar in der Form

Legales Doping: Risi 1996.

«Zur Unterhaltung der Besoffenen liess uns der legendäre Sepp Vögeli auch mitten in der Nacht noch fahren»

«Wir haben jeweils so viel Fett ans Füdli geschmiert, dass es unten bei den Hosen wieder rauslief»

—

Bruno Risi

Immer im Kreis: Risi am Sechstagerennen in Zürich 2008.

meines Lebens, bin im Rennen aber sang- und klanglos untergegangen. Als ich zurückkam, sagte mir ein Kollege: «Das erstaunt mich gar nicht. Du warst im letzten halben Jahr nicht mehr du selbst.»

Nicht mehr Sie selbst waren Sie auch 2007, als Sie sich mit Danny Stam in Zürich prügelten. Wie kam es dazu?
Er hat auf der Bahn immer die Führungsarbeit verweigert, das hat mich richtig hässig gemacht. In der Pause ging ich zu ihm hin und sagte: «Stam, was ist mit dir falsch?» Er hat mich dann auf Holländisch beschimpft. Da habe ich ihn gepackt, und wir haben uns einen Faustkampf geliefert. Zusätzlich habe ich ihm einen Kessel Wasser über den Kopf geleert.

Den Urinkessel?
(Lacht.) Nein, da war nur Wasser drin. Wir erhielten danach 50 Franken Busse, wegen «ungebührlichen Verhaltens».

Gab es auch eine Busse für den legendären Abend im Restaurant Gotthard in Flüelen?
Kurt und ich gewannen in Zürich. Danach fuhr uns Geni Wipfli, unser langjähriger Betreuer, nach Hause. Ins «Gotthard», wo die Fans schon auf uns warteten. Und was machte Geni? Der fuhr direkt durch die offene Schiebetüre in die Beiz rein. War das eine Feier!

Sie erlebten in Ihrem Leben auch ein paar Tiefpunkte. 2006 verunglückte der Fahrer Isaac Galvez tödlich.
Das war in Gent. Tage zuvor hatte er mir noch seine frisch geheiratete Frau vorgestellt. Ich lag in der Nacht wegen einer Grippe im Bett und konnte deshalb nicht fahren. Um Mitternacht kam Franco Marvulli in mein Zimmer. Er weinte nur noch und erzählte mir dann, was passiert war. Das war brutal. Ein Fahrfehler – und schon bist du tot. Es hätte jeden von uns treffen können.

Ein Jahr später wurde Ihr grösster Fan, Alfons Aschwanden, in einer Erstfelder Night-Bar niedergestochen.
Fonsi kam oft an die Rennen. Meistens als Tell verkleidet, manchmal hatte er sogar eine Armbrust dabei. Eine Woche zuvor hatten wir noch zusammen ein Bier getrunken. Bei der Bluttat kam auch ein Cousin meiner Frau ums Leben. Dieses Ereignis hat mich extrem betroffen gemacht.

Wieder ein Jahr später starb der vierjährige Sohn Robin Ihrer Schwester Gina.
Der Kleine hatte eine seltene Erbkrankheit. Ich fuhr damals in München, als Robin starb. Als ich davon erfuhr, konnte ich nicht mehr weiterfahren. Wir sind nicht dafür gemacht, dass ein Kind vor uns stirbt. Das ist gegen die Natur und einfach nur schrecklich und traurig.

Die 90er | Bruno Risi

Spartanisch eingerichtet: Risi in seiner Koje während des Berliner Sechstagerennens 2009.

Einen sportlichen Tiefpunkt erlebten Sie schon 2004. Fühlen Sie sich heute eigentlich als Olympiasieger?
Schwierig zu sagen.

2004 gewannen Sie hinter Brown/O'Grady Silber. Später kam raus, dass O'Grady jahrelang gedopt hatte, Olympia war aber bereits verjährt. Sie sagten damals: «Er soll mir die Goldmedaille schicken.» Hat er das jemals gemacht?
Nein, ich warte bis heute darauf. Obwohl uns nachträglich nicht Gold zugesprochen wurde, spürte ich eine gewisse Genugtuung. Ich für mich weiss ja, dass ich an jenem Tag wirklich gut war, quasi der Beste.

Kamen Sie auch mal mit Doping in Berührung?
Ich startete meine Karriere in einem italienischen Strassenteam. Dort wurde man jeden Morgen vom Teamarzt untersucht. Nach ein paar Rennen kam er zu mir und sagte: «Es gibt da ein neues Medikament. Du könntest eine Kur machen. Das würde deine Leistung optimieren.»

Wie reagierten Sie?
Ich sagte Nein. Danach habe ich recherchiert und herausgefunden, dass er mir Epo spritzen wollte. Hätte ich damals das Ganze nicht hinterfragt, wäre ich voll «reingelaufen» und zum Doper geworden.

Was glauben Sie – haben auch all Ihre Gegner Nein gesagt?
Definitiv nicht! Ich lege für niemanden meine Hand ins Feuer. Atlanta 1996 war so ein Beispiel. Nach zwei Dritteln des Rennens führte ich. Doch dann ging auf einmal die Post ab. Es gab Fahrer, die plötzlich massiv zulegten und locker Rundengewinne machten. Ich hatte da keine Chance, obwohl ich ja in der Form meines Lebens war. Da ging definitiv nicht alles mit rechten Dingen zu. Ich habe auch Fahrer gesehen, bei denen das Weiss in den Augen richtig gelb war. Als ich dann sah, wie die fuhren, war mir alles klar.

Das letzte Thema: Kurt Betschart und Sie führten fast schon eine Ehe zusammen. Obwohl rund 50 Prozent aller Ehen geschieden werden, haben Sie sich immer die Treue gehalten. Was war Ihr Erfolgsgeheimnis?
Das war schon unglaublich. Wir hatten eine perfekte Karriere zusammen. Wir haben schon im Sandkasten zusammen gespielt und später gewannen wir gemeinsam so viele Rennen. Aber auch wir hatten nicht nur gute Zeiten. Was auch logisch ist, denn zeitweise waren wir gegen 300 Tage im Jahr zusammen unterwegs.

Wie ist es heute?
Er wohnt gleich bei mir um die Ecke. Aber heute suchen wir uns nicht mehr bewusst. Wenn wir uns aber sehen, haben wir es super miteinander.

Feierten zusammen 37 Siege: Risi (links) und Betschart.

Persönlich

Der Urner Bruno Risi (geboren 1968) zählt zu den erfolgreichsten Sechstagerennen-Fahrern aller Zeiten. 61-mal konnte er gewinnen, davon 37-mal mit Kurt Betschart. Später bildete er zusammen mit Franco Marvulli ein Duo. Auf der Bahn wurde Risi siebenmal Weltmeister, fünfmal im Punktefahren und zweimal im Zweier-Mannschaftsfahren. Ausserdem gewann er mit Marvulli bei Olympia 2004 Silber im Madison. 2010 beendete Risi seine Karriere. Seit 2000 ist er mit Sandra verheiratet. Das Paar hat drei Kinder. Heute arbeitet er für Völkl.

Snowboarder

GIAN SIMMEN

«Dann durfte ich meine tote Tochter in den Arm nehmen»

1998 sprang Snowboarder Gian Simmen zu Olympia-Gold. Und mit seiner frechen Art auch in die Herzen der Schweizer. Nach seiner Karriere musste er aber einen traurigen Schicksalsschlag verkraften.

Herr Simmen, was machen Sie jeweils am 12. Februar?
Gian Simmen: In den Tagen zuvor zaubere ich stets meinen Olympia-Run von 1998 in die Pipe und stelle ihn dann am 12. Februar auf Instagram. Das hat seit Jahren Tradition.

Haben Sie den ganzen Run, mit dem Sie in Nagano Olympia-Gold gewannen, noch drauf?
Bis jetzt habe ich ihn noch immer hingekriegt.

Warum machen Sie das?
Ich möchte damit diesen speziellen Tag ehren und mir natürlich auch beweisen, dass ich es immer noch draufhabe.

In Ihrer Kindheit fuhren Sie zuerst Ski. Hätten Sie es in dieser Sportart auch packen können?
Nein, ich fuhr wie ein schlecht geformter Hornschlitten, denn ich wurde mit diesen zwei langen Latten einfach nicht warm. Als ich mir mit zehn Jahren beim Skifahren den Daumen brach, wusste ich: Das ist nichts für mich.

Wie kamen Sie dann zum Snowboard?
Im Sommer 1988 stand ich zum ersten Mal in meinem Leben auf einem Skateboard. Es war Liebe auf den ersten Blick. Damit konnte man springen und Kurven fahren. Das entsprach meinem Naturell. Zu meinem zwölften Geburtstag 1989 wünschte ich mir dann Geld, um mir ein Snowboard zu leihen. Als ich das Geld geschenkt bekam, ging ich in den Shop rein und kam mit einem Crazy-Banana-Snowboard wieder raus, leuchtgelb mit schwarzer Schrift. Danach ging ich für eine Woche in die Snowboardschule, und seitdem war es um mich geschehen.

Träumten Sie damals schon von einer Karriere als Profisportler?
Nein, es ging um ein Lebensgefühl. Es waren Bretter, die die Welt bedeuteten. Wenn einer von unserer Clique nach Zürich ging, kaufte er dort alle Snowboard-Heftli. Darin entdeckten wir Tricks, die wir dann nachzumachen versuchten. Meine Eltern führten damals ein Hotel in Arosa. Im Garten bauten wir im Winter überall Kicker und sprangen drüber. Wir wussten auch immer, wo es in Arosa nach der Schneeräumung grosse

> «Irgendwann ratterte es, alle Namen rutschten eins nach unten, und oben tauchte plötzlich mein Name auf»

Schneehügel gab und wo noch nicht gekiest wurde. Das alles nutzten wir, um uns mit dem Board auszutoben.

Der Legende nach sollen Sie auch nachts trainiert haben.
Als ich später in Chur zur Schule ging, kam ich immer erst abends im Dunkeln zurück. Also baute ich ein paar Bau-Scheinwerfer auf, damit ich auch spät abends fahren konnte. Doch dann bekam ich Ärger mit meinem Vater.

Warum?
Meine Schulnoten waren nicht sehr gut. Da sagte er mir: «Wenn deine Noten nicht besser werden, ist das Snowboard weg.» Für mich war klar: Bring gute Noten heim, dann kannst du bis 22 Uhr die Scheinwerfer brennen lassen.

Wie wurde dann aus Gian Simmen ein Sportler?
Jahrelang hatte ich jeden Kicker und jede Halfpipe, die ich benutzte, selbst geschaufelt. Irgendwann sagte ich mir: Wenn ich an Wettkämpfe gehe, macht das jemand anders für mich. Das ist doch megapraktisch. Im November 1996 entschied ich schliesslich, Profi zu werden.

Was auffällt: Bis Nagano 1998 hatten Sie kaum Erfolge.
Mein erstes Jahr war eine Riesenkatastrophe, aber mir machte es Spass, einen Winter lang durch Europa zu reisen und Wettkämpfe zu bestreiten. Zu Beginn des Olympia-Winters lief es deutlich besser, und auf einmal hiess es: Der kleine Gian darf nach Nagano.

Mit welchem Ziel reisten Sie nach Japan?
Ich hatte zuvor noch nie einen internationalen Wettkampf gewonnen. Deshalb wollte ich einfach nicht Letzter werden. Zweitletzter zu werden, wäre schon voll okay gewesen.

Es kam anders. Nach Run 1 lagen Sie bereits in Führung.
Damals musste man zwei Runs fahren, und die Ergebnisse wurden addiert. Selbst nach Run 1 dachte ich noch: Wenn ich den zweiten auch gut runterbringe, lande ich irgendwo im Mittelfeld. Während des zweiten Runs entstand dann das legendäre Bild, auf dem meine Mütze und meine Skibrille wegflogen. Das ist mir übrigens während meiner ganzen Karriere nur einmal passiert. Als ich unten ankam, musste ich lange auf die Wertung warten. Das war damals alles noch nicht digital, die Anzeige war wie früher an den Bahnhöfen. Irgendwann ratterte es, alle Namen rutschten eins nach unten, und oben tauchte plötzlich mein Name auf.

Was dachten Sie in dem Moment?
Endlich habe ich mal einen Wettkampf gewonnen. Dass ich nun Olympiasieger war, habe ich lange nicht realisiert.

Doch dann ging der ganze Rummel los.
Du bist von der einen auf die andere Sekunde voll in der Mühle drin. Es wird dir ein Handy gereicht mit deinen Eltern am Telefon. Die haben nur noch geweint, was ich überhaupt nicht kapiert habe. Dann ging es zum olympischen Village für die Siegerehrung. Doch die musste verschoben werden, weil die deutsche Siegerin Nicola Thost bei der Dopingprobe nicht «brünzeln» konnte. Also ging es weiter ins House of Switzerland. Dort hatte ich so Hunger, dass ich selber in die Küche marschierte und gleich dort eine Wurst mit Röschti ass. Ich dachte die ganze Zeit: Lasst mich endlich mal geniessen, dass ich das erste Mal überhaupt einen Wettkampf gewonnen habe. Ich wäre deshalb am liebsten allein in den Wald gegangen, doch das war nicht möglich.

Sie wollten dann direkt nach Hawaii fliegen.

Als Medaillengewinner bist du verpflichtet, nach Hause zu fliegen und dich dort den Fans zu präsentieren. Ich habe mich dagegen gesträubt, hatte aber keine Wahl. Also entschied ich mich, nach Zürich und einen Tag später von dort weiter nach Hawaii zu fliegen.

Wie war der Empfang in Zürich?
Bevor ich in die Ankunftshalle geführt wurde, kam Beni Thurnheer auf mich zu und sagte: «Wir sind gleich live. Mach keinen Seich und nimm während der Sendung den Kaugummi aus dem Mund.»

Haben Sie das befolgt?
Natürlich. Beni war der Grösste. Wenn er das sagt, macht man das.

Sie fielen damals auch mit Ihren Sprüchen auf: «64 Kilogramm Bündnerfleisch» oder «1,74 Meter gross, krumme Nase, abstehende Ohren und eine dumme Klappe.»
Ich hatte nie eine Medienschulung, so bin ich einfach. Die Medien nahmen das natürlich dankbar auf. Ich konnte gerade Sätze sagen und war auch noch ein bisschen witzig, frech und anders. Ich war dann voll im Rösslispiel drin und machte viel mit. Dadurch kam das, was ich am meisten liebte, viel zu kurz: das Snowboarden. Vor Nagano war meine Agenda leer und danach übervoll, nur leider nicht mit Snowboarden. In der Zeit habe ich gemerkt, wie sehr mir das Boarden fehlte.

Dafür verdienten Sie gutes Geld.
Ich blieb mir aber immer treu. Einmal wollte mich Ovomaltine sponsern. Ich habe das dann lange mit meinen Brüdern und Kollegen lange diskutiert. Die wollten mir so viel zahlen, wie meine Kollegen in zwei Jahren verdienten. Doch mir schmeckte Ovomaltine einfach nicht. Deshalb lehnte ich ab, was die anderen nicht verstanden.

Sie fuhren noch bis 2013 weiter. Was passierte eigentlich zwischen 1998 und Ihrem Rücktritt?
Einiges. Zwei WM-Titel, eine grosse Olympia-Enttäuschung 2002, diverse Weltcupsiege auf der ganzen Welt, ein paar Verletzungen, zahlreiche Video- und

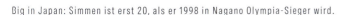

Big in Japan: Simmen ist erst 20, als er 1998 in Nagano Olympia-Sieger wird.

Kopfüber: Simmen an den Olympischen Spielen 2002 in Salt Lake City.

« Plötzlich sagte sie: ‹Irgendetwas stimmt nicht. Ich spüre mein Baby nicht mehr› »

–

Gian Simmen

Fotoaufnahmen, ein Leben als Cervelat-Promi (lacht) und das Wichtigste: Ich lernte meine heutige Frau Petra kennen.

Sie haben vier Söhne, doch Sie mussten als Paar auch einige private Schicksalsschläge verdauen.
Petra hatte mehrere Fehlgeburten. Besonders schlimm war es 2010.

Was war da passiert?
Meine Frau war im neunten Monat schwanger. Wir waren an einer Hochzeit von Freunden in Samedan. Plötzlich sagte sie: «Irgendetwas stimmt nicht. Ich spüre mein Baby nicht mehr.» Wir fuhren dann gleich ins Spital. Dort wurde uns mitgeteilt, dass das Baby tot war. Die Ärzte empfahlen, dass es sinnvoll sei, das tote Kind trotzdem auf natürlichem Weg zu gebären, wenn man sich noch weitere Kinder wünsche. Deshalb leiteten die Ärzte die Geburt ein, und Petra brachte Jonina Natalina zur Welt. 2500 Gramm schwer und 45 Zentimeter gross. Es war wie eine normale Geburt. Ein perfektes kleines Mädchen, nur war es totenstill. Ich durfte dann meine tote Tochter in den Arm nehmen.

Darf man fragen, wie sich das angefühlt hat?
Sie dürfen fragen, weil es wichtig ist, darüber zu reden. Solche Schicksalsschläge passieren häufiger, als man denkt. Es sollte daher kein Tabuthema sein. Meine Tochter war ganz kalt. Natürlich bricht in einem solchen Moment eine Welt zusammen. Das Loch, in das du reinfällst, ist riesengross.

Wie oft stellt man sich die Frage nach dem Warum?
Sehr oft. Medizinisch betrachtet ist die Antwort einfach: Jonina starb wegen einer akuten Plazentaablösung und hatte deshalb von der einen auf die andere Sekunde keine Sauerstoffzufuhr mehr. Dass es uns traf, war einfach nur Pech. Doch die Frage nach dem Warum bringt dich nicht weiter, sie macht dich kaputt. Je nach Sichtweise gibt es darauf keine Antwort oder gleich deren 1000.

Sie hatten damals schon den zweijährigen Sohn Niculin. Wie ging er damit um?
Meine Frau und ich flogen damals mit dem leblosen Baby nach Interlaken ins Spital. Dort durfte Niculin seine Schwester in den Arm nehmen, streicheln und Abschied

Jung, frech, anders: Gold-Simmen 1998.

nehmen. Wie Kinder in dem Alter sind: Für Niculin war es immer klar, dass seine Schwester nun halt zurück im Himmel ist, uns aber ab jetzt als Schutzengel stets begleiten wird. Diese Vorstellung wahrt er bis heute. Es gab dann auch eine Abdankung, und Jonina bekam ein Grab. Das ist noch heute sehr wichtig für uns.

Sie bekamen danach noch drei weitere Kinder. Ich gehe davon aus, dass man nach solch einer Erfahrung Angst hat.
Unser zweiter Sohn Florin kam 2011 zur Welt. Ich war an den Laax Open als Co-Kommentator, als mich Petra in der 31. Schwangerschaftswoche anrief und sagte: «Ich habe Schmierblutungen. Ich glaube, dass die Geburt losgeht.» Ich bin dann auch nach Bern ins Spital gefahren. Als wir im Gebärsaal waren und ich auf den Überwachungsmonitor schaute, war da plötzlich eine gerade Linie. Ich brach voll in Panik aus, bis mir die Pflegefachfrau sagte, dass dies normal sei. Wenn das Baby in den Geburtskanal gleitet, verschwindet eben kurz das Signal. Als Florin gut zwei Monate zu früh, aber gesund zur Welt kam und gleich anfing, laut zu schreien, war das schon ein befreiender Moment.

Viele Paare zerbrechen an solch einem Schicksalsschlag, wie Sie ihn erlebt haben. Wie gelang es Ihnen, zusammenzubleiben?
Wir gaben uns gegenseitig den Raum, den es gebraucht hat, um das zu verarbeiten. Wir nahmen viel Rücksicht aufeinander und gingen zusammen da durch. Doch auch wir hatten unsere Krisen. In solch einer Situation braucht es nicht viel, dass es zum Streit kommt. Ein «Hey, wie häsch es?» kann im falschen Moment schon einen Krach auslösen. Weil dann der andere sagt: «Wie kannst du nur so eine Frage stellen? Du siehst doch, dass es mir nicht gut geht.» Mir halfen aber auch meine Erfahrungen als Sportler.

Wie meinen Sie das?
Als Sportler lernst du Siege und Niederlagen kennen. Diese Erfahrungen helfen dir, auch wenn sie natürlich nicht zu 100 Prozent vergleichbar sind. Und wissen Sie, was der wichtigste Grund war, warum wir zusammenblieben?

Nein.
Weil wir uns lieben. So einfach ist das manchmal.

Persönlich

Der Bündner Gian Simmen (geboren 1977) gewann bei der Snowboard-Olympia-Premiere 1998 im japanischen Nagano Gold in der Halfpipe. 2001 und 2002 wurde er Weltmeister. 2013 beendete er seine Karriere. Heute arbeitet er im Marketing der Jungfraubahnen, ist im Winter für den Snowpark zuständig und setzt Events um. An Snowboard-Wettkämpfen ist er ausserdem für SRF als Experte im Einsatz. Simmen wohnt mit seiner Familie in Krattigen BE. Seine vier Söhne fahren sowohl Ski als auch Snowboard.

Skirennfahrer

MIKE VON GRÜNIGEN

«Meine Eltern wären stolz auf mich gewesen»

Mike von Grünigen ist ein Mann der leisen Töne. Doch wenn er spricht, sollte man ihm genau zuhören, denn er spricht offen über die Höhepunkte, aber auch die Tiefschläge seines Lebens.

Herr Von Grünigen, macht ein Interview mit Ihnen überhaupt Sinn?
Mike von Grünigen: Warum fragen Sie?

Wegen Ihres Spitznamens, den Sie unter den Journalisten hatten.
(Lacht.) Sie meinen «die Plaudertasche»? So wurde ich im Skizirkus genannt, weil ich doch eher schweigsam bin.

Sie haben aber viel erlebt und deshalb einiges zu erzählen. Ihre Biografie von 1998 heisst «Vom Waisenkind zum Weltmeister». Wäre das eine, die WM-Titel, ohne das andere, den Verlust der Eltern, möglich gewesen?
Diese Frage habe ich mir auch schon gestellt.

Haben Sie eine Antwort darauf?
Eine abschliessende nicht, es fällt aber auf, dass viele erfolgreiche Sportler in ihrer Kindheit Schicksalsschläge verkraften mussten. Nur Zufall kann das kaum sein.

Sie waren knapp sechs Jahre alt, als Ihre Mutter aus heiterem Himmel verstarb. Können Sie sich überhaupt noch an sie erinnern?
Ich habe nur noch wenige Erinnerungen an «s'Muetti» und weiss heute nicht mehr, was ich wirklich bewusst mit ihr erlebt habe und was ich nur aus Erzählungen kenne. Ich kann mich aber noch daran erinnern, dass sie sehr oft im Haus Jodellieder gesungen hat, aber leider habe ich ihre Stimme nicht mehr präsent.

Wie geht ein Kleinkind mit dem frühen Tod der Mutter um?
Es klingt jetzt vielleicht hart, aber ich hatte ja gar keine andere Wahl. Es war halt so. Als sie auf einmal nicht mehr da war, fokussierte ich mich automatisch auf andere.

Auf wen?
Auf meine beiden älteren Halbschwestern Ruth und Dori, auf meine fünf Jahre ältere Schwester Christine und natürlich auf «Päppel». Vor allem die Beziehung zu meinem Vater wurde nach dem Tod meiner Mutter sehr eng.

Doch am 10. November 1978 schlug das Schicksal erneut zu. Sie waren mit Ihrem Vater am Holzen, als er tödlich verunglückte.

Die 90er | Mike von Grünigen

1997: Nach WM-Gold in Sestriere lässt sich Von Grünigen feiern.

Es war ein schöner Herbsttag, und wir waren gemeinsam im Wald am Arbeiten. Plötzlich kippte der Traktor um und begrub meinen Vater unter sich. Zuerst versuchte ich, ihn rauszuziehen, was mir aber nicht gelang. Deshalb holte ich Hilfe. Leider verstarb mein Vater später im Spital.

Das Ganze ist mittlerweile 45 Jahre her. Wenn Sie heute daran zurückdenken, welche Bilder schwirren Ihnen durch den Kopf?
Ich frage mich bis heute manchmal, was gewesen wäre, wenn ich ein paar Jahre älter gewesen wäre. Hätte ich dann die Kraft dazu gehabt, den Traktor anzuheben und ihn rauszuziehen? Mein Vater hatte ja zu diesem Zeitpunkt noch gelebt und konnte auch noch mit mir reden. Dieses Bild, wie er unter dem Traktor liegt, hat sich schon sehr stark in mein Gedächtnis eingeprägt.

Mit neun waren Sie plötzlich Vollwaise. Wie kann ein Kind das verkraften?
Damals gab es noch keine psychologische Hilfe. Es musste einfach weitergehen. Wie ich vorher schon angetönt habe, führte das möglicherweise dazu, dass ich Spitzensportler wurde.

Wie meinen Sie das?
Vielleicht war das Skifahren eine Flucht, vielleicht wollte ich so die Trauer überspielen und mich spüren, indem ich an meine körperlichen Grenzen ging.

Sie waren offenbar ein Naturtalent. Schon Ihr erstes Rennen als Fünfjähriger haben Sie gewonnen.
Das war das Schülerrennen hier in Schönried. Meine Mutter sagte mir: «Du musst einfach zwischen den Toren durchfahren.» Das habe ich dann tatsächlich gemacht, ich bin mittendurch beziehungsweise unter den Toren durchgefahren

und habe gewonnen. Erst kürzlich wurde ich hier in Schönried mal wieder darauf angesprochen.

Träumten Sie schon als Kind von einer Karriere als Skirennfahrer?
Nein, ich wollte wie mein Vater Bauer werden. Am schönsten war jeweils die Alpzeit, die 14 Wochen dauerte. Ich blieb jeweils die ganze Zeit oben, half beim Melken und Misten. Dieses einfache Leben in der Natur gefiel mir. Später machte ich eine Lehre als Landmaschinenmechaniker. Doch als ich im Skirennsport immer besser wurde, hatte sich das Thema Bauernhof irgendwann erledigt.

Was beim Blick auf Ihre Karriere auffällt: Sie waren eher ein Spätzünder.
Das stimmt, trotzdem habe ich nie an mir gezweifelt. Auch weil es Jahr für Jahr aufwärtsging und ich der Weltspitze immer näher kam. Wenn auch eher langsam.

Die Grossanlässe und MvG – das passte zuerst aber nicht so richtig.
Sie meinen wohl Lillehammer 1994. Damals war ich wirklich in Form, doch leider hatte ich ausgerechnet an den Olympischen Spielen einen meiner wenigen Stürze. Daran hatte ich schon ein bisschen zu knabbern. Heute glaube ich aber, dass ich ohne diese Erfahrung und das Lernen, mit Niederlagen umzugehen, später nicht zweimal Weltmeister geworden wäre.

Was ebenfalls erstaunlich ist: Sie sind einer der ganz wenigen Skirennfahrer, die sich nie das Kreuzband gerissen haben. Zufall oder nicht?
Ich hatte wohl gute körperliche Voraussetzungen und kannte mein Limit sehr gut. Darum bin ich auch sehr selten ausgefallen.

Man könnte jetzt aber auch sagen: Sie sind so selten ausgefallen, weil Sie nicht komplett an Ihr Limit gingen.
Das glaube ich nicht. Du musst mit dem Wasser kochen, das du zur Verfügung hast. Und bei mir war das meine filigrane Technik. Deshalb hatte ich während meiner ganzen Karriere nie einen richtig schlimmen Sturz.

Einspruch, was war mit Keystone 1994?
Stimmt, das habe ich vergessen. Wir trainierten dort Slalom. Es gab nur ein weisses Band und keine Netze. Da hat es mich geschmissen, und ich bin mitten in den Bäumen und Steinen gelandet. Der damalige Trainer Fritz Züger sagte danach zu mir: «Mike, du hättest tot sein können.»

Schlagzeilen gab es auch 1997 in Val d'Isère. Damals wurde Sieger Hermann Maier disqualifiziert, weil er sich zu früh die Ski ausgezogen hatte. Sie erbten den Sieg und zogen dadurch den Zorn von halb Österreich auf sich.
Damals war schon einiges los, und ich erhielt anonyme Briefe mit Drohungen. Für mich persönlich war das nie ein Problem, als es aber um meine Familie ging, war das zu viel. Einmal wurde mir sogar mit Kindesentführung gedroht. Da schalteten wir schon die Polizei ein.

Sie teilten während Ihrer Karriere oft das Zimmer mit Paul Accola. Auf den ersten Blick eine spezielle Konstellation.
Wir haben uns immer gut verstanden. Er hätte mir sein letztes Hemd gegeben. Aber ja, wir waren grundverschieden. Während ich Perfektionist war, war er eher Minimalist. Oft kam es vor, dass ich frühstücken ging, und wenn ich zurückkam, lag er noch immer im Bett. Päuli war aber ein sehr guter Wetterprophet.

> «Vielleicht war das Skifahren eine Flucht, vielleicht wollte ich so die Trauer überspielen»

Als wir einmal im Wallis im Sommertraining waren, sagte er nachmittags: «Ich fahre heute schon heim, weil morgen wird das wegen des Wetters nichts mit Training.» Und prompt konnten wir alle, die blieben, am nächsten Tag nicht trainieren.

Haben Sie einander auch Scherze gespielt?
Das kam schon mal vor. Früher waren wir im November immer in Colorado im Training. Wir hatten dort ein Häuschen und kochten selber. Päuli, Urs Kälin, Steve Locher, Marco Hangl und ich. Einmal schickten wir Urs zum Einkaufen. Er kam mit dem billigsten Fleisch zurück. Das konnte man wirklich nicht essen, deshalb liessen wir es dann die ganze Zeit im Kühlschrank liegen. Als wir dann in die Schweiz zurückkehrten, nahmen wir das gammelige Fleisch und steckten es Urs in den Koffer. Ich möchte gar nicht wissen, wie das beim Öffnen des Koffers zu Hause gestunken hat.

Apropos Essen: Wer an MvG denkt, der denkt auch an den legendären Käsedress. Mochten Sie ihn?
Sehr, weil er cool, authentisch und typisch schweizerisch war. Ich habe heute noch einen Anzug. Und Sie glauben ja nicht, wie oft ich Anfragen bekomme.

Was für Anfragen?
Viele wollen ihn für Polterabende oder Ähnliches ausleihen. Erst kürzlich gab ich ihn einem Töfflibueb von hier, der damit an einer Veranstaltung in Österreich teilnahm.

1997 und 2001 wurden Sie Riesenslalom-Weltmeister. Dachten Sie in solchen Momenten des Glücks auch an Ihre verstorbenen Eltern?
Ja, sie beide hatten so viel für den Schneesport und den Tourismus in unserer Region gemacht und waren früher beide auch Skilehrer. Sie wären bestimmt stolz gewesen, wenn sie in diesen Momenten dabei gewesen wären. Zum Glück war aber oft meine Frau Anna anwesend.

Welchen Anteil hatte Anna an Ihren Erfolgen?
Einen sehr grossen. Damals gab es ja noch keine Mentalcoaches. Diese Rolle übernahm sie für mich. Zum Glück kamen wir schon 1991 zusammen, bevor ich meine grossen Erfolge hatte und der ganze Rummel losging. Danach war sie immer an meiner Seite. Das war für sie nicht immer ganz einfach. Während der Winter war sie oft alleinerziehende Mutter, weil ich ja dauernd unterwegs war.

2000 hätte aber alles vorbei sein können.
Anna war damals im sechsten Monat schwanger. Es war kurz vor einer Routineuntersuchung, als sie ein aussergewöhnliches Empfinden in der Bauchgegend hatte. Dann wurde festgestellt, dass das Kind tot war. Man muss dann ja trotzdem die Geburt auf natürlichem Wege einleiten, weil ein Kaiserschnitt viel gefährlicher gewesen wäre. Während dieser natürlichen Geburt kam es zu grossen Komplikationen, und Anna verlor sehr viel Blut. Irgendwann sagten mir die Ärzte: «Wir können nichts mehr für Ihre Frau machen.» Sie hatten Anna schon aufgegeben. In diesem Moment kam bei mir natürlich der Tod meiner Eltern wieder hoch.

Es kam zum Glück anders: Ihre Frau überlebte.
Das war für unsere Beziehung eine grosse Herausforderung. Ich als Mann war an einem anderen Punkt als Anna, denn ich war vor allem dankbar darüber, dass meine Frau überlebt hatte. Natürlich hat mich auch der Tod unseres Babys beschäftigt, für Anna war es aber viel schwieriger, weil sie es ja sechs Monate lang in ihrem Bauch getragen hatte. Dadurch hatte sie manchmal das Gefühl, ich litte gar nicht richtig mit ihr mit.

Sie haben Ihr Baby dann beerdigt. Wie wichtig war das für Sie?
Sehr wichtig, auch wenn das rechtlich damals gar nicht möglich gewesen wäre. Es klingt unglaublich hart, aber damals gab es die Regel, dass verstorbene Babys, die kleiner als 30 Zentimeter waren, im Operationsabfall landeten. Man muss sich das mal vorstellen: Die wollten unser Baby in den Abfall werfen! Unvorstellbar! Anna nahm damals mit unserem Pfarrer Kontakt auf und fragte, ob wir Joan nicht beerdigen dürften. Zum Glück durften wir. Er erhielt dann auf dem Friedhof ein Grab, und in unserem Garten pflanzten wir ein rotes Bäumchen.

Wie sieht Ihr Leben heute aus?
Schön, ich bin zufrieden und kann mich über zu wenig Arbeit nicht beklagen. Ich arbeite für Gstaad Saanenland Tourismus, für meinen ehemaligen Ausrüster Fischer, biete im Winter Skitage für Firmen oder Privatpersonen an, bin Präsident der Grüter-Stiftung von

«Die wollten unser Baby in den Abfall werfen»

—

Mike von Grünigen

Swiss-Ski, die Nachwuchstalente unterstützt, und ich jodle seit vier Jahren.

Warum Jodeln?
Weil es mir gefällt und es etwas fürs Gemüt ist. Anna und ich singen im Jodlerchörli Abeglanz Gstaad und aushilfsweise in der Jodlergruppe Schwenden. Das macht richtig Spass.

Etwas haben Sie noch vergessen: Sie wären 2022 beinahe Politiker geworden.
(Lacht.) Stimmt, ich wurde schon früher immer mal wieder angefragt, hatte aber immer Nein gesagt. Beim letzten Mal, als es darum ging, für die SVP für die Wahlen des Grossrats des Kantons Bern zu kandidieren, sagte ich zu und liess mich aufstellen. Ich bekam dann doch relativ viele Stimmen, wenn man bedenkt, dass ich keinen Wahlkampf bestritten hatte.

Mike von Grünigen, der Politiker: Es fällt einem schwer, sich das vorzustellen.
Na ja, ich wäre sicherlich nicht der Vollblutpolitiker, aber meine Frau Anna sagt immer, ich wäre der perfekte Politiker.

Warum?
Weil ich von hitzigen Sitzungen nach Hause käme und trotzdem gleich einschlafen könne.

Persönlich

Der Berner Oberländer (geboren 1969) gehört zu den erfolgreichsten Schweizer Skirennfahrern aller Zeiten. 1997 in Sestriere und 2001 in St. Anton wurde er Riesenslalom-Weltmeister. Hinzu kommen zwei WM-Bronze-Medaillen und Olympia-Bronze in Nagano 1998. Insgesamt gewann er 23 Weltcuprennen und viermal die kleine Kristallkugel in der Riesenslalom-Wertung. 2003 trat er zurück. Er lebt mit seiner Frau Anna in Schönried BE. Das Paar hat drei erwachsene Söhne – Noel, Elio und Lian.

Leichtathletin

ANITA
WEYERMANN

«Ich wollte mir einen dicken Hintern anfressen»

Wer an Anita Weyermann denkt, denkt zuerst an ihren Kultspruch «Gring abe u seckle». Ein Gespräch mit der Ex-Leichtathletin verläuft aber nach dem Motto «Muul uf u ploudere».

Frau Weyermann, muss ich mich vor unserem Gespräch fürchten?
Anita Weyermann: Nein, warum sollten Sie?

Sie haben 1996 gesagt: «Ich hasse solche Interviews!»
Ich war da erst 18 und stand auf einmal in der Öffentlichkeit. Von 0 auf 100. Daran musste ich mich erst gewöhnen.

Sie haben damals auch erzählt, dass Ihr Jugendschwarm der Fussballer Dario Zuffi war.
(Lacht.) Er war halt der Schönste und gefiel mir am besten. Mein grösstes Vorbild war aber eine andere Person.

Wer?
Ganz klar Erika Hess. Ein lebensgrosses Poster von ihr hing in meinem Zimmer, und ich habe mir sogar mal ihre Frisur machen lassen. Wir haben zu Hause immer Skirennen geschaut und Autogramme der Schweizer Stars gesammelt. Mein Bruder und ich sagten uns damals: Wir möchten auch mal so werden und haben deshalb schon früh geübt, selber Autogramme zu schreiben.

Was viele heute nicht mehr wissen: Sie selbst wären beinahe eine Skirennfahrerin geworden.
Ich bin relativ lange im Winter Skirennen gefahren und habe im Sommer Leichtathletik betrieben. Selbst im Winter vor meinem Junioren-WM-Titel über 1500 Meter 1994 fuhr ich noch FIS-Rennen.

Warum entschieden Sie sich für die Leichtathletik?
Für eine Skirennfahrerin war ich einfach zu dünn. Ich wollte mir damals sogar einen dicken Hintern und dicke Waden anfressen, so wie meine Vorbilder, aber irgendwie hat es nicht geklappt. Mein WM-Titel bei den Juniorinnen gab dann den Ausschlag zugunsten der Leichtathletik.

Sie waren in der Zeit noch Schülerin. Wie schwierig war es, Schule und Sport zu vereinen?
Sport-Gymnasien gab es noch nicht. Wenn ich unterwegs war, wurden mir die Aufgaben jeweils gefaxt.

Wie waren Sie als Schülerin?
Heute würde man mir wahrscheinlich Medis geben. Ich war schon ein zappe-

liges Kind, das kaum ruhig sitzen konnte. Ein Horror für jeden Lehrer. Ich habe während des Unterrichts auch immer geschaukelt und bin dabei regelmässig vom Stuhl gefallen. Irgendwann sagte der Lehrer: «Anita, jetzt musst du eine Stunde lang stehen.» Das Peinliche daran: Ausgerechnet in der Stunde war eine Kollegin meiner Mutter zu Gast. Die hat das dann natürlich weitererzählt. Meine Mutter fand das gar nicht lustig.

Ende der 90er feierten Sie dann als junge Sportlerin Ihre grössten Triumphe. Danach kam nicht mehr viel. Hatten Sie zu früh zu viel Erfolg?
Nein, ich bin bis heute nur eine von zwei Schweizerinnen, die eine WM-Medaille geholt haben. Und ich halte immer noch die Schweizer Rekorde über 1500, 3000, 5000 Meter und die Meile. Du musst deine Leistung bringen, wenn du sie draufhast. Leider kamen danach die Verletzungen.

Für viele Experten ist klar: Sie waren so oft verletzt, weil Sie zu hart trainierten.
Da ist rückblickend sicher was dran. Was bei meinen Erfolgen meine Stärke war, das Kompromisslose, das Vollgasgeben, das wurde dann zu meinem Nachteil. Ich bin sehr ungeduldig. Jedes Mal, wenn es nach einer Verletzung ein bisschen aufwärtsging, habe ich wieder Gas gegeben und mich dabei wieder verletzt. Man hätte damals bei mir mal den Reset-Knopf drücken müssen und wieder ganz von vorne beginnen sollen.

Erfolgreich: Anita Weyermann und ihr Vater Fritz 2003.

Wurden Sie von Ihrem Vater, der auch Ihr Trainer war, nie gebremst?
Doch, er hat es immer versucht. Aber ich hatte halt meinen eigenen Kopf …

Damals gab es in den Medien einige Theorien, warum Sie nach 20 nicht mehr so erfolgreich waren. Die eine lautete: Weyermann hat zu kleine Nasenlöcher.
Das hat mir mal ein Arzt gesagt, weil ich an Asthma leide. Aber das ist Quatsch. Ich gewann ja auch mit Asthma und meinen kleinen Nasenlöchern WM-Bronze.

Eine zweite Theorie: Sie verloren wegen der Pille an Leistung.
Auch Quatsch. Ich nahm damals massiv zu, und der Blick ging davon aus, dass das mit der Pille zusammenhing. Das war aber falsch. Ich hatte einen offenen Ellbogenbruch, der sich entzündete. Deshalb musste ich Antibiotika zu mir nehmen, was meinen Darm angriff. Als Folge davon erhielt ich Kortison und ging auf. Es ist nicht einfach, als 22-jähriges «Modi» solche Geschichten in der Zeitung lesen zu müssen.

Wie fühlt es sich an, in der Öffentlichkeit vom Teenie zur Frau zu werden?
Das war schwierig. Nach der WM-Bronze-Medaille kam ich mir oft ausgestellt vor, wenn ich durch Bern lief. Ich ging deshalb zu meiner Freundin, die Coiffeuse war, und liess mir die Haare abschneiden. In der Hoffnung, nicht mehr erkannt zu werden.

Ging der Plan auf?
Nein, die Leute haben mich immer noch erkannt, und zudem sah ich so zusätzlich scheisse aus (lacht).

1997 titelte Blick «Anita nackt».
Das war heftig. Morgens rief mich mein Manager an und sagte: «Anita, wir haben ein Problem. An jedem Kiosk hängt ein Blick-Plakat mit der Schlagzeile ‹Anita nackt›.» Am gleichen Abend hatten wir vom Leichtathletik-Klub aus zum Grillieren abgemacht. Dort war auch mein damaliger Freund, mit dem ich eben erst zusammengekommen war. Zuerst wollte ich nicht hingehen. Doch dann sagte ich mir: Was willst du? Die reden ja darüber. Also ging ich trotzdem, aber ja, solche Geschichten waren nicht immer einfach, aber ich habe es ja überlebt.

Olympia in Sydney 2000: Leiden mit Weyermann.

« Ich war ein zappeliges Kind, das kaum ruhig sitzen konnte »

–

Anita Weyermann

Ihr grösster Erfolg: 1997 gewinnt sie in Athen WM-Bronze.

«Oft wissen die Leute gar nicht mehr, wie ich heisse, aber den Spruch, den kennen sie noch. Ich finde das witzig»

Wie kam es zu diesen freizügigen Fotos?
Ich erhielt damals einen Werbevertrag mit Tag Heuer und wurde zu einem Shooting mit Starfotograf Herb Ritts nach Miami eingeladen. Im Vorfeld sagte man mir, ich müsse mein Wettkampfoutfit mitnehmen. Beim Shooting hiess es dann plötzlich, ich dürfe bloss einen hautfarbenen Slip anziehen, den man dann wegretuschieren werde. Mehr nicht.

Haben Sie nichts gesagt?
Nein, ich war halt noch jung. Und schon lag ich quasi nackt auf einem Dach in Miami. Wenn ich mir aber heute die Fotos anschaue, kann ich gut damit leben.

Das «Bärner Meitschi» mitten in der Welt der Schönen und der Reichen: Wie gingen Sie damit um?
Das war schon speziell. Auch bei diesem Shooting. Auf einmal sass ich mit Boris Becker in der Stretch-Limo, und wir fuhren in ein Schickimickirestaurant. Ich kam dort mit meiner Sporttasche an, die mir dann von einem Angestellten abgenommen wurde. Das war eine völlig andere Welt. Ich kann mich noch erinnern, dass ich Shrimps mit Nudeln bestellte. Ich bekam dann einen Riesenshrimp, und die paar Nudeln waren bloss Dekoration. Satt wurde ich so nicht.

Mochten Sie Auftritte auf dem roten Teppich?
Eigentlich nicht. Ich fühlte mich immer wohler «bluttfuss» als in «Schtögeli-Schuhen». Wenn ich für die Sports Awards jeweils ein Kleid kaufen musste, war das für meine Freundinnen immer eine Riesengaudi. Die mussten immer lachen. Ja, ich kam mir manchmal schon verkleidet vor.

Wer heute den Namen Anita Weyermann hört, der denkt vor allem an Ihren legendären Spruch «Gring ache u seckle» von 1997. Wie oft werden Sie darauf noch angesprochen?
Zuerst muss ich etwas klarstellen: Es heisst «Gring abe u seckle». Das wird

Weyermann: «Und schon lag ich quasi nackt auf einem Dach in Miami.»

«Gring abe u seckle»: Weyermann 2003.

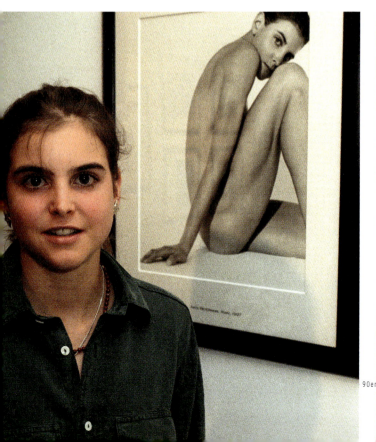

fast immer falsch geschrieben! Ja, ich werde auch heute noch regelmässig darauf angesprochen. Oft wissen die Leute gar nicht mehr, wie ich heisse, aber den Spruch, den kennen sie noch. Ich finde das witzig.

Heute sind Sie vierfache Mutter. Stimmt die Geschichte, dass Sie am Tag nach der Geburt Ihres ersten Kindes wieder joggen gingen?
Ja, das stimmt. Mein Frauenarzt war ziemlich laufverrückt. Ich lag da in meinem Bett und brauchte einfach frische Luft und Bewegung. Da fragte er mich, ob ich die Turnschuhe dabeihätte. Natürlich hatte ich die dabei. Also ging ich ein bisschen an der Aare joggen.

Nach der Geburt der Drillinge haben Sie das aber hoffentlich nicht gemacht, oder?
Nein, aber einen Tag vor der Geburt ging ich noch drei Kilometer schwimmen. Mein Mann sagte da zu mir: «Wenn du ins Wasser gehst, steigt der Wasserpegel.»

Haben Sie mal ausgerechnet, wie oft Sie bei den vier Kindern Windeln wechseln mussten?
Nein, aber was ich sagen kann: Die frischen Windeln hochtragen war kein Problem, sie dann alle aber wieder voll runtertragen war schon anstrengend. Wir haben damals sehr viele Kehrichtsäcke gebraucht!

Persönlich Die Bernerin Anita Weyermann (geboren 1977) war eine der ersten Schweizer Frauen, die in der Leichtathletik zur Weltspitze zählte. 1997 gewann sie WM-Bronze, 1998 EM-Bronze, beides über 1500 Meter. 1999 wurde sie Cross-Europameisterin und Schweizer Sportlerin des Jahres. Sie nahm zweimal an Olympischen Spielen teil. 2008 trat sie nach zahlreichen Verletzungen zurück. Heute arbeitet die vierfache Mutter zu 20 Prozent beim Radio BeO, leitet zusammen mit ihrem Mann eine Leichtathletik-Trainingsgruppe und bietet Privat- und Firmentrainings, Referate und Aquafitkurse an.

Es gibt eine Welt vor dem 11. September 2001 und eine danach. Die Terroranschläge in den USA sind eine Zäsur, aber leider nicht das einzig tragische Ereignis in jenem schwarzen Herbst. Beim Brand im Gotthardtunnel sterben elf Menschen, beim Absturz von Crossair-Flug 3597 bei Bassersdorf kommen 24 Passagiere ums Leben, und beim Zuger Attentat tötet Friedrich Leibacher 14 Politikerinnen und Politiker.

Für positive Schlagzeilen sorgt 2008 die Wahl von Barack Obama zum ersten schwarzen US-Präsidenten. Und als Apple 2007 das erste iPhone auf den Markt bringt, ahnt wohl noch niemand, wie sehr das unseren Alltag und unser Leben für immer verändern wird.

In der Schweizer Politik dreht sich in den Nullerjahren vieles um Christoph Blocher. Der SVP-Übervater wird zuerst überraschend in den Bundesrat gewählt, ehe er vier Jahre später noch überraschender gleich wieder abgewählt wird. Doch leider gibts auch hierzulande noch mehr Tragödien: Beim Bergsturz von Gondo verlieren 13 Menschen ihr Leben, und mit dem Grounding der Swissair endet eine Ära der Schweizer Luftfahrt abrupt.

Der Sport aber sorgt in den Nullerjahren für zahlreiche Märchen. Tennis-Maestro Roger Federer wird zum ersten richtig globalen Schweizer Star, Griechenland krönt sich völlig überraschend zum Fussball-Europameister, Schwimmer Michael Phelps und Leichtathlet Usain Bolt eilen von Rekord zu Rekord, die Schweiz darf mit der Fussball-EM ein Heimturnier austragen (leider ohne Happy End), und dank dem Triumph von Alinghi beim America's Cup wird die Schweiz völlig überraschend eine Segelnation.

Die 00er

286 Eishockeygoalie Martin Gerber

296 Kunstturnerin Ariella Kaeslin

306 Skirennfahrerin Sonja Nef

316 Parasportlerin Edith Wolf-Hunkeler

Eishockeygoalie

MARTIN GERBER

«500 Franken Lohn? Das war wirklich cool»

Vom unbekannten Ersatzgoalie in der 2. Liga zum gefeierten Stanley-Cup-Sieger: die unglaubliche Lebensgeschichte der Eishockeygoalie-Legende Martin Gerber.

Herr Gerber, wie ists im Weissen Haus?
Martin Gerber: Recht cool. Die ganze Maschinerie, die dahintersteckt, ist beeindruckend. Schon Wochen vor dem Besuch musste man allerlei Unterlagen und Dokumente einreichen. Man wurde quasi von Kopf bis Fuss durchleuchtet.

Das Ganze war 2006, nachdem Sie mit den Carolina Hurricanes den Stanley Cup gewonnen hatten. Sie durften dann beim Empfang sogar dem damaligen US-Präsidenten George W. Bush die Hand schütteln. Hat er mit Ihnen geredet?
Nein, der wusste doch gar nicht, wer ich war. Bush hat sich auch nicht sonderlich fürs Eishockey interessiert. Er hat mir einfach die Hand geschüttelt, und das wars.

Vom Emmental ins Weisse Haus – eine unglaubliche Geschichte. Lassen Sie uns in Ihrer Kindheit starten. Wie wuchsen Sie auf?
Ich war das sechste und letzte Kind. Das war super für mich, weil die Eltern dann nicht mehr so sehr auf mich geachtet haben. Ich habe selten gefragt, sondern einfach gemacht, und wurde sehr schnell sehr selbständig.

Ihre Eltern waren arm. Hat Sie das gestört?
Nein, nie. Ich hatte eine super Kindheit. Es stimmt zwar, dass wir kaum Geld hatten. Ich musste deshalb natürlich jeweils die Klamotten der Älteren nachtragen und bekam auch nie ein neues Velo geschenkt. Doch das war mir egal.

Wie wohnten Sie?
In einem schönen, alten Haus mit einem grossen Garten, in dem man wirklich noch Kind sein konnte. Der einzige Nachteil: Wir hatten noch eine Holzheizung. Im Winter hatten wir deshalb in der Küche manchmal Minusgrade.

Gab es Ferien bei den Gerbers?
Nur einmal, da schenkte uns eine Vereinigung zwei Wochen Tessin. Trotzdem hatten wir immer schöne Ferien. Wir halfen Freunden beim Heuen, gingen auf die Alp – und ich lernte schon früh Auto fahren…

Die Anfänge: Gerber im Tor des SC Signau.

Wie alt waren Sie da?
Etwa zehn. Das war damals völlig normal. Sitz nach vorne schieben, und dann fuhr ich im ersten oder zweiten Gang in einer Kiesgrube rum. In dieser Zeit lernte ich auch Bagger fahren. Glauben Sie mir: Als Bub macht es mehr Spass, Bagger zu fahren, als am Strand Ferien zu machen. Mir hat definitiv nie etwas gefehlt.

Der Legende nach wurden Sie Goalie, weil Ihre Eltern kein Geld hatten.
Das stimmt zum Teil. Damals stellte der Klub den Goalies die Ausrüstung kostenlos zur Verfügung. Deshalb stand ich im Tor, weil wir uns die Ausrüstung eines Feldspielers schlichtweg nicht leisten konnten. Hinzu kam, dass ich ein schlechter Schlittschuhläufer war.

Bei den SCL-Junioren konnten Sie sich nicht durchsetzen. Angeblich hätte es ohne Hanspeter Bissegger, den damaligen Gemeindeschreiber von Signau, den späteren Hockeystar Gerber nicht gegeben.
Er war damals für den Goalienachwuchs zuständig. Nach einer Saison in Langnau wollte ich aufhören. Ich war im Vergleich zu meinen Teamkollegen einfach zu wenig gut. Doch dann kam Hämpu und überredete mich weiterzumachen.

Hatten Sie einen Plan B?
Ja, einfach Teenager sein…

Haben Sie heute manchmal den Gedanken «Was wäre, wenn…»?
Nein. Hätte es den Profi-Hockeyspieler Gerber nicht gegeben, wäre das nicht schlimm gewesen. Dann wäre ich vielleicht als Forstwart genauso glücklich geworden.

Die 00er | Martin Gerber

Sie blieben aber dem Hockey treu und wechselten mit 17 Jahren nach Signau in die 2. Liga.
Das Spezielle daran: Ich war dort zu Beginn nicht mal der Stammgoalie. Deshalb erhielt ich von der Nummer 1 zu Weihnachten beim Wichteln ein Jo-Jo geschenkt. Damit ich während der Spiele etwas zu tun hätte und nicht nur das Türchen für ihn öffnen müsse.

Ein Trainer sagte damals zu Ihnen: «Wenn du es bis in die 1. Liga schaffst, hast du das Maximum aus dir rausgeholt.» Haben solche Sprüche Sie geärgert?
Nein, das war halt seine Meinung. Doch ich habe noch nie jemanden gesehen, der die Lottozahlen richtig voraussagen kann. So ist es auch bei Sportlerkarrieren.

Warum haben ausgerechnet Sie es trotzdem geschafft und viele andere nicht?
Ich habe immer einen Weg gesucht und auch gefunden. Und ich war sicher extrem ehrgeizig. So wie ich früher nicht auf meine Eltern gehört hatte, habe ich später auch nicht auf jeden Trainer und sogenannten Experten gehört.

Doch auch nach Ihrer nächsten Station Thun in der 1. Liga schien eine Profikarriere sehr weit weg zu sein.
Ich erhielt damals von Saas-Grund ein Angebot aus der 1. Liga. Ich hätte 1000 Franken verdient, halbtags Hockey gespielt und halbtags am Skilift gearbeitet. Wir waren uns damals mündlich schon einig. Hätte ich es angenommen, hätte es den Profispieler Gerber später wohl nicht gegeben. Doch dann bot mir der SCL an, als dritter Goalie ins NLB-Team zu kommen.

Wie viel verdienten Sie damals in Langnau?
500 Franken brutto, plus Wohnung. Das war wirklich cool. Auf einmal bekam ich fürs Hockeyspielen Geld.

Ein gutes Jahrzehnt später unterschrieben Sie in der NHL einen Dreijahresvertrag über 11,1 Millionen US-Dollar. Welche Erinnerungen haben Sie an jenen 2. Juli 2006?
Zusammen mit einem Freund sass ich auf der Terrasse des Hotel Hirschen in Langnau und ass etwas. Ich wusste von drei, vier Teams, die Interesse an mir hatten. In ein, zwei Stunden ging alles über die Bühne. Damals wurde noch gefaxt. Deshalb musste ich im «Hirschen» immer wieder hoch zum Faxgerät im Büro laufen. Irgendwann hatte ich mich dann mit Ottawa geeinigt.

Wie gings weiter?
Die schickten einem einen Fax mit der Lohnsumme drauf, den man wiederum unterschrieben zurückschickte.

In diesem Moment wussten Sie: Jetzt werde ich Multimillionär! Was haben Sie als Erstes gemacht?
Ich glaube, nochmals was zum Essen bestellt, weil das andere bereits kalt war (lacht). Und natürlich hat man dann auch ein Gläschen Wein getrunken. Gleichzeitig war ich mit meinen Gedanken bereits in Ottawa. So einen Vertrag zu unterschreiben, ist nicht einfach. Man entscheidet damit, wo man die nächsten Jahre seines Lebens verbringen wird.

Trotz Ihres Millionengehalts fuhren Sie in Nordamerika einen VW Passat. Was sagten Ihre Mitspieler dazu?
Die fanden das lustig. Doch für mich war das Auto perfekt. Im Winter braucht man keinen teuren Sportwagen, sondern ein zuverlässiges Allradauto. Und das war er.

> «Hätte es den Profi-Hockeyspieler Gerber nicht gegeben, wäre das nicht schlimm gewesen. Dann wäre ich vielleicht als Forstwart genauso glücklich geworden»

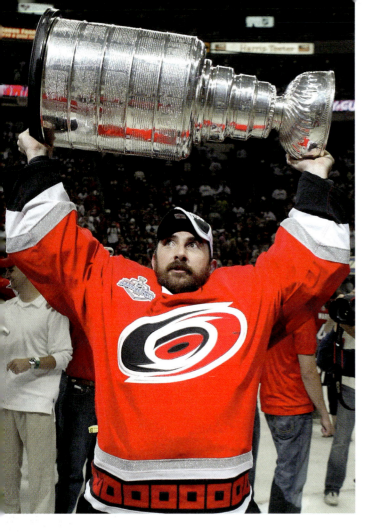

Ein Emmentaler auf Reisen: Als Stanley-Cup-Sieger 2006 (oben) und als Goalie von Kloten.

Viele NHL-Stars ticken anders und präsentieren ihren Reichtum gerne. Wie gingen Sie damit um?
Auch mir gefällt zum Beispiel eine schöne Uhr, doch ich muss keine besitzen. Wenn ich jeweils mit ein paar Mitspielern in einen Uhrenladen ging, kauften die sich eine, und ich schaute sie mir einfach nur an. Das reichte mir vollkommen.

Dass Geld völlig unwichtig sein kann, erfuhren Sie später in Russland. Als Sie dort mit einem Gegenspieler kollidiert sind, wären Sie fast im Rollstuhl gelandet.
Wäre ich im Nackenbereich nicht so muskulös gewesen, sässe ich Ihnen jetzt im Rollstuhl gegenüber. Ja, ich hatte Glück gehabt, denn ich hätte mir beinahe das Genick gebrochen. Die ersten Minuten und Stunden nach dem Unfall waren schwierig. Ich hatte unglaubliche Schmerzen, wusste aber nicht, warum. Und ich konnte mich mit kaum jemandem verständigen, weil alle nur Russisch sprachen.

Wie wars im russischen Spital?
Du darfst nicht nach Russland gehen und das Gefühl haben, dort sei es genau gleich wie hier. Es ist eine völlig andere Welt. Ich musste mir im Spital sogar selber einen Halskragen kaufen, den sie mir dann umgelegt haben. Aber eben: «That's Russia», sagten sie mir immer.

Zu den Auswärtsspielen flogen Sie immer in einem alten Flugzeug. Hatten Sie da nie Angst?
Nur weil etwas alt ist, muss es nicht schlecht sein. Aber ja, diese Flugzeuge waren schon gewöhnungsbedürftig und brauchten auf der Startbahn immer ewig, bis sie abhoben. Die Bosse sassen jeweils vorne auf den schönen Holzsitzen und wir Spieler hinten wie die Hühner auf dem Stängeli. Irgendein Spieler sagte beim Start immer: «Sorry, Boys, das wars!»

Und wenig später stürzte ja das Flugzeug von Lokomotive Jaroslawl auch wirklich ab, und nahezu die ganze Mannschaft kam ums Leben. Kannten Sie die Spieler?
Zum Teil schon, mit Ruslan Salej hatte ich in Anaheim gespielt, und mit den Tschechen von Jaroslawl trafen wir uns manchmal in Moskau zum Essen. Das war schon krass. Rätsch, bumm – und alle waren tot. Und du weisst, dass du sie nie mehr sehen wirst. Das macht einen schon nachdenklich.

« Dann sässe
ich jetzt
im Rollstuhl »

–

Martin Gerber

Magisch: 2013 hext Gerber die Nati in Schweden zu WM-Silber.

Die 00er | Martin Gerber

2013 kehrten Sie zu Kloten in die Schweiz zurück. Ein Training im Frühjahr 2018 beendete schliesslich Ihre Karriere.
Ich bekam damals einen Puck an die Maske. Nichts Spektakuläres. Doch ich litt offenbar zu diesem Zeitpunkt noch immer an einer Hirnerschütterung, die nie richtig ausgeheilt war.

Durch die Verletzung gabs nie ein Abschiedsspiel. Sie kehrten einfach nicht mehr aufs Eis zurück. Machte Sie das traurig?
Glauben Sie mir, ich hatte damals andere Sorgen und war auch nie ein Freund von Abschiedsspielen. Die ersten eineinhalb Jahre brauchte ich, um überhaupt wieder einen halbwegs normalen Alltag bestreiten zu können. Dabei half mir auch mein Wald.

Sie sind Besitzer eines Waldes?
Ja. Ein Wald ist nicht wie ein Auto, das du einfach mal so kaufst. Mit einem Wald kaufst du dir Zeit. Nach meiner Hirnerschütterung war ich oft alleine im Wald. Das war das Einzige, was mir damals wirklich geholfen hat. Mein Wald – das ist mein Luxus.

Persönlich Der Emmentaler Martin Gerber (geboren 1974) ist der einzige Schweizer, der in den vier wichtigsten Hockey-Ligen der Welt Erfolge feierte: Stanley-Cup-Sieger in den USA (2006 mit Carolina), Meister in Schweden (2002 mit Färjestad), Cupsieger in der Schweiz (2017 mit Kloten), Torhüter in Russland. Auch in der Nati lieferte der Goalie ab: 2013 gewann er WM-Silber, und an Olympia 2006 hexte er die Schweiz zum Sensationssieg gegen Kanada. Heute ist der dreifache Familienvater bei den SCL Tigers Stufenleiter U13.

Kunstturnerin

ARIELLA KAESLIN

«Ich war dem Missbrauch machtlos ausgeliefert»

Sie war ganz oben. Doch der Preis, den die Kunstturnerin Ariella Kaeslin dafür bezahlte, war hoch. Zu hoch? «Nein», sagt sie heute versöhnlich.

Frau Kaeslin, sind Sie diese Woche am Montagmorgen auf die Waage gestanden?
Ariella Kaeslin: Nein, diese Zeiten sind zum Glück vorbei. In meiner Wohnung gibts keine Waage.

Als Kunstturnerin mussten Sie sich in Magglingen jeden Montagmorgen auf die Waage stellen. Was passierte, wenn Sie aus Sicht Ihres Trainers zu schwer waren?
Dann wurde ich beleidigt und musste mit einer Schwitzjacke joggen, bis ich die 100 Gramm zu viel wieder runter hatte. Gelang mir das nicht, bekam ich ein eintägiges Trainingsverbot aufgebrummt. Wir versuchten deshalb natürlich immer zu verhindern, dass wir am Montagmorgen zu schwer waren.

Wie machten Sie das?
Indem wir ab Sonntagabend nichts mehr assen. Und wir waren auch durchaus erfinderisch und clever. Wir wogen ab, welcher Turndress am leichtesten war, zogen den BH aus und nahmen die Ohrringe ab, um jedes einzelne Gramm einzusparen.

Sie kamen als 13-Jährige ins Nationale Verbandszentrum nach Magglingen. Wie sehr hatten Sie Heimweh?
Mega, es war ein einschneidendes Lebensereignis. Von einem auf den anderen Tag waren mein Mami und mein Papi nicht mehr da, in der Schule hatte ich auf einmal andere Kolleginnen und Kollegen, und dann war da noch dieses äusserst harte tägliche Training.

Sie hatten bereits als Vierjährige mit dem Kunstturnen angefangen. War das Training in Magglingen danach so anders?
Das Spielerische war von heute auf morgen weg, es ging nur noch um Leistung.

In den ersten sechs Magglingen-Jahren hatten Sie einen Trainer, der Sie und Ihre Kunstturnkolleginnen quälte, verbal beleidigte und psychisch missbrauchte. Wie sah ein typischer Tag damals aus?
Morgens hatte ich zwei bis drei Lektionen am Gymi in Biel. Dann fuhr ich mit dem Bähnli hoch nach Magglingen und trainierte drei Stunden. Nach dem Essen ging es wieder runter nach Biel in die

Schule, danach wieder hoch, um nochmals zwei bis drei Stunden zu trainieren. Während der Trainings wurden wir regelmässig beleidigt, mit Wörtern, die ich hier nicht wiederholen möchte. Gegen 20 Uhr kam ich nach Hause, zuerst lebte ich in einer Gastfamilie, später in einer WG. Der schönste Moment des Tages war jeweils der Abend, wenn ich das Training überstanden hatte und unter der Dusche stand.

Ein grosses Thema damals war auch das Essen.
Unser Trainer verbot uns zum Beispiel, Brot und Spaghetti zu essen, und ass genau das dann demonstrativ vor unseren Augen.

Hielten Sie sich immer daran?
Natürlich nicht. In der Mensa gingen wir regelmässig zur Geschirrrückgabe, nahmen dort die Pizzaränder, die nicht gegessen worden waren, von den Tellern, stopften sie in unsere Taschen und assen sie später heimlich.

Welche Auswirkungen hatten die Essensrestriktionen auf Ihr Wohlbefinden?
Weil wir keine Kohlenhydrate essen durften, gerieten wir voll in die Unterversorgung, und ich fror in den Nächten jeweils sehr stark. Ausserdem verheilten Verletzungen nicht, ich war depressiv verstimmt und dachte 24 Stunden am Tag ans Essen. Das war natürlich für meine Leistung nicht förderlich. Ich habe in dieser Zeit so viel Energie mit Nachdenken übers Essen verschwendet. Wäre ich ein, zwei Kilos schwerer gewesen, hätte mir dadurch aber übers Essen keine Gedanken machen müssen, wäre ich bestimmt viel leistungsfähiger gewesen.

Als Aussenstehender denkt man unweigerlich: Warum haben Sie Magglingen nicht einfach verlassen?
Es gab immer wieder Momente, in denen ich kurz davor war. Doch ich war mir immer bewusst: Wenn ich jetzt nach Hause gehe, ist es vorbei mit meinem Traum und meiner Karriere als Kunstturnerin. Deshalb war ich dem Missbrauch machtlos ausgeliefert. Gleichzeitig war auch ich selber getrieben vom Erfolg. Auch ich wollte mich bis zum Maximum plagen, um noch besser zu werden und die Grenzen auszuloten, denn ich hatte das Ziel, die beste Kunstturnerin der Schweiz zu werden.

In Ihrer Biografie «Leiden im Licht» schreiben Sie folgenden Satz, den Ihr Trainer zu Ihnen gesagt hatte: «Wenn du tot umfallen würdest, könnte ich dennoch gut zu Abend essen.»
Das hat er wirklich zu mir gesagt. Ein anderes Mal, als ich im Training vom Barren herunterfiel, meinte er nur: «Hoffentlich hats wehgetan.» Er hat mir das Unbeschwerte, Spielerische, Rebellische ausgetrieben und meinen Charakter und meine Persönlichkeit gebrochen. Ich arbeite noch heute mit professioneller Hilfe daran, dass ich meinen Ursprungscharakter zurückgewinne.

Ist das Frauenkunstturnen besonders anfällig für Missbrauch?
Ja, weil es eine Kindersportart ist. In der Zeit wurde ich vom Mädchen zur Frau. Doch das Idealbild einer Kunstturnerin ist das eines achtjährigen Mädchenkörpers mit den Muskeln eines 18-jährigen Mannes und der femininen Ausstrahlung einer Frau. Dieses Idealbild zu erreichen, ist unmöglich. Trotzdem versucht man es und verpufft dabei so viel Energie im Kampf, die Entwicklung vom Mädchen zur Frau zu unterdrücken. Mit fatalen Folgen. Ich glaube schon, dass das Kunstturnen grenzüberschreitende Handlungen und Übergriffe begünstigt, weil die «Meitli» und auch die Buben halt noch nicht abschätzen können, was für

> **«Der schönste Moment des Tages war jeweils der Abend, wenn ich das Training überstanden hatte und unter der Dusche stand»**

Eine Leidenschaft, die Leiden schafft: Kunstturnerin Kaeslin.

Konsequenzen solche Trainer und ihre Methoden auf ihr ganzes Leben danach haben können.

Haben Sie heute eine Erklärung dafür, warum dieser Trainer so mit Ihnen umging?
Ich glaube, er hat es nicht böse gemeint. Er wollte einfach die maximale Leistung rausholen. Was er damit bei uns Turnerinnen für Schäden angerichtet hat, war er sich wohl nicht bewusst.

Das klingt jetzt sehr versöhnlich.
Ich bin heute an einem Punkt angelangt, an dem ich alles relativ gut verarbeitet habe. Ich habe mittlerweile eher Mitgefühl mit ihm und verstehe auch, dass ein Kunstturntrainer sehr viel mitbringen muss. Er muss fachlich top und ein guter Pädagoge sein. Er muss empathisch, aber trotzdem hart sein. Und er muss ein Stück weit auch eine Vaterrolle einnehmen. Dass das möglich ist und man damit trotzdem Erfolge feiern kann, hat sein Nachfolger Zoltan Jordanov bewiesen.

2007 wurde der umstrittene Trainer endlich abgesetzt. Auch weil Sie und Ihre Kolleginnen sich gegen ihn auflehnten. Was machte der Nachfolger Jordanov anders?
Auch er war hart, akzeptierte aber jede Athletin so, wie sie war. Er war ein Paradebeispiel für gesunden Spitzensport, sofern man Spitzensport überhaupt gesund nennen darf.

Mit ihm kamen auch die Erfolge. Sie wurden Europameisterin, Vize-Weltmeisterin und Olympia-Fünfte. Konnten Sie diese Erfolge überhaupt geniessen?
Ich habe sie sehr genossen und ausgiebig gefeiert, weil ich auch bei Erfolgen extrem war. Aber nur sehr kurz, höchstens einen Tag. Richtig geniessen und loslassen konnte ich während meiner ganzen Karriere nie. Ich legte immer gleich den Fokus wieder auf die nächsten Ziele und verlangte noch mehr von mir. Auch dieses Verhaltensmuster hing mit meinem vorherigen Trainer

« Die Emotionen waren weg. Ich war innerlich tot »

–

Ariella Kaeslin

zusammen. Nach Erfolgen sagte er mir immer wieder: «Du musst nicht meinen, dass du gut bist, nur weil du jetzt mal gewonnen hast. Du musst noch mehr trainieren. Du musst noch besser werden.» Er hat uns bewusst kleingehalten. Rückblickend staune ich, wie leistungsfähig mein Körper damals war, obwohl meine psychischen und physischen Ressourcen nicht respektiert wurden.

2011 traten Sie zurück. Warum?
Ich konnte einfach nicht mehr. Ich war seit Jahren immer müde, lag alle zwei Wochen mit Fieber im Bett, hatte kognitive Störungen. Wenn ich einen Zeitungsartikel las, wusste ich am Ende nicht mehr, was ich gelesen hatte. In Gesprächen konnte ich meinem Gegenüber nicht mehr richtig folgen. Mein Hirn konnte zu diesem Zeitpunkt nichts mehr aufnehmen und verknüpfen. Dadurch bekam ich oft das Gefühl, dumm zu sein. Und auch die Emotionen waren weg, ich war innerlich tot. Ein Zustand, der das Leben nicht mehr lebenswert machte. Doch lange Zeit wusste ich selbst nicht, woran ich litt.

Was sagten die Ärzte?
Die Sportärzte nahmen mir immer wieder Blut ab und untersuchten es. Ich wollte unbedingt eine Diagnose, bekam aber keine, weil die Werte okay waren. Doch dann sah ich einen TV-Beitrag über den ehemaligen Skispringer Sven Hannawald, der darin über seine Depression sprach. Da wurde mir bewusst: Mir geht es genau so wie ihm. Das war eine Erleichterung. Endlich wusste ich, was ich hatte: eine Depression, ein Burnout, eine massive Essstörung. Plötzlich hatte ich aber auf einmal auch viel Zeit, was neu und schwierig für mich war.

Wie meinen Sie das?
Ich turnte, seit ich vier war. Mein ganzes Leben war geregelt gewesen, und auf einmal hatte ich eine leere Agenda vor mir. Als Spitzensportlerin kümmerten sich viele Menschen und der Verband um mich. Doch nach dem Rücktritt stand ich auf einmal allein da. Zudem brachte die Transformation vom Spitzensport ins normale Leben viele Herausforderungen mit. Ich wusste nicht, wie man Rechnungen bezahlt, weil das früher alles mein Management gemacht hatte. Über was redet man im Alltag mit Menschen, wenn man zuvor immer nur übers Kunstturnen geredet hat? Wie trennt man den Abfall?

Der Tiefpunkt kam aber erst noch, als Sie 2011 allein nach Asien reisten.
Ich brauchte kurz nach dem Rücktritt einen Tapetenwechsel, doch mir ging es zu diesem Zeitpunkt psychisch extrem schlecht. Als ich in Tokio war, hatte ich eine grosse Krise.

In Ihrem Buch heisst es: «Wenn ich einen Knopf hätte drücken können und nachher tot gewesen wäre, hätte ich den Kopf gedrückt.» Dachten Sie konkret an Selbstmord?
Daran gedacht habe ich, aber die Handlungsintention dazu hatte ich nicht. Ich wusste einfach: Wenn mein Leben so weitergeht, macht es keinen Spass mehr. Deshalb holte ich mir professionelle Hilfe.

War es für Sie schwierig, Hilfe anzunehmen?
Nein, ich war einfach nur froh, dass ich endlich wusste, woran ich litt. Mit der Hilfe einer Ernährungspsychiaterin, eines Psychologen und eines Psychiaters kämpfte ich mich Schritt für Schritt ins Leben zurück. Ich setzte mir neue Ziele und gab meinem Tag eine gesunde Struktur. Das alles hat megaviel Zeit gebraucht.

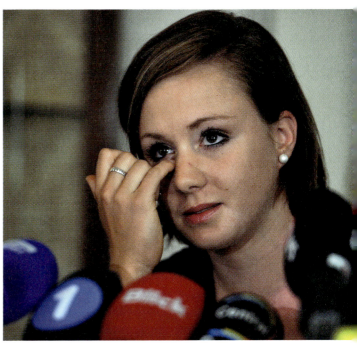

Tränen zum Abschied: 2011 verkündet Kaeslin ihren Rücktritt.

2009: Kaeslin wird Schweizer Sportlerin des Jahres.

Sie gingen dann mit Ihren psychischen Problemen auch an die Öffentlichkeit.

Damals war das noch ein grosses Tabuthema, und viele rieten mir vor diesem Schritt ab. Sie meinten, ich solle das nicht kommunizieren, weil das mein Image kaputtmachen würde. Doch ich bin heute megafroh, dass ich das so offen kommuniziert habe und damit auch anderen Menschen in ähnlichen Situationen Mut machen kann.

2021 machten Sie zudem öffentlich, dass Sie bisexuell sind. Warum dieser Schritt?

Aus den gleichen Gründen: weil es noch zu wenige Vorbilder gibt. Als ich mich in eine Frau verliebte, dachte ich zuerst: Shit, was läuft da? Dann habe ich mich damit auseinandergesetzt und plötzlich gedacht: Cool, hier geht eine neue Welt für mich auf. Ich schick mich jetzt voller Vorfreude rein in diese Welt.

Kommen wir zum Abschluss nochmals auf die Waage zu sprechen. Hätten Sie heute ein Problem damit, sich auf die Waage zu stellen?

Nein, ich habe mittlerweile einen relativ gesunden Umgang mit dem Essen und meinem Körper gefunden. Ich fühle mich heute wohler als damals, obwohl ich weniger fit und schwerer bin als damals. Gleichzeitig steckt die Spitzensportlerin noch immer in mir drin. Ich fühle mich noch heute am wohlsten, wenn ich mich einmal pro Tag aus der Komfortzone rausbewege und ein bisschen leiden muss.

Wenn Sie heute auf Ihre Karriere als Sportlerin zurückblicken: War es das alles wert?

Ja, heute sehe ich das alles viel positiver. Ich bin stolz auf den Weg, den ich gegangen bin.

Sprung in die Weltspitze: Bei Olympia 2008 in Peking wird Kaeslin starke Fünfte.

Persönlich Die Luzernerin Ariella Kaeslin (geboren 1987) ist die erste Schweizerin, die an einem Kunstturn-Grossanlass Medaillen gewinnen konnte. Im Sprung wurde sie 2009 Europameisterin und Vize-Weltmeisterin. Sie wurde gleich dreimal zur Schweizer Sportlerin des Jahres gewählt. Nach ihrem Rücktritt 2011 schloss sie ein Studium der Psychologie und Sportwissenschaft und ein Studium in Physiotherapie ab. Sie lebt heute zusammen mit ihrer Hündin Clowie in Zürich.

Skirennfahrerin

SONJA
NEF

«Kaum jemand glaubte noch an mich»

Die verrückte Lebensgeschichte von Sonja Nef: Mit 24 hatte sie kein Geld, keine Ausbildung und Schmerzen ohne Ende. Mit 28 aber war sie umjubelte Skiweltmeisterin.

Frau Nef, Sie sollen als Kind ein richtiges Appenzeller «Lusmaitli» gewesen sein. Was haben Sie alles angestellt?
Sonja Nef: So einiges (lacht). Wir haben zum Beispiel manchmal mit einer Schere Velopneus zerstochen. Das war nicht böse gemeint, wir waren uns damals einfach der Folgen nicht bewusst.

Wurden Sie dabei mal erwischt?
Ja, als Strafe mussten wir die Schulordnung abschreiben. Wir haben auch im Gras nach Zigarettenstummeln gesucht und die dann fertig geraucht. Da war ich vielleicht neun, zehn Jahre alt. Ich fand damals alles spannend, was verboten war, und war ein wildes, burschikoses Kind.

Haben Sie sich deshalb auch mal die Haare abgeschnitten?
Das war zu Kindergartenzeiten. Ich habe mich damals aus purer Langeweile von meinen langen Haaren getrennt. Meine älteste Tochter Sophia hat das übrigens auch mal gemacht, weil sie wie Didier Cuche aussehen wollte.

Hatten Ihre Eltern immer Verständnis für Ihre Aktionen?
Ich bekam extrem viel Liebe geschenkt und hatte eine wunderbare Kindheit, auch wenn ich sicher nicht immer die Einfachste war.

Wie sah es im Hause Nef finanziell aus?
Mein Vater Willi war Lastwagenchauffeur, und meine Mutter Frieda nähte in Heimarbeit Stofftaschentücher. Sie mussten schon aufs Geld schauen, teure Sommerferien lagen deshalb nicht drin. Doch uns hat das nie gestört. Einmal machten wir am Bodensee Urlaub, mit einem Schlauchboot. Das war wunderbar. Oder manchmal durfte ich mit meinem Vater mitfahren.

Wie war das?
Toll, ich habe ihn in meinen Ferien gelegentlich auf der Tour nach Genf begleitet. Da gab es immer Schnitzel mit Pommes frites – und zwar zweimal am Tag! Geschlafen wurde im Lastwagen in einem Kajütenbett. Das war richtig abenteuerlich.

2002: In Salt Lake City gewinnt Nef im Riesenslalom Olympia-Bronze.

Blicken wir zurück auf Ihre Skikarriere. Wie fing alles an?
Da mein Vater skibegeistert war, stand ich schon als Dreijährige auf den Ski. Mit Windeln, weil ich nicht aufs WC wollte, um ja keine Zeit zu verlieren.

Stimmt die Anekdote, dass Sie mal eine Siegerehrung boykottieren wollten?
Ja, das war beim Salami-Cup in Elm. Da war ich etwa sieben. Ich wurde nur Zweite und war richtig sauer. Das Lustige daran: Wenig später stellte sich heraus, dass es einen Fehler bei der Zeitmessung gegeben hatte und ich das Rennen doch gewonnen hatte.

1989 stürzten Sie bei den österreichischen Junioren-Meisterschaften schwer und rissen sich das Kreuzband im rechten Knie. Der Beginn einer jahrelangen Leidenszeit.
Weil es Komplikationen gab, musste das Knie insgesamt fünfmal operiert werden. Zwischen 17 und 20 bestritt ich deshalb kein einziges Rennen und flog 1992 aus dem Kader von Swiss-Ski. Damals glaubte kaum mehr jemand an mich, was durchaus verständlich war. Meine Chancen, jemals schmerzfrei Rennen bestreiten zu können, waren praktisch aussichtslos. Während Jahren nahm ich täglich Voltaren, um die Schmerzen zu lindern und die Entzündungen zu hemmen.

Sie kämpften trotzdem weiter und feierten im März 1993 im schwedischen Vemdalen Ihr Weltcupdebüt. Können Sie sich noch an die Anreise erinnern?
Natürlich. Während die gestandenen Fahrerinnen fliegen durften, musste ich mit dem Schiff nach Schweden. Ich war bestimmt zwei volle Tage lang unterwegs. Damals musste man viel mehr um einen Weltcupplatz kämpfen als heute. Man musste im Europacup schon aufs Podest fahren, um eine Chance zu bekommen. Und dann hatte man genau diese eine Möglichkeit, um unter die ersten 30 zu fahren. Sonst war man gleich wieder draussen.

Sie nutzten Ihre Chance und wurden 22.
Und das mit der Startnummer 54. Diese Genugtuung kann man sich nicht vorstellen, denn zuvor hatten ja viele Ärzte gesagt, dass man mit diesem Knie nicht mehr Ski fahren könne.

Das Glück währte nur kurz, danach musste Ihr Knie noch zweimal operiert werden. Sie waren damals Mitte 20, hatten kein Geld und keine Ausbildung.
Ich war damals oft sehr traurig. Vor dem Einschlafen kreisten meine Gedanken. Ich redete in der Zeit auch mit meinem Knie. Fragte es, warum es mich im Stich lasse. Warum es nach jeder Velofahrt wehtue. Warum ich immer wieder früher vom Gletscher abreisen musste, während die anderen noch trainieren konnten.

Wie oft dachten Sie an Rücktritt?
Mehr als nur ein Mal. Doch ich spürte immer: Wenn das Knie irgendwann wieder mitmacht, kann ich es schaffen. Ich habe damals auch viele Bücher verschlungen, in denen es darum ging, dass Gedanken Berge versetzen können. Es ist jedem selbst überlassen, ob für ihn das Glas halb voll oder halb leer ist. Für mich war es immer halb voll.

Hatten Sie wenigstens einen Plan B?
Konkret nicht, doch für mich war immer klar, dass ich auch noch mit 25 eine Lehre als Krankenschwester hätte anfangen können.

1996 schien Ihr Plan endlich aufzugehen. An der WM in der Sierra Nevada führten Sie im Riesenslalom nach dem ersten Lauf mit über einer Sekunde Vorsprung.
Und das auf mein grosses Idol Deborah Compagnoni. Zwischen den beiden Läufen war ich gedanklich schon Weltmeisterin und dachte, ich haue im zweiten Durchgang gleich noch einmal eine Laufbestzeit raus.

Stattdessen schieden Sie aus.
Ich wusste damals einfach nicht, wie man mit so einer Situation umgeht, und hatte nach dem ersten Lauf völlig falsche Gedankengänge. Für grosse Erfolge brauchst du mentale Reife. Die hatte ich da noch nicht. Nach Sierra Nevada habe ich lange mit dem Schicksal gehadert. Auch weil ich wusste, wie es meinem Knie ging, und ich keine Ahnung hatte, wie lange es noch durchhalten würde.

Fünf Jahre später waren Sie an der WM in St. Anton wieder in der gleichen Situation: Führung nach Lauf 1.
Ich war da ein anderer Mensch und mir mittlerweile bewusst, dass das reale Leben wichtiger ist als ein WM-Titel.

Wie kamen Sie zu dieser Erkenntnis?
Da gab es einige Gründe. Mein Bruder hatte in der Zeit einen guten Freund verloren, der an Rückenmarkkrebs gelitten hatte. Und Maria Walliser hatte mir einst erzählt, dass sie all ihre Weltmeistertitel hergeben würde, wenn ihre Tochter normal gehen könnte. Solche Schicksale haben mich beschäftigt, und mir wurde bewusst, was wirklich zählt.

Trotzdem, was ging in Ihnen in St. Anton nach dem ersten Lauf vor?
Ich wusste ganz genau, dass ich mit der Laufbestzeit der Goldmedaille noch keinen Schritt näher gekommen war. Ich habe mich darüber auch nicht gefreut und keine Sekunde an die Siegerehrung gedacht. Weil es stark geschneit hat und der 2. Lauf nach hinten geschoben wurde, schloss ich mich dann ins WC ein und sammelte dort Kraft. Ich konnte in der Situation loslassen und den Druck abgeben. Mein Gedanke: Sollte ich jetzt wieder ausscheiden, muss es so sein.

> «Zwischen 17 und 20 bestritt ich wegen meines Knies kein einziges Rennen und flog deshalb aus dem Kader von Swiss-Ski»

Ihr Plan ging perfekt auf. Sie wurden Weltmeisterin und waren fortan das «Schätzchen der Nation». Hat Ihnen diese Rolle gefallen?
Ich empfand das als Anerkennung und habe davon auch profitiert, denn als «Schätzchen der Nation» hatte ich bei Vertragsabschlüssen ein zusätzliches Argument.

2004 sagten Sie: «Es gibt nur wenige schöne Frauen im Skisport. Vielen Fahrerinnen ist ihr Aussehen egal.» Wie kam das an?
Habe ich das wirklich so gesagt? Ich meinte damit, dass viele Skifahrerinnen damals ihre feminine Seite nicht gezeigt haben und sich burschikoser gaben. Auch ich fuhr die Rennen ungeschminkt. Doch dann wurde der Skisport weiblicher. Vor allem Lindsey Vonn hat in diesem Bereich den Skisport revolutioniert.

Kommen wir zu einem traurigen Thema. Sie verloren ein paar wichtige Wegbegleiter, so zum Beispiel Régine Cavagnoud.
2001 standen wir in Sölden gemeinsam auf dem Podest. Zwei Tage später verunglückte sie im Abfahrtstraining tödlich. Das ist mir extrem eingefahren, weil mir da bewusst wurde, wie gefährlich das Leben ist und dass von heute auf morgen alles vorbei sein kann. Der Tod gehört nun mal zum Leben dazu.

Fünf Jahre später wurde die Skirennfahrerin Corinne Rey-Bellet von ihrem Mann erschossen.
Corinne und ich waren gleich alt und waren uns schon am Ovo Grand Prix begegnet. Damals waren wir etwa neun Jahre alt. Später kamen wir zur gleichen Zeit ins C-Kader. Obwohl wir völlig verschiedene Persönlichkeiten waren, haben wir einander immer extrem geschätzt und bewundert.

Wie haben Sie von ihrem Tod erfahren?
Ich war gerade daran, mein Saisonabschlussfest in Heiden zu organisieren, als mich ein Journalist anrief und es mir erzählte. Ich konnte es zuerst gar nicht glauben. So geht es mir bis heute. Es gibt noch immer Situationen, in denen ich nicht glauben kann, dass sie nicht mehr da ist.

2010 schlug das Schicksal erneut zu. Ihr Vater Willi fiel in ein Wachkoma.
Er war komplett gelähmt und lag einfach nur da. Ein volles Jahr lang. Er war wie lebendig begraben. Das war die Hölle. Irgendwann hiess es vonseiten der Ärzte: Wenn es in den nächsten Wochen nicht aufwärtsgeht, müssen sie sich darüber Gedanken machen, die Maschinen abzustellen.

Das Unglaubliche daran: Ihr Vater verstand Sie, konnte sich selbst aber nicht bemerkbar machen.
Wir wussten damals noch nicht, dass er uns verstand. Seine Augen waren immer geschlossen. Doch als er wieder aufwachte, erzählte er uns, dass er vieles mitbekommen hatte, manchmal aber einfach nicht gewusst hatte, ob das real war oder ob er das nur geträumt hatte.

Wie merkten Sie, dass er langsam wieder zu sich kam?
Irgendwann hatte eine Krankenschwester auf einmal das Gefühl, dass sich sein Zeigefinger ganz leicht bewegt habe. Sie sagte ihm dann, er solle den Zeigefinger bewegen, wenn er sie hören würde. Und tatsächlich, er bewegte sich. Später machten wir mit ihm ab, dass einmal Augenzwinkern Ja und zweimal Nein bedeutete. Danach ging es langsam, aber stetig bergauf. Er musste alles wieder erlernen. Das dauerte Monate.

2011 heirateten Sie Ihren Mann Hans Flatscher. Mit an der Hochzeit war Ihr Vater.
Das war unglaublich emotional, weil mein Mami zu der Zeit auch noch Krebs hatte. Die Ärzte sagten mal, dass mein Vater nie mehr werde laufen können. Doch das war sein grosses Ziel. An meiner Hochzeit kam er angefahren. Er stieg aus, nur mit einem Stock und ohne Rollator, und lief auf mich zu. Es war das erste Mal, dass er wieder lief.

Sechs Jahre später starb Ihr Vater an Krebs. Wie geht es heute Ihrer Mutter?
Ihr sagten sie einst, sie werde Weihnachten nicht mehr erleben. Das ist jetzt schon zehn Jahre her, und sie lebt noch immer. Es ist doch schön, dass sich die Ärzte damals geirrt haben.

Wir sitzen hier in Ihrem Haus in Mörschwil, mit Blick auf den Bodensee. Ihr Plan war einst ein anderer. Sie hatten im österreichischen Unken, der Heimat Ihres Mannes, ein Haus gebaut. Warum sind wir jetzt nicht dort?
Als Spitzensportlerin lebst du in einer Blase. Als das Haus gebaut wurde, war ich noch aktiv und hatte

Jetzt schlägts 13! Im Weltcup gewinnt Nef insgesamt 13 Riesenslaloms.

« Die Ärzte sagten: ‹Mit diesem Knie kann man nicht mehr Ski fahren› »

–

Sonja Nef

schon leise Zweifel. Als meine Karriere dem Ende zuging, fragte ich mich: Will ich dort leben? Meine Antwort war: Nein. Das Doofe daran: Das Haus stand schon …

Warum wollten Sie dort nicht leben?
Ich habe gerne eine grössere Stadt und einen See in meiner Nähe. Doch Unken liegt in einem Kessel, auf beiden Seiten hats steile Felswände. Ich bin dort fast erstickt. Irgendwann habe ich Hans gesagt, dass ich dort nicht leben könne.

Hat er Sie verstanden?
Am Anfang nicht. Das war für unsere Beziehung nicht einfach. Doch mittlerweile fühlt er sich hier auch sehr wohl.

Gibt es das Haus in Unken noch?
Ja, wir sind dort oft über Weihnachten und in den Sommerferien. Das macht mir auch sehr viel Spass. Auch weil ich weiss, dass ich immer wieder gehen kann.

Die Krönung: 2001 wird Nef in St. Anton Riesenslalom-Weltmeisterin.

Persönlich Die Appenzellerin Sonja Nef (geboren 1972) gewann an der WM 2001 Riesenslalom-Gold, bei Olympia 2002 Riesen-Bronze, zwei Kristallkugeln und 15 Weltcuprennen. 2006 trat sie zurück. 2011 heiratete sie den Österreicher Hans Flatscher, der heute als Alpin-Direktor bei Swiss-Ski arbeitet. Das Paar hat drei Kinder: Sophia, Anna und Julian. Alle drei sind leidenschaftliche Skirennfahrerinnen und -fahrer.

Parasportlerin

EDITH WOLF-HUNKELER

«Das Leben hat es gut gemeint mit mir»

Was für ein Mensch! Die ehemalige Behindertensportlerin Edith Wolf-Hunkeler erzählt, wie sie die ersten Schritte ihrer Tochter erlebte. Und weshalb die Schweiz ein behindertenunfreundliches Land ist.

Frau Wolf-Hunkeler, wie sah Ihr Leben im Februar 1994 aus?
Edith Wolf-Hunkeler: Ich wohnte noch zu Hause auf dem Bauernhof meiner Eltern in Altishofen und begann drei Wochen vor dem Unfall bei einem neuen Arbeitgeber im Büro zu arbeiten. Ich war Single, genoss meine Unabhängigkeit und freute mich vor allem auf meine geplante Australienreise.

Welche Träume hatten Sie?
Als Kind wollte ich unbedingt Bäuerin werden und eine eigene Familie haben.

War Sport ein Thema?
Nein. Ich habe mich zwar immer gerne bewegt, aber die Ambition, Spitzensportlerin zu werden, hatte ich nicht.

Der Dienstag, 22. Februar 1994, veränderte alles. Auf dem Weg zur Arbeit verunfallten Sie schwer. Welche Erinnerungen haben Sie an diesen Tag?
Ja, es gibt Erinnerungen, aber die verlieren an Farbe und verblassen. Und das ist auch gut so.

Sie sind seitdem querschnittgelähmt und auf den Rollstuhl angewiesen. Wie waren die ersten Tage nach diesem Schicksalsschlag?
Ich war damals 21, unabhängig und glücklich. Ich hatte alles und auf einmal nichts mehr. Am Anfang siehst du nur den Rollstuhl und alles, was du nicht mehr kannst. Alles andere hatte keinen Platz. Natürlich war ich sehr traurig und fragte nach dem Warum.

Gibt es eine Antwort darauf?
Nein, aber du musst lernen, damit umzugehen. Wenn dir das gelingt, geht es aufwärts. Doch zuerst folgte der Tiefpunkt, Weihnachten 1994. Ich wollte damals mit meiner Freundin in Australien sein, Englisch lernen, das Leben geniessen. Stattdessen sass ich zu Hause im Rollstuhl. Doch irgendwann ging es aufwärts, und ich sah wieder das Schöne und Positive im Leben.

Sie haben mal gesagt, dass es vor allem schwierig war, den gelähmten Teil zu akzeptieren. Warum?
Es war am Anfang schwierig, etwas zu lieben, das man sieht, aber nicht mehr

> «Eines Tages sagte meine Tochter: ‹Papi laufen, Elin laufen, Mama nicht.› In dem Moment hatte sie ausgesprochen, dass Mama anders ist»

spürt. Irgendwann lernst du aber, damit umzugehen. Bis dahin war es aber ein weiter Weg.

Sie mussten auch lernen, Hilfe anzunehmen. Wie schwer fiel Ihnen das?
Ich hatte vor allem zu Beginn oft das Gefühl, dass ich das alles selber konnte. Man wird auch erfinderisch und lösungsorientiert. Aber ja, manchmal muss man auch über seinen eigenen Schatten springen und Hilfe annehmen. Das lernt man schon während der Rehabilitation in Nottwil.

Wie oft fielen Sie zu Beginn aus dem Rollstuhl?
Natürlich kam das vor, das war aber alles halb so wild. So wie Sie gelegentlich über Ihre Beine stolpern, stosse ich auch mal heftiger an, aber aus dem Rollstuhl falle ich sehr selten.

Hat Sie der Sport gerettet?
Nein, aber mit dem Sport kam die Freude zurück. Ich konnte mich bewegen, kam in die Natur zurück. Der Rennstuhl war für mich auch ein Sportgerät. Während der Trainings konnte ich über vieles nachdenken, auch wenn ich mich missverstanden fühlte. Ich setzte mich einfach rein und fuhr los. Es half mir bei der Verarbeitung. Ich musste schliesslich meinen Platz in der Gesellschaft wiederfinden.

Als Sie dann für einen Sprachaufenthalt in den USA waren, bestritten Sie spontan Ihr erstes Rennen.
Das war lustig. Der Rollstuhlsportler Franz Nietlispach war damals per Zufall auch in Florida. Er sagte mir, ich solle doch mit ihm an einem Rennen in Tampa teilnehmen, es seien nur 15 Kilometer. Ich sagte spontan zu, und er organisierte mir einen Startplatz. Ich hatte jedoch keine Ahnung, wie die Strecke war und wo sich das Ziel befand. Franz sagte mir: «Fahr einfach den anderen Frauen nach. Dann kannst du dich nicht verfahren.» Aus purer Angst, das Ziel nicht zu finden, kämpfte ich bis zum Umfallen und liess mich nicht abhängen. Am Schluss wurde ich Vierte!

Der Rest der Geschichte ist bekannt. Sie wurden die erfolgreichste Behindertensportlerin der Schweiz. Wie brutal ist dieser Sport?
Es ist Spitzensport. Wenn du an die Spitze kommen willst, musst du hart dafür arbeiten, aber es lohnt sich. Was bei uns besonders ist: Jeder von uns hat eine eigene Geschichte erlebt, die ihn für sein ganzes Leben prägt. Sei es ein Soldat, der im Krieg verletzt wurde. Oder ein Kind, das auf eine Mine getreten ist und dadurch gelähmt ist oder ein Bein verloren hat. Oder ein Mädchen, das erblindet ist, weil es mit Säure überschüttet wurde. Solche Geschichten stehen hinter vielen Athleten, die es an die Paralympics schaffen. Das sind für mich die «besonderen Sportlerinnen und Sportler», wie wir oft genannt werden.

Sie hatten auch schwere Unfälle. Zum Beispiel beim Berlin-Marathon 2000.
Es hat auf der Zielgeraden einfach «gräblet». Dadurch verpasste ich die Paralympics in Sydney. Im ersten Moment tat das schon weh, aber ich blickte jeweils schnell wieder in die Zukunft.

Auch nach Ihrem Crash an der WM 2006 in Assen?
Ja, damals bin ich in eine Strassenlampe geprallt. Mein Oberschenkel wurde dabei ziemlich zertrümmert. Doch Aufhören war nie eine Option. Ich liebte den Sport. Hörst du auf, verpasst du vielleicht das Schönste.

2008 war es endlich so weit: In Peking gewannen Sie im Marathon Paralympics-Gold. Doch die Spiele fingen nicht gut an.

Das Ziel im Blick: Wolf-Hunkeler an den Paralympics 2008 in Peking.

Ich stürzte im ersten Rennen über 5000 Meter und löste einen Crash aus. Die Enttäuschung über mich selber war gross. Das war viel schmerzhafter als die Prellungen und Blutergüsse am ganzen Körper. Aber am Schluss gewann ich im Marathon die Goldmedaille. Ich wurde im wahrsten Sinne des Wortes von der Pechmarie zur Goldmarie.

Wie gross war die Genugtuung?
Meine Gefühlswelt war definitiv ein Durcheinander. Ich bin heute noch stolz, dass ich nach dem Sturz nicht aufgegeben habe.

2012 gewannen Sie in London erneut Gold über 5000 Meter. Damals hatten Sie bereits Ihre Tochter Elin. Wie brachten Sie das alles unter einen Hut?
Jedes Puzzleteil musste ineinanderpassen. Ohne meinen Mann Mark und unsere Freunde wäre das nicht möglich gewesen. Trotzdem habe ich mich manchmal schon gefragt: Ist das der richtige Weg? Die Antwort darauf war aber immer ein Ja.

Alle Eltern kennen diesen magischen Moment, wenn ihr Kind die ersten Schritte macht. Was haben Sie in diesem Moment gefühlt?
Wir waren in Australien im Trainingslager. Elin stand auf einmal auf, lief über den Teppich und setzte sich am Rand wieder hin. Dieses Gefühl kannst du nicht beschreiben. Ihr wurde etwas geschenkt, was ich nicht mehr kann. Ein Spalt in die Unabhängigkeit ging auf. Das war schon sehr berührend. Sehr emotional war aber auch noch ein anderer Moment.

Welcher?
Wenn Elin jeweils noch ihren Mittagsschlaf machte, schlüpfte ich zu ihr unter die Decke. Eines Tages sag-

«Der Tod darf kein Tabu sein, er gehört zum Leben wie das Atmen»

–

Edith Wolf-Hunkeler

te sie: «Papi laufen, Elin laufen, Mama nicht.» Dann schlief sie ein. In dem Moment hatte sie ausgesprochen, dass Mama anders ist. Danach war das nie mehr ein Thema. Dieser Augenblick war sehr emotional, mir liefen nur noch die Tränen runter.

Als Aussenstehender fragt man sich: Gab es oft Situationen, in denen Elin Ihnen davongerannt ist und Sie ihr nicht folgen konnten?
Nein, nie. Unsere Tochter ist ein Geschenk. Sie ist mir nie über eine Strasse oder eine Treppe davongerannt. Dadurch kam ich nie in Situationen, in denen ich überfordert gewesen wäre.

Kinder können brutal ehrlich sein. Was haben Sie schon alles erlebt?
Einmal zeigte ein Kind auf mich und fragte die Mutter: «Mami, ist die Frau zu faul zum Laufen?» Oder einmal waren wir Ski fahren. Da hat mich ein Kind angeschaut und gesagt: «Wow, du hast es schön, du darfst sitzen.»

Wie gehen Sie damit um?
Es ist völlig okay, Kinder dürfen und sollen fragen. So kann man Schwellen und Vorurteile abbauen.

Apropos Schwellen: Wie behindertenfreundlich ist die Schweiz heute?
Man könnte so viel mehr machen, denn die Schweiz hätte genügend Geld, um es zu finanzieren. Im Bahnverkehr wird zwar immer etwas gemacht, aber es ist noch viel zu wenig. Viele von uns fühlen sich nicht behindert, aber bauliche Hindernisse behindern uns! Oder die Behindertenparkplätze: Man glaubt nicht, wie oft die von «normalen» Menschen besetzt werden. Das ist ein absolutes No-Go und inakzeptabel. Oder die Pflastersteine: Die sehen zwar schön aus, können für uns aber ein unüberwindbares Hindernis sein.

Endlich: 2008 gewinnt Wolf-Hunkeler an den Paralympics in Peking Marathon-Gold.

2004 an den Paralympics in Athen: Fahnenträgerin Wolf-Hunkeler.

Gibt es heute noch häufig Situationen, in denen Sie sich darüber ärgern, im Rollstuhl zu sitzen?
Nein, ich habe eine wunderbare Familie, die mich glücklich macht. Das Leben hat es gut gemeint mit mir.

Sie feierten 2022 Ihren 50. Geburtstag. Was machte diese Zahl mit Ihnen?
Das ist nur eine Zahl. Ich muss nichts mehr, ich darf. Ich bin zufrieden und glücklich. Und vor allem der Tod meines Vaters hat mich gelehrt, noch mehr im Augenblick zu leben.

Wann starb Ihr Vater?
Mein Vater bekam 2010, als ich schwanger war, die Diagnose eines unheilbaren Hirntumors. Schlussendlich durfte er noch all seine Enkelkinder kennenlernen und mich vor den Traualtar führen. Anfang 2016 schlief er für immer ein. Wir alle, auch die Enkelkinder, waren da und konnten Abschied nehmen. Für diese Zeit bin ich heute sehr dankbar.

Haben Sie eine Erklärung dafür, dass Sie offenbar im Gegensatz zu vielen offen über den Tod reden können?
Der Tod darf kein Tabu sein, er gehört zum Leben wie das Atmen, und er ist das Einzige, was wir nicht aufhalten können. Darum sollten wir darüber reden, auch wenn es wehtut. Dies ist keine Weisheit, sondern eine Tatsache.

Persönlich

Die Luzernerin Edith-Wolf-Hunkeler (geboren 1972) ist die erfolgreichste Schweizer Behindertensportlerin aller Zeiten. Die Leichtathletin gewann an den Paralympics zweimal Gold, zahlreiche Marathons (New York, Boston, London, Hamburg) und wurde siebenmal zur Schweizer Behindertensportlerin des Jahres gekürt. 2015 trat sie vom Spitzensport zurück. 2010 kam ihre Tochter Elin zur Welt, 2011 heiratete sie den ehemaligen Unihockeyprofi Mark Wolf. Das Paar wohnt in Dagmersellen LU. Heute ist Wolf-Hunkeler «Mami mit Leidenschaft und Managerin des Hauses». Ausserdem hält sie Referate, ist Laureus- und World-Vision-Botschafterin und trainiert noch immer mehrere Male pro Woche.

Anhang

Bildnachweis

Beni Thurnheer
10 Toto Marti

Steffi Buchli
12 Thomas Meier

Rolf Biland
18 Marlies Frei
20 Benjamin Soland
23 Benjamin Soland
24 Imago
27 Imago, Getty Images

Ruedi Elsener
28 Getty Images
30 Toto Marti
32 Sven Simon
35 Dölf Preisig
37 Paolo Foschini, Ruth Vögtlin

Hanspeter Latour
38 Toto Marti
40 Thomas Meier
42 Andreas Blumenthal
43 Sven Thomann
44 Imago

Albrecht Moser
48 Keystone
50 Benjamin Soland
53 Keystone
54 Siegfried Kuhn
56 Keystone, Walter L. Keller

Erich Schärer
58 Dölf Preisig
60 Benjamin Soland
62 Dölf Preisig
63 Keystone
66 Keystone, Rolf Widmer

Roger Wehrli
68 Keystone
70 Toto Marti
73 Keystone
74 Eddy Risch
76 Walter L. Keller, Walter L. Keller

Denise Biellmann
80 Dölf Preisig
82 Benjamin Soland
84 Imago
87 Dölf Preisig
88 Keystone, Blick-Archiv

Beat Breu
90 Sabine Wunderlin
92 Thomas Meier
95 Dölf Preisig
96 Hans Krebs
99 Keystone

Jacques Cornu
100 Bruno Torricelli
102 Benjamin Soland
104 Keystone
105 Keystone
107 Imago, Keystone

Karl Frehsner
110 Dölf Preisig
112 Sven Thomann
115 Imago
116 Sven Thomann
119 Sven Thomann

Sandra Gasser
120 Reto Hügin
122 Sven Thomann
125 Reto Hügin
126 Keystone
129 Walter L. Keller

Werner Günthör
130 Vera Isler-Leiner
132 Daniel Kellenberger
134 Walter L. Keller
135 Keystone
138 Dölf Preisig, Keystone

Erika Hess
140 Keystone
142 Benjamin Soland
144 Walter L. Keller
145 Keystone
147 Imago

Vreni Schneider
150 Illustré
152 Benjamin Soland
154 Blick-Archiv
157 AP Photo
158 Eddy Risch

Marc Surer
160 Eric Bachmann
162 Sven Thomann
164 Daniel Boschung
166 Keystone
167 Imago, Imago
169 Getty Images, Roger Benoit
170 Keystone

Renato Tosio
172 Blick-Archiv
174 Benjamin Soland
176 Benjamin Soland
177 Toto Marti
179 Walo Da Rin
180 Keystone
181 Eddy Risch

Jörg Abderhalden
184 Bruno Voser
186 Sven Thomann
188 Keystone
189 Sven Thomann
191 Keystone
192 Benjamin Soland

Stefan Angehrn
194 Getty Images
196 Benjamin Soland
199 Benjamin Soland
200 Keystone
202 Wolfgang Krebs
203 Keystone

Reto Götschi
204 Andy Mettler
206 Sven Thomann
208 Benjamin Soland
209 Keystone
211 Imago

Rolf Järmann
214 Eddy Risch
216 Sven Thomann
218 Keystone
222 Imago, Benjamin Soland

Ralph Krueger
224 Andy Müller
226 Sven Thomann
229 Imago, Sven Simon
230 Urs Bucher
232 Keystone

Urs Meier
234 Imago
236 Benjamin Soland
239 Getty Images
240 Keystone
242 Imago

Bruno Risi
244 Erwin W. Wyrsch
246 Toto Marti
248 Keystone
249 Erwin W. Wyrsch
251 Sven Thomann
252 Imago
253 Erwin W. Wyrsch

Gian Simmen
254 Benjamin Soland
256 Benjamin Soland
259 Benjamin Soland
260 Eddy Risch
262 Getty Images

Mike von Grünigen
264 Benjamin Soland
266 Susanne Goldschmid
268 Sven Thomann
271 Getty Images, Getty Images

Anita Weyermann
274 Benjamin Soland
276 Philipp Schmidli
278 Sven Thomann
279 Getty Images, Keystone
281 Keystone
282 Toini Lindroos, Sven Thomann

Martin Gerber
286 Keystone
288 Benjamin Soland
290 Hans Wüthrich
292 Getty Images, Keystone
294 Freshfocus, Keystone

Ariella Kaeslin
296 Benjamin Soland
298 Benjamin Soland
301 Sven Thomann
303 Keystone
304 Kathi Bettels
305 Sven Thomann, Benjamin Soland

Sonja Nef
306 Eddy Risch
308 Benjamin Soland
310 Sven Thomann
313 Toto Marti, Imago
315 Eddy Risch

Edith Wolf-Hunkeler
316 Keystone
318 Benjamin Soland
321 Keystone
323 AP Photo
324 Keystone